《贸易投资评论》由上海 WTO 事务咨询中心主办

贸易投资评论　第十二辑　　王新奎　主编

全球贸易投资发展新趋势

上海人民出版社

前　　言

为反映上海 WTO 事务咨询中心学术性研究工作的全貌，中心研究部每年编辑出版一辑《贸易投资评论》，以论文集的形式出版。2021 年的主题为“全球贸易投资发展新趋势”。本辑《贸易投资评论》的研究论文共由两部分组成，首先是近期部分国内学者的科研成果，其次是本中心各业务部门的学术性研究成果。

由于编者水平有限，错漏之处，敬请同仁斧正！

编者

2021 年 9 月

目　　录

从《数字经济伙伴关系协定》看国际数字经济规则新发展

王　丹*

内容摘要:新冠肺炎疫情加速了全球数字经济和国际数字经贸规则的发展。《数字经济伙伴关系协定》是一种创新的数字经贸协定,它以其涵盖主题广泛性、模块参与灵活性、协商机制开放性和规则引领示范性等特征代表了未来数字经贸规则可能的发展方向:从边境上的规制措施到边境后的监管环境,从"确立硬法约束"到"关注软法规则",从数字贸易协定到数字经济合作协定。中国应该关注这些变化趋势,不断完善国内和国际数字经贸规则。

关键词:数字经贸伙伴关系协定;跨境数据流动;边境上措施

Abstract: COVID-19 has speeded up the development of digital economy and international digital economic and trade rules. Digital Economy Partnership Agreement(DEPA) is an innovative digital economic and trade agreement. It has the characteristics of covering a wide range of topics, flexibility of module participation, openness of negotiation mechanism and demonstration of rule guidance. These represent the possible development direction of digital economic and trade rules in the future: from the regulatory rules at the border to the regulatory environment after the border, from "establishing hard law constraints" to "focusing on soft law rules", from digital trade agreement to digital economic cooperation agreement. China should pay attention to these trends and constantly improve domestic and international digital economic and trade rules.

Key words: DEPA; Cross border data flow; regulatory rules at the border

---

* 王丹,中国浦东干部学院副教授。

数字贸易已成为当代国际经贸规则中的一个重要话题，并已提上许多国家和地区经贸谈判的议程。据统计，在2000年1月至2019年10月签订的346份贸易协定中，有184个包括与数字贸易有关的规定，其中108个含有特定的电子商务条款，78个采用专门的电子商务章节和附属协议。①从趋势上看，近年来含有与数字贸易相关条款的贸易协定的比例逐渐上升，尤其是2020年的新冠肺炎疫情更加剧了这一需求。据一项估计，疫情已将商业运营的数字化进程加快了十年。②仅在2020年，互联网用户数量就增加了3.16亿人，社交媒体（贸易生态系统的重要组成部分）增加了5亿。③数字化治理成为克服疫情带来的生存危机的必要选择，制定国际数字经贸规则也成为各国推进数字经济全球化发展的重要方式。

目前，国际上影响力比较大的含有数字贸易条款的双边或区域性贸易协定主要有《全面和进步的跨太平洋伙伴关系协定》《美墨加协定》《美日数字贸易协定》《新加坡—智利—新西兰数字经济伙伴关系协定》和《新加坡—澳大利亚数字经济协定》等。其中，由新加坡、新西兰、智利三国在2020年6月份签署、并于2021年1月正式生效的《数字经济伙伴关系协定》（Digital Economy Partnership Agreement，以下简称DEPA）以其特有的包容性、开放性、模块化、灵活性等特征受到了诸多数字经济发达国家和地区的关注。从长远来看，DEPA所采用的一些的独创性的方式和特征也会在一定程度上引领未来数字经贸规则的发展。

一、DEPA的签署及其内容

（一）签署背景

新加坡是东南亚地区的贸易枢纽，又是亚太地区最具吸引力的数据中心，签署数字贸易协定是新加坡推动数字经济发展的重要方式。2019年5月17日，在亚太经济合作组织（APEC）贸易部长会议间隙，由新加坡发起，新加坡、智利

---

① Mira Burri and Rodrigo Polanco, *Digital Trade Provisions in Preferential Trade Agreements: Introducing a New Dataset*, Journal of International Economic Law, 2020, 1-34.

② McKinsey & Co, *How COVID-19 has pushed companies over the technology tipping point*, 5 October 2020, https://www.mckinsey.com/business-functions/strategy-and-corporatefinance/our-insights/how-covid-19-has-pushed-companies-over-the-technology-tippingpoint-and-transformed-business-forever.

③ We Are Social, Digital 2021.

和新西兰三国就《数字经济伙伴关系协定》(DEPA)启动三边会谈。新加坡贸工部长陈振声表示:“数字贸易是我们经济增长的重要来源。新加坡是全球数字经济的坚定支持者。DEPA是一项具有‘开拓者’意义的协议。对新加坡、智利和新西兰而言,数字经济不仅能让这三个位于地球不同角落的小国打破地域局限,通过网络团结在一起,还能让各国相互取长补短,通过发挥各自优势,共同推动经济发展,创造更多就业机会。同时,这项协议补充了新加坡自由贸易协定网络,以及我们作为WTO电子商务联合声明倡议的联合召集人制定数字贸易规则基准的努力。”2020年6月12日,三国通过视频会议以电子方式签署了DEPA协议,这是全球首个以电子方式签署的贸易协定。2021年1月17日,新加坡和新西兰国内批准DEPA后,协议生效。

(二) 主要内容

DEPA共有16个模块,成员国可以选择加入其中一个或几个模块,各个模块可以在自由贸易协定中提取出来并单独使用,如在WTO电子商务联合声明倡议谈判中使用。从目标来看,这16个模块的内容可以分为三大类:一是促进端到端的交易,二是实现可信数据流动,三是打造加强数字经济创新和参与的平台。

表1 DEPA的模块和内容

模块1	初始条款和一般定义
模块2	商业和贸易便利化(无纸化贸易、国内电子交易框架、物流、电子发票、快件、电子支付)
模块3	数字产品及相关问题的处理(电子传输关税、数字产品的非歧视待遇、使用密码技术的信息和通信产品)
模块4	数据问题(个人信息保护、运用电子手段的跨境信息传输、计算机设施的位置)
模块5	广泛的信任环境(网络安全合作、在线安全保障)
模块6	商业和消费者信任(未经请求的商业电子消息、在线消费者保护、访问和使用互联网的原则)
模块7	数字身份
模块8	新兴趋势和技术(金融技术合作、人工智能、政府采购、竞争政策合作)
模块9	创新与数字经济(公共领域、数字创新、政府数据公开)
模块10	中小企业合作
模块11	数字包容

（续表）

模块 12	联合委员会和联络点
模块 13	透明度(公开、行政诉讼、复审和上诉、通知和信息提供)
模块 14	争端解决(目标、范围、斡旋、调解、仲裁、机构选择)
模块 15	例外(一般例外、安全例外、审慎例外和货币及汇率政策例外、税收例外、保障国际收支平衡的措施等)
模块 16	最后条款

1. 促进端到端的数字交易

促进电子商务便利化是数字经济规则的基本要求。根据世贸组织(WTO)的数据,由于更多使用数字技术所带来的贸易成本的下降,将有利于增加贸易量。①在促进电子商务便利化领域,DEPA 涵盖了无纸化贸易、国内电子交易框架、物流、电子发票、快件、电子支付、数字身份等内容,其主要目的是为了促进成员国间形成互操作系统,以降低贸易成本,提升交易效率。

在无纸化贸易方面,DEPA 要求成员国公布现有贸易管理文件的电子版本,最好是机器可读版本。为了推进贸易便利化,各成员国应建立国际贸易单一窗口,并促进各自窗口的无缝、可信、可用和安全互连,以促进与贸易管理文件有关的数据交换;各方应努力开发支持数据交换的系统,提升兼容性和互操作性,并承认国际公认的开放标准在数据交换系统的开发和治理中的作用②。

电子发票和电子支付的广泛使用可以提高交易的准确性和效率,为国际税收提供便利。DEPA 不仅明确承认电子发票的价值,而且要求每个经济体设计支持互操作性的电子发票系统,包括在可能的情况下使用国际标准③。这意味着在一个 DEPA 国家发行的电子发票可以在另一个国家以更快、更低成本、更容易的方式得到认可并进行操作。在电子支付方面,DEPA 概述了一系列原则,鼓励各成员国及时公布相关电子支付的法规和技术标准,并使用国际公认的标准,支持发展高效、安全和可靠的跨境电子支付,促进支付基础设施的互操作性和互联,并鼓励支付生态系统中的有益创新和竞争④。通过这些方式提高电子支付的透明度、安全性和互操作性。

数字身份是提高数字贸易效率重要的基础性结构,具有互操作性的数字身

---

① WTO(2018);OECD(2019),"Trade in the Digital Era",OECD(2019c).

② 参见 DEPA 2.2。

③ 参见 DEPA 2.5。

④ 参见 DEPA 2.7。

份系统可以有效增强金融交易的安全性和效率，并全面提高数字贸易的连通性、信任度和包容性。DEPA 鼓励成员国建立适当的技术和法律框架，促进各方数字身份系统之间的技术互操作性和共同标准，努力建立更广泛的国际框架①。

2. 实现可信数据流动

跨境数据流动是实现国际数字贸易的前提。现实中，为了保护数据安全、个人隐私等原因，一些国家和地区实施"数据本地化"等限制数据跨境流动的措施。实现"可信数据自由流动"是许多发达经济体积极推进的目标。②DEPA 原则上坚持数据流动和数据存储不应受到限制，但是这种自由流动有例外情况，如限制措施是为了实现"合法的公共政策目标"。虽然没有明确定义这些措施，但是这种例外不得是对贸易的变相限制、不合理的歧视或者超过实现目标所必须的限度。③这种规制方式为政府限制数据流动提供了政策空间。

数据自由流动是实现数字贸易的"准入"条件，而入境后的数据保护制度和监管环境是实现数字贸易持续发展的重要保证。确保"可信数据自由流动"，需要各国政府对数据的收集和使用方式、金融交易的安全性、产品责任、消费者权益等问题进行有效监管。DEPA 在这些方面做出了广泛而明确的规定，如个人信息保护、网络安全合作、在线安全保障、未经请求的商业电子消息、在线消费者保护、访问和使用互联网的原则④等，以期构建广泛信任的商业环境。

在个人信息保护方面，DEPA 要求各国应健全国内法律框架，并明确保护个人信息制度的几项原则：收集限制、数据质量、用途说明、使用限制、安全保障、透明度、个人参与和问责制等⑤。这些原则对成员国国内法律框架提出了明确要求，有利于实现高标准的个人信息保护。

在线上消费者权益保护方面，DEPA 要求成员国应完善相关法律法规，禁止对从事在线商业活动的消费者造成损害或可能造成损害的欺诈、误导或欺骗行为，并明确列举了这些行为的种类，包括虚假声明、虚假广告、未能交付产品或服务等，各方要合作探索保护消费者权益的纠纷解决机制⑥。这些对成员国国内监管制度的要求，构成了实现可信数据自由流动的必要条件。

---

① 参见 DEPA 模块 7。

② 2019 年 G20 大阪峰会上，日本领导人发起了一项重要的国际数据流动倡议——大阪轨道，提出建立允许数据跨境自由流动的"数据流通圈"并制定相应规则。2021 年 2 月 19 日的 G7 领导人联合声明中也再次强调了要"利用可信数据自由流动来驾驭数字经济"。

③ 参见 DEPA A.4.3-4.4。

④ 参见 DEPA 模块 4、模块 5、模块 6。

⑤ 参见 DEPA 4.2.3。

⑥ 参见 DEPA 6.3。

3. 打造加强数字经济创新和参与的平台

DEPA 的亮点之一就是其涵盖的内容远超越了一般的贸易协定的范畴，而是将数字贸易放在更大的促进数字经济发展的机会和环境中去推进，如包括“新兴趋势和技术”“创新与数字经济”“中小企业合作”“数字包容”等模块，通过创新发展环境、促进广泛参与来推进“数字经济中的贸易”的发展。

人工智能和金融技术的日益普及可能会带来巨大的回报，促进数字经济贸易的发展，但同时也引发了围绕数据流动、竞争和颠覆性技术的意外后果的重要政策问题。DEPA 鼓励成员国在这些领域开展合作。在人工智能方面，鼓励 DEPA 成员采用人工智能治理框架，建立商定的核心原则，包括：人工智能应透明、公平、可解释、以人为中心等①。在金融科技方面，DEPA 认识到有效的合作需要企业的参与，并促进该领域企业之间、企业家和创业人才之间的合作②。

为了增进数字领域的政府监管与合作，DEPA 还包含了政府采购、竞争政策和监管合作③。对于政府采购而言，数字化有助于支持更开放、公平和包容的采购市场，DEPA 要求更深入地研究如何实现这一目标。在竞争政策方面，DEPA 鼓励成员国在发展数字市场的竞争政策、竞争官员的能力建设以及数字市场中竞争执法等领域加强合作。同时，DEPA 认为丰富且可访问的公共领域对企业开发新产品和服务非常重要，鼓励对政府数据、合作以及公众访问采用开放的形式，并为未来的数据共享和监管沙盒建立框架。

数字经济的广泛和深入发展离不开更多主体的参与。DEPA 尤其鼓励中小企业更多地融入数字贸易，要求成员方建立网站公布数据和隐私法规、技术标准、政府采购信息、监管沙盒等信息，以帮助中小企业获得更多的信息、资本、信贷、技术和商业支持。同时鼓励加强中小企业对话，促进企业、决策者和更广泛的商业社区之间的联系和信息交流。同时，鼓励利益相关者通过分享最佳实践、建立数字技能等方式融入数字经济发展，从而促进多样性和包容性④。

从上述内容可以看出，“促进端到端的交易”是为了实现电子商务便利化，这是传统商品和服务贸易数字化的客观需求；“实现可信数据流动”是为数据跨境流动创造安全、高效、信任的制度和监管环境；“打造加强数字经济创新和参与的平台”是在更广泛的领域为数字经济的发展创造良好的技术和制度环境，促进数字经济发展的可持续性、包容性。

---

① 参见 DEPA 8.2。

② 参见 DEPA 8.1。

③ 参见 DEPA 8.3—8.4。

④ 参见 DEPA 模块 10—11。

二、DEPA 受到全球主要数字经济体关注的原因

虽然 DEPA 的签署国只是三个经济体量不大的小国，但是由于其鲜明的特点而受到国际上许多发达经济体的关注。目前加拿大、韩国等已明确表示有意加入 DEPA，美国拜登政府也多次表示有意在印太地区推进数字贸易协定①，DEPA 是其可能的选择方案之一。DEPA 之所以在诸多的贸易协定中受到特别关注，其主要原因表现在以下几个方面。

1. 涵盖主题涉及数字经济的广泛领域

虽然是为数不多的单独的"数字贸易协定"，但是 DEPA 涵盖的主题远远超过了已有自贸协定中的数字贸易条款，如不仅包含电子商务便利化的内容，也包含一般数字贸易条款中相关的跨境数据流动、个人信息保护、政府信息公开、网上消费者保护等，更包括了一些创新的内容：如人工智能、中小企业合作、数字包容性、数字创新与监管沙盒等内容。可以看出，这些创新内容部分已经超出了贸易的内容，涵盖到更广泛的数字经济治理领域。

这种"数字经济中的贸易"的思维方式顺应了数字经济发展的现实需求。从商业角度看，跨境数字贸易各个要素的监管和政策设置的性质——从数据流到支付、文档到消费者保护——都会影响交易的方式和是否发生。DEPA 的回应是寻求制定规则和框架，以创造一个整体上更有利的数字发展环境，这种方式为成员国促进数字经济发展提供了更广阔的领域与合作空间。

2. 模块化组合、灵活性参与增强了包容性

虽然许多国家已经认识到数字经济发展的重要性，但是各国对数字贸易涉及的跨境数据自由流动、数据本地化、数字服务税、云计算、网络审查等问题共识程度并不高，甚至在近期的 G7 集团数字规则谈判领域，出现了将数字规则与民主价值观相挂钩的现象。②在 DEPA 出现之前，虽然有很多双边和区域性贸易协定中包含数字贸易条款，但是大部分内容是各国政府通过拼凑电子商务条款和

---

① *Brett Fortnamv*, *Nascent Asia-Pacific digital initiative raises questions*, https://insidetrade.com/daily-news/nascent-asia-pacific-digital-initiative-raises-questions.

② 2021 年 6 月 13 日《G7 集团峰会公报》中明确提出要"建立一个值得信任、价值驱动的数字生态系统……确保数字生态系统以反映我们共同价值观的方式发展，这将是一个持续的战略优先事项。我们将加强协调和支持全球准则和标准的实施和发展，确保新技术的使用和发展反映我们共同的民主价值观和对开放和竞争市场的承诺，包括对人权和基本自由的有力保障。我们反对可能破坏这些民主价值观的措施，例如政府强加的互联网封锁和网络限制"。

贸易协定章节来制定的，国际数字经贸规则的“意大利面碗”特征十分明显。WTO 电子商务谈判虽然提供了协议文本的基础，但其涵盖内容有限，而且由于各方分歧较大，谈判进程缓慢。

DEPA 提供了一种全新的方式来突破上述困境。DEPA 协定由 16 个主题模块组成，参加者可以自由选择加入其中一个或几个模块，也可以将某些特定模块的内容纳入其他参与的贸易协定。从这个意义上而言，它更像一个“模块化”的诸边贸易协定。这种方式表现出 DEPA 协定致力于为想要为数字技术制定高质量、高标准的规则的政府解决其面临的困境。从效果上看，采取“模块化”的议题组合方式，允许各方选择部分或全部议题进行谈判，从而为政府间提供了更具包容性的数字经济合作制度框架，可能成为全球数字贸易规则制定的一个重要路径选择。

3. 协商机制有助于数字经济开放发展

数字技术的快速迭代为数字经济的发展带来了诸多不确定性，这给数字贸易协定的稳定性形成了巨大挑战。如果不能有效回应这种变化，必然会阻碍数字经济的发展，因为“任何‘基于过去制定的’僵化的贸易规则都无法适应数字贸易的发展。”①

DEPA 提供了新的协商平台和机制来适应数字经济的开放性发展。在 DEPA 的制度框架中，设立了由各成员国政府代表组成的联合委员会，该委员会的职责是协调协议实施中的相关事项，以监督“加强数字经济伙伴关系的进一步方式”，还有一个机制可以修改协议以适应新的问题（没有具体说明）②。同时，DEPA 还就争端解决机制（包括斡旋、调解、仲裁等）提供了明确的制度性安排③。可以看出，作为讨论非约束性原则和最佳实践而非正式贸易谈判的平台，DEPA 能够进行就数字经济中出现的新现象做出快速反应，进行试验并能够快速解决新问题。

4. 为数字经贸规则的发展产生示范效应

DEPA 的三个创始国在国际经贸规则制定领域有着重要影响。2002 年，正是这三个国家发起了“亚太自由贸易区”协议的谈判；2005 年，文莱加入谈判后，协议改名为《跨太平洋战略经济伙伴关系协定》(TPSEP)，2009 年美国等加入谈判后，该协议名称简化为《跨太平洋伙伴关系协定》(TPP)。该协定覆盖领域广、

---

① Matthew P. Goodman, "Advancing Data Governance in the G7," CSIS, February 2, 2021, https://www.csis.org/analysis/advancing-data-governance-g7.

② 参见 DEPA 模块 12。

③ 参见 DEPA 模块 14。

标准高，被称为“21 世纪的贸易协定”，开启了亚太经贸合作领域中影响深远的 TPP 和 CPTPP 进程。

从这个角度来看，虽然 DEPA 的创始国规模较小，但其重要性不在于当前的经济影响力，而是其潜在的示范效应。一方面，从现实效果来看，DEPA 有利于各缺乏数字热源、体量较小的经济体充分“抱团取暖”；另一方面，从制度影响力来看，该协议的模块化结构旨在使其他国家能够在特定领域利用 DEPA 的前沿规定，这为在国际数字经贸规则领域形成更广泛的成果奠定了基础。DEPA 最终可能会形成一套关于“如何优化数字贸易”的更广泛甚至全球性的规则和理解的基础。在 WTO 全球数字贸易谈判进展缓慢地情况下，这种“搭积木”的方法能有效避免数字贸易协定进一步碎片化的趋势。

三、从 DEPA 看国际数字经济规则的新发展

1. 从边境上的规制措施到边境后的监管环境

网络空间、数据流动和数字贸易的显著特点是超越了现实的地理界限，带来了崭新的现象和法律适用挑战。由于虚拟空间中无法确定明确的主权界限，因此任何依靠基于地域的主权权力，很难进行有效的规制。数据跨境流动是数字贸易发展的前提，这种数据流动难以通过基于主权的“边境”或“关境”的界限进行控制。而且，近年来国际数字贸易往往以数字服务产品和制成品融合的贸易方式出现，区别于服务贸易领域中的跨境支付、境外消费、自然人流动和商业存在四种传统模式。这就使得区域民族国家传统的“边境上”的贸易监管手段无法适应新兴的数字贸易特点。这种独特性对原有的多边贸易规则体系产生了巨大的挑战。

DEPA 涵盖主题的广泛性反映了一种数字贸易协定新的思维方式，即不是仅限于基于传统贸易的边(关)境措施——数据流动和关税非关税手段等。由于数字贸易相关的电子支付、电子发票、消费者保护、技术创新、反垄断等措施都会影响贸易的数量和质量，因此强调“边境后措施”的监管一致性就至关重要，这无疑为贸易协定的谈判各方形成共识、提升监管的有效性带来了更大难度。可以预见，跨境数据流动、数字贸易规则体系的构建将成为全球贸易投资规则体系重构的最大挑战，各国对数字规制的制度创新、理念创新、包容态度将对数字技术和数字经济的发展产生重要影响。

2. 从“确立硬法约束”到“关注软法规则”

新冠肺炎疫情凸显了数字技术在工作、教育和健康等各个领域的重要性，也

使各国看到了数字经济的巨大潜力，然而国际数字经贸规则的形成却远落后于数字经济的发展。其原因一方面在于传统的贸易规则无法适应新型数字贸易的特点，另一方面在于数字贸易所涉的议题往往涉及与政治、社会、文化等相关的诸多国内监管议题，而现代贸易政策面临的众多挑战之一是如何在与制造业、劳工、农业、服务业和环境法规的综合协议中平衡各种相互竞争的利益。在后疫情时代，全球数字经济的发展趋势是迫切需要与数字化转型、疫情控制相关的全球公共产品。

在这种背景下，DEPA 为国际经贸规则提供了一种新的选择。从本质上看，DEPA 是一项旨在深化数字经济合作的非约束性承诺，这种方式可以使法规随着对技术和政策的理解而发展，并保持灵活性以在需要时根据当地条件调整规则。例如，在数字身份或人工智能等一些监管不太成熟和共识不高的领域，现阶段重点是建立协作平台，而不是具有约束力的硬法，这使得法规随着对技术和政策的理解而发展，并在需要时保持灵活性，使规则更适应时间和区域的变化。DEPA 的整体机构设计同样具有协作性和敏捷性。联合委员会以及相关机制的设立能够使成员国进一步加强监管合作，并不断修改完善协议本身以适应新问题。至于这种“软法规则”的有效性，已经在 APEC 框架（包括数字政策）的治理效果中得到了证明。

3. 从数字贸易协定到数字经济合作协定

从 DEPA 涵盖的内容来看，第三类“打造加强数字经济创新和参与的平台”已经明显超出了传统的贸易协定范畴。DEPA 的创始成员国认为，在制定国际贸易规则之前，“数字经济中的贸易”范畴需要进一步研究，并取得更深入的共识。所以在人工智能方面，鼓励 DEPA 成员采用道德和治理框架，建立商定的核心原则清单；在竞争政策方面，鼓励成员方在制定数字竞争政策、竞争官员的能力建设以及数字市场竞争执法方面加强合作；在数字包容方面，DEPA 力求让中小企业更多融入数字贸易，帮助中小企业获得信息、资本和信贷、数字工具、技术和商业机会，并为中小企业与政策只制定者之间的系统性对话搭建了重要的平台，认为这是共同设计数字规则的关键。这种超越“数字贸易协定”，而转向更广泛的“数字经济合作协定”的特点为促进数字经济的创新、监管与合作提供了更广阔的空间。

从当前中国的情况来看，一方面国家正在加强与数据安全、隐私保护相关的立法，如《数据安全法》《个人信息保护法》等法律法规已经相继出台，为数字经济发展创造了良好的国内制度环境，也为中国与国际数字经贸规则、数字技术标准的相互衔接提供了可遵循的制度基础。另一方面，需要看到的是，在目前我国签署的贸易协定中，仅在与澳大利亚、韩国和新加坡所签署的双边自贸协定中包含单独的电子商务章节，且主要关注电子商务便利化等数字贸易的传统议题。我国参加的《区域全面经济伙伴关系协定》(RCEP)中，虽然包含电子商务章节，但是协议内容也与CPTPP、DEPA等协议的内容有一定差距。从国际数字经贸规则发展趋势来看，从更广泛的领域逐步完善与数字经济相关的法规和制度，与志同道合的经贸伙伴间达成数字经贸协定是我国未来数字经贸制度发展的主要方向。

参考文献：

[1] 赵旸頔、彭德雷：《全球数字经贸规则的最新发展与比较——基于对〈数字经济伙伴关系协定〉的考察》，《亚太经济》2020年第4期。

[2] 彭岳：《数字贸易治理及其规制路径》，《比较法研究》2021年第4期。

[3] 王燕：《数字经济对全球贸易治理的挑战及制度回应》，《国际经贸探索》2021年第1期。

[4] Burri, Mira. "Towards a New Treaty on Digital Trade", *Journal of World Trade* 2021, 55(1).

[5] BONDIETTI K: "The digital economy partnership agreement—a big deal for digital trade", APEC, March, 2020.

解析日本出口管制政策趋向及对华影响

陈友骏　赵　磊　王星澳①

内容摘要：日本出口管制政策是日本经济产业政策的重要组成部分。日本出口管制体制可以概括为“法令—政令—省令”的三级体系，经产省是负责日本出口管制的核心部门。日本出口管制政策同时受到国内相关法规及国际协定的制约，旨在于服务经济社会发展、管控核心技术及限制产品非法转移这三者之间寻求平衡。第二次世界大战后至今，日本出口管制体制日趋精细化、体系化。日本政府在重视国际经贸技术合作的同时，聚焦前沿科技领域，不断增强出口管制制度的动态调整能力。中国是日本出口管制政策的重点盯防对象。由于中国对日高技术零部件依赖较大，因此未来限制对华高技术零部件出口可能成为日本制衡中国的重要手段。此外，日美联合遏制中国的意图不断增强使得日本单方面加强对华出口管制的风险随之上升。对此，中国有必要尽早谋划，不断提高本国核心技术攻关能力和高端零部件国产化水平。

关键词：日本出口管制；中日关系；国际出口管制组织

Abstract: Japan's export control policy is an important part of Japan's economic and industrial policies. Japan's export control system can be summarized as a three-tier system of "laws-government orders-provincial orders". The Ministry of Economy, Trade and Industry is the core department responsible for Japan's export control. Japan's export control policy is also restricted by relevant domestic laws and international agreements, aiming to seek a balance between serving economic and social development, controlling core technologies, and restricting illegal transfer of products. Since World War II, Japan's

---

① 陈友骏，上海国际问题研究院世界经济研究所研究员、区域经济室主任，硕士研究生导师，经济学博士；赵磊，上海国际问题研究院2019级硕士研究生；王星澳，上海国际问题研究院2020级硕士研究生。

本文系国家社科一般项目《冷战后日本经济外交战略与中日关系研究》的阶段性成果。部分内容曾发表于《现代国际关系》2021年第6期。

export control system has become increasingly refined and systematic. While attaching importance to international economic, trade and technological cooperation, the Japanese government also focuses on cutting-edge science and technology, and continuously strengthens its ability to dynamically adjust its export control system. China is the key target of Japan's export control policy. As China relies heavily on Japan's high-tech components, restrictions on exports of high-tech components to China in the future may become an important means for Japan to counterbalance China. In addition, the ever-increasing intention of Japan and the United States to jointly contain China has increased the risk of Japan's unilateral strengthening of export controls to China. In this regard, it is necessary for China to plan as soon as possible to continuously improve its core technology research capabilities and the level of localization of high-tech components.

Key words: Japanese export control; China-Japanese relations; International Export Control Organization

引 言

2021 年 4 月 16 日,日本首相菅义伟(Suga Yoshihide)访问美国,成为拜登政府上台以来第一位会见的外国首脑。值得一提的是,菅义伟与拜登(Joe Biden)在会谈后公布的《日美首脑声明》中提到,鉴于日益复杂化的安全保障环境,日美两国决心加强遏制力和应对力,深化包括网络和宇宙在内的全领域防卫合作。此外,声明还重点强调了加强两国网络安全及信息安全以及维持两国技术优势的重要性。为此,两国将建立"日美竞争力及韧性伙伴关系",加强在包括半导体在内的敏感技术材料与供应链方面的合作。[①]具体而言,日美将聚焦于癌症治疗、生物技术、人工智能、量子科学技术、民用宇宙合作,以及安全ICT(Information and Communications Technology,信息通信技术)等领域,进行合作研究与开发。其中,日美计划联合开发 5G 及下一代移动通信网络(5G+及 6G)等安全的网络及尖端 ICT 技术。为此美国将投入 25 亿美元,日本将投

① 外務省「日・米首脳共同声明:新たな時代における日米グローバル・パートナーシップ」、2021 年 4 月 16 日、2—4 頁、https://www.mofa.go.jp/mofaj/files/100181507.pdf。

入20亿美元。[①]日美试图应对中国通信技术发展及标准制定能力提升所带来的"威胁"，巩固日美在该领域的国际竞争力与技术优势。由此可见，日美两国意图扩展"日美同盟"的外延，通过结成所谓"技术同盟"，加强技术合作重塑其国际竞争力并确立对华技术优势，从而遏制中国高科技产业集群发展。

长期以来，日本奉行"经济优先""科教兴国"的基本国策，凭借自身技术优势维持国际竞争力，是国际上占据重要地位的高科技强国。因此，日本在国际经贸往来中高度重视技术保护与货物出口管制，建立了较为完备的出口管制制度。在中日双边贸易中，日本的出口管制政策也曾发挥了较为负面的制约作用。在日美联合"制衡"中国趋势不断增强的背景下，本文试图厘清影响日本出口管制政策变动的内外要素，分析日本出口管制政策的现状，在此基础上剖析若日本收紧出口管制政策对中国可能产生的影响，希冀对中国应对日本出口管制政策变动、建立完备的出口管制制度提供前瞻性建议。

一、日本出口管制的法律法规体系现状

日本出口管制制度由"法令—政令—省令"的三级法律法规构成上层法律设计；通过"名单管制"及"全面管制"规则并行，对特定项目的出口进行管制；同时借助区分管制对象国及列出"外国用户名单"对特定货物及技术转移进行管制，由此构成一个完整的出口管制体系。

（一）"法令—政令—省令"三级出口管制法律体系的构建

日本出口管制制度主要由与出口管制相关的立法规定、内阁政令、部门条令组成，同时受到国际多边出口管制协定与组织的制约。该制度由经济产业省主导与落实，由海关、警察厅及经济团体等部门团体发挥协助作用，对涉及军民两用和敏感物资的货物与技术进行有效的监督管理与出口限制。从法律视角来看，1949年颁布的《外汇法》和《出口贸易管理令》[②]（昭和二十四年政令第三百

---

① 外務省「日米競争力・強靱性（コア）パートナーシップ（日米首脳共同声明：別添文書2）」、2021年4月16日、1頁、https://www.mofa.go.jp/mofaj/files/100177725.pdf。

② 日本内阁府在《外汇法》颁布的同年（1949年），基于《外汇法》相关规定又制定了《出口令》。《出口令》详细规定了受到出口管制的货物种类，是主要限定日本货物出口管制的内阁政令，是日本出口管制制度体系的重要组成部分之一。参见e-gov法令検索「輸出貿易管理令（昭和二十四年政令第三百七十八号）」、1—20頁、https://elaws.e-gov.go.jp/document?lawid=324CO0000000378。

七十八号，下文简称《出口令》），以及 1980 年出台的《外汇令》①（昭和五十五年政令第二百六十号）是战后日本出口管制制度的三部核心法令和政令。1949 年颁布的《外汇和对外贸易法》②（昭和二十四年法律第二百二十八号，下文简称《外汇法》）是战后日本出口管制政策的法律基石与开端，从立法层面上规定了日本对外货物出口和技术提供的限制，在此基础上内阁负责制定相关的出口管制政令，进一步落实法律精神与政策细分。经济产业省等部门负责颁布的省令（部门条令）则在已有法令和内阁政令的前提下，规定相关的限制对象（货物或技术）的具体功能和规格，并依据法律、政令变动和形势环境变迁，不断完善和修订相关的出口

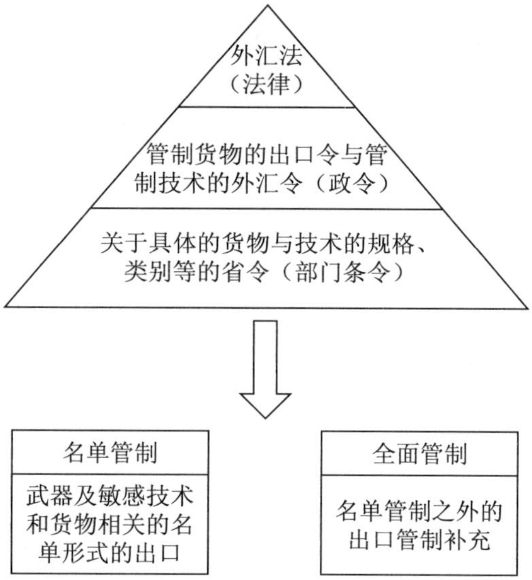

图 1　日本出口管制制度体系示意图

资料来源：経済産業省「安全保障貿易管理ガイダンス［入門編］」（第一版，令和 3 年 3 月）、2021 年 3 月、5 頁、https://www.meti.go.jp/policy/anpo/guidance/guidance.pdf。

① 日本内阁在 1980 年颁布了《外汇令》，在《外汇法》相关货物、技术管制的基础上，进一步明确和增加了对于相关特定货物的设计、制造或使用的技术（特定技术）所采取的管控措施与《出口令》相比，《外汇令》主要规制和补充了货物出口相关的技术规则，是日本出口管制体系中相关技术提供管制的关键政令规定。参见 e-gov 法令検索「外国為替令（昭和五十五年政令第二百六十号）」、1—8 頁、https://elaws.e-gov.go.jp/document?lawid=355CO0000000260。

② 1949 年日本政府颁布《外汇法》的目的是规范外汇及对外贸易的基本行为准则，对进出口贸易进行最低限度的必要管理或调整，以促进日本对外贸易与经济运行的健康发展并顺应国际出口管制的需求。《外汇法》是日本战后出口管制制度的法律基点，为之后日本出口管制政策的相关政令、省令的颁布提供了法律保障。参见 e-gov「外国為替及び外国貿易法（昭和二十四年法律第二百二十八号）」、1—11 頁、https://elaws.e-gov.go.jp/document?lawid=324AC0000000228。

管制政策。由此,日本的出口管制政策形成较为完备的“法令—政令—省令”自上而下的三级制度体系。其中,法令与政令是日本出口管制制度体系的关键内核,而经济产业省等部门负责颁布的省令是法令和政令更为具体化与细化的外在表现。

(二)“名单管制”与“全面管制”并行的出口项目管制方式

具体而言,日本基于《外汇法》等法令规章下的相关出口管制政策可以分为“名单管制”(リスト規制)与“全面管制”(キャッチオール規制)两类。

第一,“名单管制”。“名单管制”是一种列出和管制武器,尤其是大规模杀伤性武器,以及敏感技术相关货物名单的出口管理机制,受到相关国际出口管制协定较为强烈的影响。“全面管制”则是对非名单管制的相关敏感技术与产品进行补充管制的一种机制,两种管制方式互为补充、相互联系,以管理各式各类的军用两用与敏感物资相关的货物及技术。名单管制的重点是禁止武器、核材料、生化武器、导弹、尖端材料、材料加工、电子通信、半导体与集成电路、海洋技术、推进装置、敏感物品等15项相关货物、技术的出口与提供。

第二,“全面管制”。“全面管制”要求,即使是不属于“名单管制”所限制的货物和技术,如果有可能被用于大规模杀伤性武器或常规武器的开发,其出口也需要获取经济产业大臣的许可。①“全面管制”的管制对象更为宽泛,几乎包含了绝大部分的军用两用产品与重要工业产品,包括:全部的战略矿物产品、化学工业产品、塑料和橡胶及其制品、水泥,石棉,云母和其他类似材料、陶瓷制品和玻璃及其制品、宝石及贵金属、基础金属及其产品、机械和电子电气设备及其零件、车辆飞机等运输设备相关零件、光学医疗设备与测量设备等精密设备及其零件和配件、武器弹药及其零件,以及部分的杂货与纺织品及其产品等。②在“全面限制大规模杀伤性武器”(核生化与导弹相关的货物及技术)和“全面限制常规武器”相关货物及技术的管控规则之下,需要获得许可的条件各不相同,但在这两类管制规定之下的对外货物出口或技术提供都必须得到经济产业大臣的许可。

(三)区分管制对象国与“外国用户名单”并行的出口对象管制方式

日本政府通过区分管制对象国、罗列“外国用户名单”的方式,对货物及技术出口的对象国家、企业及机构等进行管制。

---

① 経済産業省「安全保障貿易管理ガイダンス[入門編]」(第一版,令和3年3月)、2021年3月、6—8頁、https://www.meti.go.jp/policy/anpo/guidance/guidance.pdf。

② 経済産業省「16項貨物・キャッチオール規制対象品目表」、https://www.meti.go.jp/policy/anpo/law_document/tutatu/t07sonota/t07sonota_kanzeiteiritu.pdf。

第一，区分管制对象国。从日本出口管制政策针对的具体国别来看，日本将出口管制对象国分为三类。其一，"白名单"国家。"白名单"国家是自身参与多个国际出口管制制度并严格执行出口管制的国家，且与日本并无实质利害关系，属于"友邦"范围。包括阿根廷、澳大利亚、奥地利、比利时、保加利亚、加拿大、捷克共和国、丹麦、芬兰、法国、德国、希腊、匈牙利、爱尔兰、意大利、卢森堡、荷兰、新西兰、挪威、波兰、葡萄牙、西班牙、瑞典、瑞士、英国、美国共 26 个国家。①对这类"白名单"国家，日本实行较为宽松的管制政策，给予一定的出口管制程序简化与取缔。其二，联合国和安理会决议进行武器禁运的国家与地区。日本对这类国家和地区实行较为严苛的出口管制政策，禁止出口武器及相关物品、技术的提供，包括阿富汗、中非、刚果民主共和国、伊拉克、黎巴嫩、利比亚、朝鲜、索马里、南苏丹、苏丹共 10 个国家。其三，一般出口管制对象国。即处于上述两类国家之外的所有国家，对这类国家日本依据其自身的相关法令法规与具体案例进行出口管制的判定与选择。

第二，罗列"外国用户名单"。"外国用户名单"是由经济产业省发布的针对国外行为体的出口管制列表，列出了日本和国际出口管制组织关注或怀疑的参与大规模毁灭性武器开发的公司和组织。日本相关货物、技术出口或出让到外国用户名单上列出的团体时，必须获得经济产业大臣的许可，并须详尽说明其出口货物与技术提供的用途、条件、交易形式、交易对象等信息。只有在出口方能够证明拟出口货物或技术不会用于大规模杀伤性武器的开发的情况下，才可能获得出口许可。②

综上所述，日本通过对于出口对象国的等级区分与列出具体的管制"外国用户名单"两种方式，基本上达到了管控相关敏感技术与战略物资流失的目的。

二、制约日本出口管制政策制定的影响因素

2021 年 3 月，日本经济产业省公布的《安全保障贸易管理指南》指出，实行出口安全保障贸易管理的原因在于，发达国家拥有高度敏感的战略物资与军民

① 《日本出口管理制度简介》，*CHINA LAW INSIGHT*，2020 年 10 月 23 日，https://www.china-lawinsight.com/2020/10/articles/customs-business/%e6%97%a5%e6%9c%ac%e5%87%ba%e5%8f%a3%e7%ae%a1%e7%90%86%e5%88%b6%e5%ba%a6%e7%ae%80%e4%bb%8b/。

② 経済産業省「安全保障貿易管理ガイダンス［入門編］」(第一版，令和 3 年 3 月)、2021 年 3 月、11—12 頁、https://www.meti.go.jp/policy/anpo/guidance/guidance.pdf。

两用相关技术，存在被利用于大规模杀伤性武器开发制造、恐怖主义组织非法获得等安全风险。在此背景下，基于国际合作的框架与防止敏感货物、技术的非法转移，实行日本的出口管制政策。目的是对日本出口企业进行保护，预防发生技术流失与卷入国际交易纷争、违背国内法律等不利事件，以及在国际出口管制框架下维护国际和平与安全。①日本政府认为，出口管制政策对相关外贸日企可以带来一定的利好，包括提升企业的法律意识和社会责任感、降低出口程序成本、增加企业口碑和价值等正面效益。②由此可见，影响日本出口管制政策的因素主要有国际国内相关法律规制与协定约束、日本产业政策与技术保护需求以及关键事件和国际形势变化推动等。

（一）产业政策与防止先进技术流失是影响日本出口管制政策的主要经济动因

日本的产业政策与技术保护需求是影响日本出口管制政策的经济内生动力。一国的产业政策是影响经济健康运行的基本要素，而技术创新是促进经济增长的"助推器"。无论是制度经济学强调社会制度、政府政策对于市场运作发挥的巨大作用，抑或是经济贸易理论中限制贸易、主张政府干预的"幼稚产业保护论""国家安全论"，③都较为详细地论证了政府制定产业政策、出台技术保护与出口管制政策的理论适配性。可见，技术与货物出口管制本身就构成了一国产业政策的重要内容。学者张群卉基于国外学者的"水平创新理论"，构建了一国的高新技术产品出口管制影响其产品创新的模型，论证了在企业不改变产品价格的情况下，政府适度的出口管制有利于本国的产品创新与产业发展。④可见，一国的出口管制制度与产业政策、技术保护之间存在着密切的联系。在特定阶段、情形下，对特定行业实施出口管制政策在一定程度上也有利于提升国家创新能力与国际竞争力。日本作为世界上重要的技术强国，科技的先进性是保持其经济地位的关键要素。2013 年 12 月 17 日，安倍政府公布的《国家安全保障

---

① 経済産業省「安全保障貿易管理ガイダンス［入門編］」(第一版，令和 3 年 3 月)、2021 年 3 月、3 頁、https://www.meti.go.jp/policy/anpo/guidance/guidance.pdf。

② Ministry of Economy, Trade and Industry, *Japan's Export Control System/Industry Seminar in the Philippine*, Jan. 13, 2011, https://www.meti.go.jp/policy/anpo/outreach/Industry_PH/pdf/ph02.pdf.

③ ［美］N.格里高利·曼昆；梁小民，梁砾译：《经济学原理：微观经济学分册》(第七版)，北京大学出版社 2015 年版，第 199—200 页。

④ 张群卉：《高新技术产品出口管制对一国产品创新的影响》，载《技术经济》，2012 年第 5 期，第 49—54 页。

战略》中就提到，日本的高技术能力是其经济发展和防卫能力的基础，因而有必要促进包括军民双用技术在内的高技术的进一步振兴，提升日本技术实力并做好相关的安全保障工作。①可见，日本政府将维持技术优势与加强敏感技术的出口安全管制提升到战略高度通盘考量，将维系本国技术优势视作其经济与防卫力量的核心支撑点。

以尖端 ICT 为例，日本在新一代 5G 通信技术及相关基础设施建设上已明显落后于中国情况下，于 2020 年夏提出“跨越 5G、直奔 6G”的战略，重点是确保日本在量子加密、高精度传感器、低功耗半导体等高端通信技术相关的研发能力与国际竞争力，以实现日本在 ICT 领域的对华“弯道超车”，同时提前确立日本在下一代通信技术及相关基建领域的绝对性技术主导地位。日本政府认为，5G 技术将极大地推动本国工业“智能化”“数字化”进程，助力行业领域运营效率革新与新附加值创生。为此，要重视“公私协同”和“国际合作”。②不言而喻，在 5G 技术竞争中落于下风的日本，已将政策重心放在下一代 ICT 的研发与标准规则制定领域，其中，技术保护与塑造有益于新一代 ICT 发展相关的政策环境，将是日本政府产业政策的重要组成部分。就政策落实而言，2020 年 4 月 8 日，日本总务省发布了到 2025 年在日本国内确立“6G”主要技术的战略目标，期待 2030 年左右实现 6G 实用化，并利用税收优惠、“产、官、学协同”等政策扶持推动 6G 技术发展和主导 6G 国际标准制定。③从日本政府的相关表态和政策动向来看，对 6G 相关技术的管控将成为日本出口管制政策的重点关注议题。同时，日本政府将推动“产官学三位一体”的产业政策与技术保护政策落地。长远观之，日本可能在 5G、6G 等先进 ICT 领域收紧对华的贸易管制措施，以实现“一石二鸟”的战略目标，即一方面通过管制半导体原材料的对华出口，降低中国 5G 技术的发展速度和质量并拖慢相关 5G 产品的研发、生产速度，另一方面阻碍中国在 6G 领域的技术攻坚，试图造成中国在 6G 技术攻坚的“起跑线”上就被动服输的局面。

（二）相关出口管制违规事件是推动日本出口管制政策收紧的重要助力

梳理相关历史脉络和文本资料可以发现：日本出口管制政策变迁有着受到

---

① 首相官邸「国家安全保障戦略について」、2013 年 12 月 17 日、17 頁、https://www.kantei.go.jp/jp/kakugikettei/2013/_icsFiles/afieldfile/2013/12/17/20131217-1_1.pdf。

② 総務省「令和 2 年情報通信白書のポイント」、2020 年、https://www.soumu.go.jp/johotsusin-tokei/whitepaper/ja/r02/pdf/01point.pdf。

③ 《日本发布战略目标：2025 年确立 6G 技术》，《日经中文网》，2020 年 4 月 9 日，http://cn.nikkei.com/industry/scienceatechnology/40128-2020-04-09-11-29-05.html。

相关出口管制违规事件影响的鲜明特点。20 世纪 80 年代到 21 世纪 10 年代，日本出现的“东芝机械事件”“极东商会事件”，以及 21 世纪 10 年代发生的“直升机事件”与“三丰公司事件”等出口管制违规事件，对日本出口管制制度变动有着重要影响。①相关出口违规事件的接连发生，不断对日本出口管制体系的相关法规提出新的监管要求和内容细化需求。“东芝机械事件”②发生后，日本政府反应迅速，加强了对出口管制制度的完善工作，收紧了对于东欧国家等社会主义阵营成员国的贸易限制。“三丰公司事件”③发生后，日本政府进一步收紧了有关向海外个体转移敏感技术、货物的出口贸易规定。2020 年 5 月，日本警察厅以涉嫌在 2018 年向韩国企业非法出口喷雾干燥装置“Spray Dryer”，并违反《外汇法》为由，逮捕了横滨市的机械制造公司“大川原化工机”的社长等人。该装置可将液体变为雾状并使其干燥后制成粉状，被警察厅认定有可能转用于军用细菌制剂的制造。这也是《外汇法》自 2017 年 10 月修订后，从最高 1 000 万日元以下提至 10 亿日元的处罚措施的首次付诸实施。在该公司受到处分的同月，日本政府对《外汇法》再次进行修改，加强了外国投资者向武器、核能等安全相关企业的出资限制。④通过选取上述三个较为典型的日本出口管制违规事件也可以表明，随着国际国内形势变化与产品技术的迅速迭代，日本政府在对相关出口管制制度不断地进行完善和修订，而相关违规事件的发生则是促使日本政府更新出口管制政策的直接助力，使之适应瞬息万变的外贸出口环境。

（三）多边及国际出口管制体系是影响日本出口管制制度的主要外部因素

日本加入的多边及国际出口管制体系构成其建立出口管制制度的主要外部因素。战后的日本奉行“和平主义”和“贸易立国”国策，一跃成为世界上重要的

---

① 石其宝：《日本政府对华出口管制政策评析》，《东北亚论坛》，2010 年第 2 期。

② 1987 年 5 月，日本东芝机械公司向前苏联秘密转移当时属于尖端技术的“五轴联动数控机床”的事情败露。在美国施压之下，日本警察厅逮捕了涉及这一事件的东芝高层管理人员，东芝公司受到美国的严厉制裁，时任日本首相中曾根康弘亲自向美国方面道歉。

③ 2006 年 2 月，日本警方搜查了专门从事精密仪器制造的三丰公司，指控三丰公司向在华日企出口的军民两用精密仪器被非法转移到受国际出口管制制度约束的利比亚，并怀疑中国相关团体参与其中。

④ 《聚焦：美中对立背景下日本适用加强出口管制的新〈外汇法〉》，《共同网》，2020 年 6 月 14 日，https://china.kyodonews.net/news/2020/06/805f8c2dc97a.html?phrase=%E6%8A%80%E6%9C%AF%E5%87%BA%E5%8F%A3&words=%E5%87%BA%E5%8F%A3，%E6%8A%80%E6%9C%AF。

外贸科技强国。在美国等西方国家的强烈推动下，日本政府对于参加相关国际出口管制体系一直持较为积极的态度。至今，日本参与的多边国际出口管制体系主要可以分为国际出口管制组织与多边出口管制条约两类。日本加入的多边国际出口管制组织包括：核供应国集团（NSG：Nuclear Suppliers Group）、桑戈委员会（ZC：Zangger Committee）、澳大利亚集团（AG：Australia Group）、导弹及其技术控制制度（MTCR：Missile Technology Control Regime），以及瓦森纳安排（WA：The Wassenaar Arrangement on Export Controls for Conventional Arms and Dual-Use Good and Technologies）等，主要涉及常规武器与核生化武器及其相关材料的货物出口、技术转移的国际管制组织。除了加入的多边国际出口管制组织外，日本同时也加入了一些国际出口管制条约，比较重要的有：1970 年生效的《不扩散核武器条约》（NPT：Treaty on the Non-Proliferation of Nuclear Weapons）、1975 年生效的《禁止生物武器公约》（BWC：Biological Weapons Convention），以及 1997 年生效的《关于禁止发展、生产、储存和使用化学武器及销毁此种武器的公约》（简称《化学武器公约》，CWC：Chemical Weapons Convention）三个公约协定，包含了主要的核生化等大规模杀生性武器的相关物资与技术的出口转移管制。值得一提的是，常规武器相关货物与技术的管制，常与军民两用的物资、技术相联系，较之核生化相关材料和技术，军民两用的物资及技术管控更为宽泛、覆盖面更广，对外贸出口的影响也更大。以瓦森纳安排为例，是其前身“巴黎统筹委员会”（简称巴统，成立时间：1949 年到 1994 年）的“进化版”，负责管控对社会主义国家与广大发展中国家的物资出口与技术转移工作，中国是其长期盯防的重要目标。日本作为“巴统”和瓦森纳安排的核心成员国，自冷战时期以来就对中国实行了长期的货物与技术的出口管制。

表 1　日本参与的国际出口管制组织

名　称	成立时间	成员国数	成立目的	涉及项目
核供应国集团（NSG）	1978 年	48 国（包括中国）	以 1974 年印度核试验成功为背景，以限制可能用于核武器制造的制造设备及材料等的出口管制为目的。	核扩散及核武器制造相关
桑戈委员会（ZC）	1971 年	39 国（包括中国）	其宗旨是根据《不扩散核武器条约》第三条第二款，制定向未参加该条约的无核国家出口核材料、设备和技术的控制条件和程序。	核扩散及核武器制造相关

（续表）

名　称	成立时间	成员国数	成立目的	涉及项目
澳大利亚集团（AG）	1985 年	42 国及欧盟	以两伊战争中使用化学武器为背景，其目的是限制化学、生物武器的原材料及制造设备等的出口管制。	生物、化学武器相关
导弹及其技术控制制度（MTCR）	1987 年	35 国	20 世纪 80 年代各国导弹开发日益增加的背景下，目的是限制能够运载大规模杀伤性武器的导弹及其零部件以及制造设备等的出口管制。	导弹及大规模杀伤性武器相关
瓦森纳安排（WA）	1996 年	42 国	出台的目的是为了防止有可能破坏地区稳定的常规武器（核、生物、化学武器及其运载手段导弹以外的武器）的过度扩散，进行出口管理。	常规武器相关（宽泛）

资料来源：作者基于各种公开资料整理而成。

（四）日本的出口管制政策受到美国因素的强烈影响

日本的出口管制政策自诞生之日起就受到美国的强烈浸染，美国干预是影响日本出口管制政策的关键因素。

第一，美国以直接施压的方式，影响日本的出口管制政策。“日美同盟”是战后日本对外安保战略的基石与支柱。在冷战期间，日本受到了来自美国施加的民主化改革及落实针对社会主义阵营国家的出口管制政策压力，而这对日本出口管制体系的形成产生了深远的影响。“东芝机械事件”发生后，美国立即对东芝公司施以的严厉惩罚措施也给相关日本外贸企业释放了强烈的信号，随后日本政府加大了对出口管制政策的立法和审查工作，日本国内对于出口管制制度的建设日趋严密化。2001 年“9·11”事件发生后，美国出台了大量针对恐怖组织的出口管制措施，直接导致了日本在 2002 年出台了“全面管制”的出口管制补充限制，这也体现出美国对于日本出口管制政策的强大影响力。对日本而言，美国不仅可以利用其全球独一无二的高技术优势与“金融霸权”压制日本，更是日本安全保障政策的轴心所在，一定程度上日本的出口管制政策缺少其自主性，日本出口管制制度从诞生之日起就被烙上了深深的“美式印记”。

第二，美国还通过出台本国出口管制政策，间接影响日本的出口管制政策。2020 年 9 月 15 日，美国商务部对中国华为公司实施的制裁正式启动，对部分日企也产生了较大影响，日本相关电子设备公司是华为的重要合作伙伴，仅日本的索尼公司在智能手机图像传感器领域对华为每年的交易额就可能高达数千亿日元。[①]由于美国的出口限制，索尼停止了面向华为的传感器供货，而华为公司是仅次于苹果的索尼第二大客户，在索尼图像传感器约1万亿日元的营业收入之中约占2成，[②]美国对华为的出口管制政策间接伤害了部分日企的生产经营活动，使其面临出口管制威胁与利润流失风险。2021年6月2日，《日本经济新闻》报道称，日本政府正在与美国、欧洲等发达国家商讨，建立磋商防止半导体、人工智能等新技术流失的出口限制问题的新框架。在征询美国意见的前提下，日本政府力争在2021年度完成新的更加严格的出口管制制度建设，并在《外汇法》中追加限制。[③]由此可见，美国对日企出口业务与日本出口管制制度的影响集中表现在对日本出口管制政策的直接施压和美国自身出口管制政策的间接作用两个方面。

三、日本出口管制政策制定的发展趋势与特点

(一) 日趋精细化、体系化、动态化的出口管制政策

日本的出口管制政策起步较早，早在1949年就颁布了《外汇法》与《出口令》等法令、政令规定，用于规范出口管制的内容和程序，确认具体负责部门和服务经济产业发展。学者石其宝认为，从日本对华出口管制的视角而言，20世纪50年代到21世纪10年代，日本出口管制政策可以分为三个阶段：第一阶段是“巴统”主导下的日本政府对华出口管制时期(1950—1996年)；第二阶段为“瓦森纳协定”下的日本政府对华出口管制时期(1996—2002年)；第三阶段为日本政府自主实施“全管制”政策的全面出口管制时期(2002—2010年)。[④]从中可以窥见，日本政府的出口管制政策不仅受到相关多边国际出口管制体系与外部因素的强烈侵染，进入21世纪以来日本出口管制政策的自主性与灵活性正在不断提升，已逐渐形成了较为精细化、体系化且具有日本特色的出口管制

① 《日台韩供应商面对向华为停供风险》，《日经中文网》，2020年9月10日，https://cn.nikkei.com/industry/itelectric-appliance/42010-2020-09-10-10-34-24.html?start=0。

② 《索尼和三星的图像传感器主导权争夺》，《日经中文网》，2020年11月6日，https://cn.nikkei.com/industry/itelectric-appliance/42552-2020-11-06-05-00-00.html。

③ 「先端技術の輸出規制、日米欧で迅速対応　新枠組み設立へ」、『日本経済新聞』、2021年6月2日，https://www.nikkei.com/article/DGXZQOUA0132E0R00C21A6000000/。

④ 石其宝：《日本政府对华出口管制政策的历史考察》，《历史教学》，2010年第6期。

制度。

第一，日本政府通过不断更新和修订出口管制的相关法律法规，使出口管制政策更加精细化、规范化。例如，2020 年 5 月 8 日，日本实行的新《外汇法》规定：外国资本如想取得日本安全保障相关行业的企业股份，需事先申报并接受有关方面审查的股份额度，从之前的 10%以上改为修订后的 1%以上，进一步加强了对外国资本投资日本重要行业的限制。①同样，2020 年 12 月 28 日，经产省公布的有关《关于大规模杀伤性武器和其他常规武器的补充出口限制的出口程序》的公告中提到，在原有《外汇法》《出口令》和《外汇令》的基础上，进一步加强对于大规模杀伤性武器和常规武器的出口管制程序，以核技术与材料相关为例，出口商应进行确认和提交事前咨询书，包括有关补充出口法规的事先咨询、实施情况说明与判断、目录和规格、技术数据等 6 项详细的解释说明。②具体到出口管制申请许可的程序来看，如果从事相关管制品与管制技术的转移，从经济产业大臣获得申请许可的情况极为严格，以常规武器相关为例，其申请手续主要由安全保障贸易审查科负责，需要提交申请所需的文件，分为关于货物等的出口目的、关于以提供技术为目的的交易以及关于特定记录介质等的出口三类，需要的申请材料文书分别有 9 种、10 种和 5 种，③而这还仅仅是申请程序所需的文书材料部分。日本政府加强对管制对象的规格规定、出口许可的程序设定及重点领域的安全审查严格程度，都反映出日本出口管制政策日趋规范化、精细化的变迁趋向。

第二，日本出口管制政策已具有较为完备的体系化特点。自 1949 年日本制定相关出口管制法律规定以来，历经 70 余年，从法令、政令等相关法令规定的立法层面，到针对出口转移对象、转移地的全面管制与国别、团体层级划分的操作层面，再到经产省、警察厅、海关及经济团体等相互协作的落实层面，日本出口管制政策日渐完善，形成了从立法规划到操作执行、事后追查等各个具体环节的一整套自上而下的出口管制体系建设。其中，在立法规定形成的“法令—政令—省令”自上而下的三级出口管制制度体系，是这一特征的突出反映。无论是日本出

---

① 刘春燕：《日本实施新〈外汇法〉加强外资管制》，新华网，2020 年 5 月 7 日，http://m.xinhuanet.com/2020-05/07/c_1125953032.htm。

② 経済産業省「大量破壊兵器等及び通常兵器に係る補完的輸出規制に関する輸出手続等について」、2020 年 12 月 28 日、14 頁、https://www.meti.go.jp/policy/anpo/law_document/tutatu/20201228_catchtutatu.pdf。

③ 経済産業省「大量破壊兵器等及び通常兵器に係る補完的輸出規制に関する輸出手続等について」、2020 年 12 月 28 日、21—24 頁、https://www.meti.go.jp/policy/anpo/law_document/tutatu/20201228_catchtutatu.pdf。

口管制的“名单管制”“全面管制”规定解释，抑或是出口转移对象、目的地的类别层级划分、外国实体名单公示，都是建立在这一三级出口管制法规制度体系之下。体系化的出口管制法规制度与具体化、细分化的相关货物技术和出口对象的规定解释，两者互为表里、相互交融，不断与时俱进和更新完善，构成日本出口管制政策日渐体系化的特征表现。

第三，随着国际国内形势变化，不断动态调整的出口管制政策，呈现出动态化特点。2019 年 7 月 1 日，日本经济产业省突然宣布对韩国收紧出口管制政策，自 2019 年 7 月 4 日起针对光刻胶、氟化氢和氟化聚酰亚胺等重要半导体制造原材料实行限制相关货物、技术的对韩提供活动，改变原有宽松的许可政策，将申请许可证的等待期限调整到 90 天，①基本掐断了对韩的相关材料供给。随后日本将韩国移出“白名单”国家，进一步加大对韩国的出口管制政策。所谓“白名单”国家就是被日本认定是国家安全保障视角下的友好国家，享有战略性技术与物资资源方面简化出口手续的优待政策。②针对涉及韩国的出口管制政策收紧，反映了日韩关系渐趋恶化的现实以及日本出口管制政策对于涉外经贸活动的管控能力。

此外，2020 年伊始，新冠肺炎疫情来势汹汹，迅速在全球范围内蔓延开来，造成了极大的人员伤亡和财产损失，全球经济遇挫、国际贸易遇阻。疫情发生后，作为全球主要经济体和外贸出口国的日本，遭遇了较为严峻的经济衰退危机，在疫情防控与生产复工之间难以平衡。在此背景下，日本政府及时修订了相关出口管制法规，以落实疫情影响下特殊情境的出口管制政策动态调整。笔者通过梳理 2020 年 6 月至 2021 年 1 月，日本经产省公布的 11 次相关法令法规修订，包括政令、省令、通告等类型的法规章程修订，发现其中三项直接涉及新冠肺炎疫情下出口申请程序的变动，八项涉及程序的便利化及相关修订。这些法令法规修订主要是为了便于疫情背景下日本外贸企业的程序简化和数字化程序形式的推广，这也有利于促进日本政府数字化行政服务的能力提升与减轻相关受影响日企的时间、人力成本，尽可能地降低疫情对日本相关外贸企业的负面冲击。这也表现出日本政府在应对紧急事件时的政策灵活度，反映了日本政府对于出口管制政策依据国际国内形势变化不断动态调整的过程。

---

① 経済産業省「大韓民国向け輸出管理の運用の見直しについて」、2019 年 7 月 1 日、https://www.meti.go.jp/press/2019/07/20190701006/20190701006.html。

② 王绍媛、冯之晴：《日韩贸易摩擦的原因、影响及趋势分析》，《现代日本经济》，2021 年第 2 期。

表 2　2020 年 6 月至 2021 年 1 月日本相关出口管制法规的修订

时　　间	修订法令内容	修订类型
2020 年 6 月 5 日	《关于出口贸易管理令的运用》的部分修订	通告修订
2020 年 6 月 19 日	《关于与特定程序等有关的申请人通知》的部分修改	通告修订
2020 年 6 月 22 日	关于新型冠状病毒感染症影响所涉及的申请程序等特例措施的部分修正	通告修订
2020 年 7 月 1 日	根据《出口令》附表 1 和《外汇令》附表的规定，修改关于货物、技术相关省令的部分规定	省令修订
2020 年 8 月 13 日	关于新型冠状病毒感染症影响所涉及的申请程序等特例措施的部分修正	通告修订
2020 年 9 月 8 日	关于修改部分全面许可证处理程序的通告	通告修订
2020 年 11 月 17 日	《有关新型冠状病毒感染症影响导致的申请程序等的特例措施》的部分修改	通告修订
2020 年 11 月 24 日	内阁会议关于修改《外汇令》和《出口令》部分政令案的决定	政令修订
2020 年 12 月 10 日	根据《出口令》附表 1 和《外汇令》附表的规定，修改关于货物、技术相关省令的部分规定	省令、通告修订
2020 年 12 月 28 日	关于修改经济产业省相关部分省令，以便审查要求盖章的程序	省令修订
2021 年 1 月 22 日	《关于出口贸易管理令的运用》的部分修订	通告修订

资料来源：経済産業省「安全保障貿易管理：改正情報」、https://www.meti.go.jp/policy/anpo/law09.html。

（二）保障前沿科技领域领先性与服务于经济社会发展阶段性的出口管制政策

一国经济社会的健康运行与其高技术的研发应用水平有着较为密切的联系，一国对全球前沿技术的掌握程度与开发水准，是其国际竞争力的核心保障，这也是日本实行出口管制政策的主要原因之一。对日本而言，“贸易立国”是其经济外交的指导性原则，而保持对外贸易优势的一大根源就是要保证高科技领域的前瞻性和领先性，这必然要求出口管制政策能够对此有所保障。2019 年 10 月 18 日，日本纳米技术与材料科学技术委员会在对第 6 期科学技术基本计划提出的建议就指出：日本实现经济发展与社会问题解决的目标主要依靠科技创新，这也是实现日本社会 5.0 愿景的基本途径之一，要加速促进人工智能、生物技术和量子技术这三个先进技术领域的日本国际竞争力，其中纳米及材料技术也是这三大科技领域的关键支撑点，要在积极参与国际合作、关注相关技术国际发展趋势的同时，重视起根据出口管制规则对相关敏感技术的流出进行适当的安全管理和安全贸易控制。①由此可见，保障前沿科技的优势地位，是日本出口管制政策的初衷之一。

实行出口管制政策的目的本质上是为了促进经济社会的健康发展，反之，出口管制政策也要尽可能地适应不断变化的国际、国内经济社会环境变迁，服从于经济社会发展的阶段性特点，即随着经济发展阶段变迁、技术能力的跃升，进行持续性地调整。从日本出口管制政策具体的规定变动来看，主要存在新设、修订和删除这三种对货物、技术管控的文本解释。例如，2020 年 12 月 10 日，经产省公布的关于对《外汇法》《外汇令》以及《出口令》等三部重要的出口管制法令法规相关细则的修改通知，就记录了删除“使用加密功能进行通信的范围限定为不超过一百米的范围”的内容，新设有关准轨道飞行器、极紫外线、计算机光刻，②以及货物等省令第 14 条第 11 号中的复合循环发动机等内容解释。③2021 年 1 月 22 日，日本经济产业省公布的《关于修改部分出口贸易管理令的通告》中也提到，自 2021 年 1 月 27 日起施行新的管制规定，将原先管制的镍，钴或铁的合金，超过 649℃ 中使用的条件下，在 400 兆帕斯卡(压强单位)下的应力断裂寿命超过 1 000 小时，其最大抗拉强度从原来的 800 兆帕提高到 850 兆帕。④这些法令法规的细则变动反映出日本政府根据技术发展趋势与经济社会的阶段性发展需求，不断加强对相关出口管制规定的调整修订进程，删减随着经济社会阶段性发展已落后的技术货物规定和增设有关前沿性科技领域的具体管制细则。

(三) 日本出口管制政策受到相关多边出口管制协定较大的制约影响，日益重视国际经贸往来、技术合作过程中的知识产权保护问题

日本出口管制政策主要受到了来自自身法令调整与相关国际出口管制协

---

① 文部科学省「イノベーション創出の最重要基盤となるマテリアルテクノロジーの戦略的強化に向けて」、2019 年 10 月 18 日、1—10 頁、https://www.mext.go.jp/content/1422394_1.pdf。

② 経済産業省「外国為替及び外国貿易法第 25 条第 1 項及び外国為替令第 17 条第 2 項の規定に基づき許可を要する技術を提供する取引又は行為についての一部を改正する通達」、2020 年 12 月 10 日、https://www.meti.go.jp/policy/anpo/law_document/tutatu/20201210gaikokuboueki_tutatu.pdf。

③ 経済産業省「輸出貿易管理令の運用についての一部を改正する通達」、2020 年 12 月 10 日、https://www.meti.go.jp/policy/anpo/law_document/tutatu/20201210yusyutsu_tutatu.pdf。

④ 経済産業省「輸出貿易管理令の運用についての一部を改正する通達」、2021 年 1 月 22 日、https://www.meti.go.jp/policy/anpo/law_document/tutatu/210122_unyoututatu.pdf。

定、组织规章较大限制两个方面的影响。不少法令法规调整都体现了日本在重视国际经贸技术合作的同时，积极完善出口管制政策，使其适应自身政治经济发展与履行国际义务的平衡。例如，经济产业省就曾规定，对于“外国用户名单”将至少每年进行一次修订，并在网站公布和进行宣传，防止出口商在不知情的情况下向经产省或国际管制组织怀疑参与大规模杀伤性武器相关材料、技术的开发等团体非法出口管制物品或技术转移。①瓦森纳安排（WA）是日本参与的重要国际出口管制组织之一，主要用于防止重要军民两用物资和技术向非成员国的转移。2020 年 12 月，经济产业省宣布依据瓦森纳安排的规定，对日本相关出口管制政令、省令进行修订，解除用于合金生产的设备和电动制动卷帘门等物品技术的出口管制，修订关于加密装置或者实现加密功能的部分产品排除规则的规定修改，并于 2021 年 1 月 27 日正式施行。②上述两个例子都反映出日本出口管制政策受到相关多边出口管制协议较大影响的特点，主要原因在于履行相关国际义务与降低发生国际纠纷的风险。

日本政府尤为重视在国际技术合作中知识产权的保护。在 2011 年 6 月 3 日公布的《日本 2011 年知识产权促进计划》中就专门提到，要最大限度的利用企业的知识产权与专利优势，在实行国际标准化战略与营造防止技术泄露环境的过程中提高技术人员对商业秘密的保护意识，防止技术意外的流失，根据《外汇法》，向提供和出口技术的大中小型企业、大学与研究机构提供有关安全贸易控制措施的信息，由经产省负责相关的宣传促进工作，提高相关机构团体建立自愿的出口管制制度的意愿和能力。③由此可见，在国际技术合作过程中保持日本科技竞争力的落脚点主要在于加强知识产权保护工作与防止核心技术流失两个维度上，这也是日本出口管制政策动态调整的主要出发点之一。2020 年 5 月 27 日，日本政府最新公布的《日本 2020 年知识产权促进计划》则强调面向后疫情时代，贯彻知识产权利用与保护的“公私平衡”原则，重点关注有关新冠疫苗、特效药以及重要数据资源的分类利用与专利保护工作。④可以预见，相关知识产权保护工作的推进也会进一步对日本的出口管制政策产生影响，对于生命科学、数字

---

① 経済産業省「外国ユーザーリストの公表について」、2002 年 3 月、https://www.meti.go.jp/policy/anpo/law_document/tutatu/t04shinsei/t04shinsei_ulkohyo.pdf。

② 経済産業省「政省令等改正の概要」、2020 年 12 月、https://www.meti.go.jp/policy/anpo/law_document/seirei/201202_setsumeikaishiryou.pdf。

③ 首相官邸「知的財産推進計画 2011」、2011 年 6 月 3 日、17—20 頁、https://www.kantei.go.jp/jp/singi/titeki2/kettei/chizaikeikaku2011.pdf。

④ 首相官邸「知的財産推進計画 2020」、2020 年 5 月 27 日、9 頁、https://www.kantei.go.jp/jp/singi/titeki2/kettei/chizaikeikaku20200527.pdf。

资源等前沿领域至关重要的技术和货物的出口管制可能成为今后日本出口贸易限制的核心内容之一。

(四) 侧重于对相关科研单位强化监管与提高预警意识,实行"轻重结合"与"预防为先"的出口管制政策

大学、科研机关以及企业研发部门是促进科学创新与技术迭代的动力源泉地,日本在制定出口管制政策过程中日趋重视对于相关技术与产品"原创地"的监管力度与宣传推广。针对大学与科研院所等科研重地,推出了"轻重结合"与"预防为先"的出口管制原则。日本政府认为,大学及科研机关与出口贸易管制之间有着紧密的联系,相关国际交流项目、研究设备、化学品、微生物等的出口与推进,以及和海外政府、公司的相关研发活动和技术指导,都可能触及敏感物资与技术的转移,因此,研究人员、国际海外学生及重点技术人才均受《外汇法》的约束,需要遵守安全贸易管制规定。尤为需要注意核生化、航空航天、精密工程和信息工程等领域的监管审查工作。涉及相关技术和研究活动的相关研发机构亟待增强自我监管意识,在进行物资和技术转移活动时需要确认相关器材与技术是否符合"名单管制"对象、确认需求方所在地是否是"白名单"国家、确认需求方是否在"外国用户名单"中、确认其业务活动是否与军事相关单位有关、确认提供的器材和技术是否可能用于常规武器的开发(联合国禁止出口武器的国家或地区)、最后确认经济产业省是否有关于相关器材和技术出口的特别通知。①如果这"六个确认"中任意一个存在存疑情形,都必须向经产省申请许可。

同时,为了减轻科研机构的审核程序和监管负担,对相关物品与技术转移严加管控,日本政府制定了"轻重结合"与"预防为先"的出口管制原则。2017 年 10 月,经济产业省颁布的《安全保障贸易相关的敏感技术管理指南》(大学、研究机构用)指明了四个原则:(1)严格管理和减轻负担。具体而言就是相关研究人员的简单预检查和管理部门的细致检查相结合,确认需要仔细检查的 55 个重要研究领域;(2)建立与大学及科研单位等实际活动相适配的特定管控方法;(3)建议大学及科研院所建立自上而下的相关管理机制和中立监督机关;(4)加强相关单位内部管理规程的完善和落实,例如构筑内部控制规则,进行各种检查确认表和

---

① 文部科学省「研究者のための安全保障貿易管理ガイドライン」、2011 年 3 月、1—6 頁、https://www.mext.go.jp/b_menu/shingi/gijyutu/gijyutu16/007/shiryo/_icsFiles/afieldfile/2015/10/08/1359527_8_1_1.pdf。

保证书审查，包括技术提供、留学生接收、需要慎重审查的研究领域等。[①]概括起来就是确定“简化程序”与“从严管控”的指导思想相结合，实行事前审核与加强预警的管理制度。另一方面，针对相关科研单位、外贸企业出口转移活动申请许可的程序过于严苛，经产省出于便捷手续与更好地服务外贸企业或团体的目的，建立了分门别类的综合许可证制度（参见表3），根据对外贸易业务活动的不同，设置了五种类别的许可证，用于区别审核不同的出口管制程序以及针对不同类型企业、不同种类业务提供便利度与灵活性。

表3　日本综合许可证系统

日本综合许可证系统下的五类许可	
种　类	内　容
普通综合许可证	对货物、技术精细度相对较低的品种，以《出口令》附表3的地区（A组）为限定，全面许可一定的目的地、品种的组合出口的制度
特殊综合许可证	对货物、技术精细度相对较低的品种，包括《出口令》附表3地区以外的地区在内的一定的出口地、品种组合的出口等的全面许可制度
特定综合许可证	对进行持续交易关系的同一对象的出口等全面许可制度
特别退货等综合许可证	为在本国使用而进口的符合《出口令》附表1的1项物品（武器）或该物品内置符合《外汇令》附表1项相关的技术（程序），对因故障而退货、修理或仅用于异货而出口的物品和技术统一许可的制度
特定子公司综合许可证	对日本企业的子公司（超过50%资本）出口一定品种等的全面许可制度

资料来源：「安全保障貿易管理ガイダンス［入門編］」（第一版，令和3年3月）、2021年3月、19頁、https://www.meti.go.jp/policy/anpo/guidance/guidance.pdf。

四、日本出口管制政策对中国的影响

（一）中国是日本出口管制政策的重点关注对象，中日双边经贸往来长期受到日本相关出口管制部门的监察与限制

自新中国成立以来，中国一直是日本出口管制政策的重点盯防对象。日本1949年颁布的《外汇法》和《出口令》，以及1980年的《外汇令》基本确立了日本

① 文部科学省「安全保障貿易に係る機微技術管理ガイダンス（大学・研究機関用）第三版の概要と改訂のポイント」、2017年10月、https://warp.ndl.go.jp/info:ndljp/pid/11402417/www.mext.go.jp/b_menu/hakusho/nc/__icsFiles/afieldfile/2017/11/24/1398533_1.pdf。

“名单管制”与“全面管制”等基础性的出口管制规则，加之“巴统”、瓦森纳安排等多边国际出口管制组织的约束，日本对华出口管制肇始于冷战，之后从未中断。日本对华出口管制主要出于经济利益与利用技术优势遏制中国快速发展两大目的。有学者指出，日本对华技术转移存在显著的阶段性特点，以 20 世纪 80 年代中期至 90 年代初日本对华出口的家用电器和汽车等技术可以看出，更多选择对华转移已失去先进性的外围技术，而对关键技术加强管控，保持产业梯度的差异性。换言之，关注中国国内技术开发到什么程度，日本的技术转移就到什么程度。[①]不仅如此，中国相关实体还是日本出口管制名单上的“常客”。2003 年 4 月 15 日，日本经产省公布了自 2002 年实行“全面管制”规则后的第二次“外国用户名单”，列入列表的中国企业与研究机构由 7 家增至 16 家，增幅达 142.8%。[②] 2004 年 3 月 30 日，日本经济产业省公布了第三次的“外国用户名单”名单，无故将 14 家中国大陆相关企业与机构列入出口管制名单。[③]通过出口贸易管制与技术转移限制，日本希冀利用其高端先进技术优势和产业结构优势，维系对华经济、科技领域的领先地位，企图锁死中国在全球产业链、价值链中低层级位置的野心昭然若揭。

以日本经济产业省 2020 年 5 月 14 日公布的“外国用户名单”为例，共计列出 546 个出口管制实体，其中中国相关实体有 77 家(包括中国香港 7 家，中国台湾 1 家)，仅次于伊朗(215 家)和朝鲜(143 家)，是列出实体名单中的第三大对象国。相关实体被经产省认定与大规模杀伤性武器开发相联系(核生化与导弹研发等)，列表上的中国实体主要涉及科研院所(中国电子科技集团第十研究所、中国航天科技集团公司第九研究院第十三研究所、中国空间技术研究院、上海航天技术研究院等)、高等院校(电子科大、西北工大、国防科大、北京航天、哈工大等)、科技企业(中国精密机械进出口总公司、江苏天鸟高新技术股份有限公司、上海飞机制造有限公司、中国兵器工业集团有限公司等)等。[④]值得注意的是，很多经产省列出的中国管制实体同时也在美国的实体制裁名单之上。2020 年公布的“列表”中，中国相关实体占比近七分之一，反映出日本对中国军民两用技术与高科技技术研发相关单位的严格管控措施。近期日本出口管制政策针对中国的一

① 孙迎辰:《美日对华高技术出口政策与中美日关系的互动》,《当代亚太》,2000 年第 2 期。

② 国立国会図書館「外国ユーザーリスト」、2003 年 4 月 15 日、https://warp.da.ndl.go.jp/info:ndljp/pid/286890/www.meti.go.jp/policy/anpo/catch-all/userlist/document/2003-EndUserList.xls。

③ 国立国会図書館「外国ユーザーリスト」、2004 年 3 月 30 日、https://warp.da.ndl.go.jp/info:ndljp/pid/285403/www.meti.go.jp/policy/anpo/kanri/catch-all/document/gaikoku-risuto.pdf。

④ 経済産業省「外国ユーザーリスト」、2020 年 5 月 14 日、https://www.meti.go.jp/policy/anpo/2_0514.pdf。

次案例发生在2021年5月21日，据日本广播协会（NHK）报道称，日本经济产业省根据《外汇法》对住友重工及其分包商发出了严重警告，原因是认为住友重工为陆上自卫队开发的一款机枪的零部件设计图被一家日本项目分包商转给了另一家中国公司，且住友重工也没有事先进行仔细的筛查。[①]近年来，随着中美战略博弈加剧和中日关系日趋复杂化，日本已将对华出口管制视为制衡中国的重要手段，并且有将相关管制措施进一步泛化的趋势。疫情期间，日本政府出台了专门针对高等院校的高水平技术和研究应用禁止转移的政策，加大了对学习敏感技术的国际留学生的审查力度，[②]酝酿着限制在日中国留学生对敏感技术的学习。[③]这也表明，日本对华出口管制可能将不仅限于对于相关货物、技术转移的监督管控，同时存在着加大对于中日两国文化交流项目、科研合作计划升级管制措施的风险。

（二）日本对华出口的高技术、高价值零部件及其技术可能成为日本收紧对华出口管制的关键领域

中日两国位于全球产业链、价值链的不同层级位置，长期以来，随着两国双边及多边经贸往来存在着的国际分工合作与产业互补优势，在东亚生产网络中形成了中国负责加工组装的“制造中心”和日本负责供给高价值、高技术精密零部件的“零部件中心”的生产分工格局。从2019年日本对华进出口商品贸易相关数据来看，日本对华出口商品前七位以半导体、集成电路、汽车部件等高价值、高技术制造品和零部件为主，日本对华进口商品前七位以手机电话等通信设备、组装电脑、衣服及家具等组装产品与生活用品为主（参见表4）。可见，中日双边贸易存在较为显著的分工特征，日本是中国精密零部件与关键工业原料产品的重要供给者，中国是日本生产、生活制成品的主要贸易对象。分析中日两国的国际分工模式与优势产业结构的特征要素，假设随着中日关系恶化或国际国内因素影响，驱动日本对华出口管制政策收紧，日本落实管控措施的一个最主要落脚点，可能就是利用对华出口的高技术、高价值零部件及其技术转移做文章，加大对相关货物出口或技术转移的限制力度。

---

① 「自衛隊向け機関銃設計図が中国企業に流出住友重工厳重注意」、『日本放送協会』、2021年5月21日，https://www3.nhk.or.jp/news/html/20210521/k10013043781000.html。

② 《日本官方：已让所有国立大学控制雷达、核等敏感技术出口》，《环球网》，2020年8月12日，https://baijiahao.baidu.com/s?id=1674804830945975498&wfr=spider&for=pc。

③ 「留学生ビザの審査厳格化へ……中国念頭、安保技術を流出防止」、『読売新聞』、2020年10月5日、https://www.yomiuri.co.jp/politics/20201005-OYT1T50013/。

表 4 2019 年日本对华进出口商品前七位数据(四位商品代码计)

2019 年日本对华进出口货物贸易前七位商品(单位:千万美元)				
排序	对华出口		对华进口	
	商 品	金 额	商 品	金 额
1	集成电路	1 729	电话等通信设备	1 816
2	载人车辆	1 099	手 机	1 325
3	塑料产品	967	计算机等	1 317
4	半导体制造机器	893	针织服装等	807
5	车辆零件	676	非针织服装	783
6	有机化学品	651	家 具	502
7	钢 铁	471	塑料产品	492

资料来源:JETRO「世界貿易投資動向シリーズ 中国」、2020 年 12 月 7 日、8 頁、https://www.jetro.go.jp/world/asia/cn/gtir.html。

在 2019 年日本对华出口贸易的前七位商品中,半导体和汽车及其配件相关贸易近 440 亿美元,占当年日本对华出口商品总额的约三分之一。从双边数据中也可以大致看出中日双方相对应的优势产业所在,以 ICT 产业为例,日本在半导体、传感器和精细材料等相关通信技术上有着较大的技术优势。在日美寻求结成双边乃至更广范围内"技术同盟"的背景下,这些技术可能成为日本开发新一代 ICT 的底气所在,同时,也存在着就相关技术收紧对华出口管制措施的可能。事实上,这种苗头已经有所显露,2020 年 12 月 22 日,日本财团法人安全保障贸易情报中心(CISTEC)公布了东丽国际公司关于对中国出口碳纤维泄漏的案件。事件缘起于东丽国际公司向经产省报告,其出口中国的碳纤维的一部分泄漏给了取得许可的出口商以外的企业,为此,经产省下属的贸易经济合作局发出警告书,要求东丽国际公司采取措施防止再次发生此类事件,并严格贯彻出口管理。①碳纤维是制造航天航空、通信设备等高技术器材的重要材料,日本是高端碳纤维的主要出口国。这一事件的发生再次表明,日本对于防止高端技术、材料流失和转移到中国有着较强的警戒心理和防范措施。

对日本而言,中国近年来在 5G 通信技术方面的进步和海外通信市场的扩展也引起了日本对中国主导 5G 国际市场的忧虑和不安。5G 技术仅仅是中国

① CISTEC「中国における炭素繊維の流出事案について」、2020 年 12 月 22 日、https://www.cistec.or.jp/export/ihanjirei/ihan_data/20201222china.pdf。

近年来取得一系列成果丰硕的经济科技进步的一个缩影，中国在全球经济格局中的地位跃升和国际竞争力的增强，也对日本相关科技产业产生了一定的“挤压效应”，加剧了日本政府对华政治、经济政策的战略焦虑感与不安情绪蔓延。在菅义伟与拜登首次会面后公布的《日美首脑声明》中就提到，日美双方确认对5G的所谓“安全性”和“开放性”的承诺，就依靠值得信任的运营商的重要性达成一致，并决心建立日美全球数字伙伴关系以及加强与其他同盟国的合作。[①]这也表明，日美意图建立以5G乃至6G通信技术标准为代表的“技术同盟网络”，所谓“值得信任的运营商”也意味着日美将联手制定和推广相关国际通信技术标准，以加强与中国在新一代通信技术等领域的竞争，并在国际通信市场上进一步阻击中国相关企业。不难推论，在日本寻求保持对华产业科技优势和平衡中国日渐增加的“技术权力”的背景下，利用对华出口的高技术、高价值零部件及其技术出口转移限制措施，有较大可能成为日本政府的政策选项。

(三) 中美日三边关系互动是驱动日本收紧对华出口管制政策与否的关键点

回顾战后日本出口管制体制的建立与对华出口管制政策的历史脉络，可以发现，中美日三边关系互动是影响日本对华出口管制政策的核心因素。每当中美关系合作大于竞争，中日关系趋于缓和，则日本对华出口管制较为宽松，反之，当中美关系竞争加剧与中日关系发生波折，则日本对华出口管制将进一步收紧。学者孙迎辰指出，美日关系密切，特别是当安全保障方面上的合作与协调成为美日关系的主要一面时，将促使日本选择与美国合作，共同在高技术出口管制问题上围堵中国。[②]当前，中美日三边关系互动正处于这样一个危险的历史关口。美国拜登政府延续了前任特朗普政府将中国视为最主要战略竞争对手的政策思路，更多选择与日本、欧盟等盟友的多边协调合作，寻求一致对华“西方共识”与在经济、政治、科技、舆论等各个层面合力围堵中国。对此，日本菅义伟政府则选择“投桃报李”，不仅进一步向美国加速靠拢，更是显露出充当反华急先锋的不良苗头，在中美科技竞争中坚定站队美国。

战后日本的对外政策有两大路线，一是经贸层面上重视经济利益的贸易立国路线，二是安全保障层面上主张美国优先的“日美同盟”路线。不言而喻，日本

---

① 外務省「日米首脳共同声明：新たな時代における日米グローバル・パートナーシップ」、2021年4月16日、4頁、https://www.mofa.go.jp/mofaj/files/100181507.pdf。

② 孙迎辰：《日本对华高技术出口政策探析》，《现代国际关系》，2000年第3期。

当前的对外政策正在经历深刻而重大的调整，两条路线之间的界限日渐模糊、相互交织重叠，加速向着融合为“日美同盟优先”的综合性经济安保战略的趋向发展。无论是经济贸易维度、战略政策维度，抑或是科技竞争和多边机制维度，日本都表现出“日美同盟”的优先性和合作领域的全方位性。例如，日本政府已计划最早在 2021 年 6 月敲定促进国内尖端半导体和蓄电池生产的经济成长战略，核心是设置总额 2 000 亿日元的基金用于促进集中投资，并计划大幅出台相关扶持政策，确保相关产业的技术研发与投资贸易活动。同时提出与美国合作，吸引美国的实力企业对日投资设厂，通过日美合作强化关键前沿科技领域的供应链安全。①

疫情背景下，日美等国进一步加大了在有关高技术领域的合作以及共同遏制中国的措施举动。2021 年 3 月 12 日，日本、美国、澳大利亚和印度四国首脑举行线上磋商会谈，确认分散供应链的必要性，并建议四国在确保稀土方面展开合作，共享生产技术和开发资金，联手制定国际规则。②不仅如此，四国还将成立高级别疫苗专家组、气候问题工作组和关键与新兴科技工作组，计划在 2021 年年内举行面对面首脑会晤。③这也意味着，美日印澳“四边机制”正在不断深化，向着“四边价值观及技术同盟”的趋势发展。仅四天后，3 月 16 日日美便举行防长加外长的“2＋2”会谈，会谈结束后发表的联合声明强调，日方决心提高自身防卫能力，日美同盟仍旧牢固，双方还将在网络、太空等新领域开展合作，④进一步扩展日美同盟的内涵和外延。2021 年 5 月 3 日，日本外务大臣茂木敏充在七国集团(G7)外长会议开幕前，与美国国务卿布林肯举行了会谈。讨论了鉴于中国经济实力的增强，日美确认今后有必要在共享价值观的各国构筑起供应链。⑤日美高层近期在有关高技术合作与应对和中国竞争等议题上的频繁互动也表明，日本已决心在通信技术、半导体等高技术领域向美国靠拢，期待日美同盟向着更深层次、更广范围的议题拓展，以提升日本的国际竞争力和平衡中国地区影响力

---

① 《日本制定战略促进自身半导体生产》，《日经中文网》，2021 年 5 月 19 日，https://cn.nikkei.com/politicsaeconomy/economic-policy/44779-2021-05-19-09-03-43.html。

② 《日美澳印将为确保稀土展开合作》，《日经中文网》，2021 年 3 月 12 日，https://cn.nikkei.com/politicsaeconomy/commodity/44070-2021-03-12-09-47-35.html。

③ 刘品然：《美日澳印领导人讨论疫情和气候变化等问题》，《新华网》，2021 年 3 月 13 日，http://www.xinhuanet.com/world/2021-03/13/c_1127205665.htm。

④ 姜俏梅：《日美举行“2＋2”会谈》，《新华网》，2021 年 3 月 16 日，http://www.xinhuanet.com/world/2021-03/16/c_1127219094.htm。

⑤ 《日美外长伦敦会谈重申携手应对涉华涉朝问题》，《日本广播协会》(NHK 国际传媒)，2021 年 5 月 4 日，https://www3.nhk.or.jp/nhkworld/zh/news/297743/。

的增长。疫情背景下，日本在新一代通信技术、供应链、太空网络等高技术、高疆域领域加速与美国等"民主价值同盟国"结成联盟，寻求提升日本在相关议题上的国际竞争力与规则制定能力。可以预见，日本出口管制政策也将围绕这一主线不断演化与调整。

"日美同盟优先"的综合性经济安保战略对日本而言，风险与收益并存、利益与弊端兼得。尽管菅义伟政府强调希望与中国建立稳定且建设性的双边关系，但实际上，选择加强与美国及其他盟国的合作，在新型冠状对策、绿色增长、创新和科学技术，以及确保经济安全保障等议题上，确保日美协调优先的对外战略。①一方面，日本可以通过"日美协调"经济策略，促进国内相关产业的发展并得到美国一定程度帮助和"战略松绑"，同时，也可以借机平衡中国日益增强的国际科技竞争力所带来的冲击，维持对华技术和产业结构优势。但另一方面，与美国的"深度捆绑"也将给日本带来战略自主性丧失的窘境，甚至出现"美国利益"凌驾于"日本利益"之上的尴尬局面，并恶化中日两国复杂而脆弱的双边关系，增加区域乃至全球层面上的不稳定因素。可以预见，随着美国加大对华高技术出口管制与对中国高科技公司及研发单位的制裁力度，不可避免的将影响海外日企的生产销售活动与日本政府对华出口管制制裁收紧，对中国相关受制裁、受管制的企业产生负面冲击。2021 年 4 月 12 日，华为公司相关人员透露，由于美国政府的管制与制裁，半导体零部件等交易受到限制，2020 年华为对日本零部件等的采购额比 2019 年减少 2 成，降至约 80 亿美元。②这也反映出相关日本企业对华货物、技术转移受限，中国企业获取日本高技术零部件进口遇阻的趋势。长远观之，随着中美日三边关系互动变化，日美加大对华高科技领域的竞争协调战略，不应低估日本对华出口管制政策收紧的影响。

五、结　　语

日本是世界上重要的经济科技强国和东亚生产制造网络中高技术精密零部件的"关键供给者"，其出口管制政策对于地区乃至全球经贸往来都有着重大影响。二战结束以降，日本出口管制制度不断完善、日趋严密，已成为影响日本产

---

① 外務省「戦略国際問題研究所（CSIS）における菅総理講演」、2021 年 4 月 16 日、https://www.mofa.go.jp/mofaj/na/na1/us/page1_000949.html。

② 《华为 2020 年从日企的采购额减少 20%》，《日经中文网》，2020 年 4 月 13 日，https://cn.nikkei.com/china/ccompany/44393-2021-04-13-09-55-30.html。

业政策与对外贸易的关键制度因素之一。随着国际形势变化与日本自身对外战略转变,其出口管制政策在不断地动态调整。面对中美战略博弈加剧,日本选择在高技术、高端制造等领域更多的与美国等西方国家协调合作,对华出口管制政策收紧的可能性增大,而这将不可避免地影响中日双边关系。对此,中国要早做准备,加大对于相关核心技术的研发攻关力度,预防对日依赖较大的相关科技产品和技术受限,保障关键技术、关键产品不被"卡脖子""掐命门",提高高端制造业的国产化与自给率水平。

另一方面,回顾日本出口管制制度的发展历史与变迁脉络,也可以为中国建立符合本国国情与适应国际形势变化的出口管制制度体系,提供一定的借鉴和启发意义。从立法保障的高度,重视相关出口管制制度的建设与构筑,建立起出口管制过程中的"轻重结合"和"预防为先"原则,不断完善和修订相关法令法规,在服务经济社会发展与防止高端技术和产品流失的管控之间寻求平衡,使之适应瞬息万变的技术发展潮流与风云变幻的国际格局变化。科技与高端制造业是一国经济发展的动力源泉之一,也是保持国际竞争力的关键要素。对此,建立和完善相关出口管制制度可以从战略的高度维系和构筑一国的技术优势与发展先机。

参考文献:

[1] 孙迎辰:《日本对华高技术出口政策探析》,《现代国际关系》2000 年第 3 期。

[2] 文部科学省「安全保障貿易に係る機微技術管理ガイダンス(大学・研究機関用)第三版の概要と改訂のポイント」、2017 年 10 月。

[3] 王绍媛、冯之晴:《日韩贸易摩擦的原因、影响及趋势分析》,《现代日本经济》2021 年第 2 期。

[4] 外務省「戦略国際問題研究所(CSIS)における菅総理講演」、2021 年 4 月 16 日、https://www.mofa.go.jp/mofaj/na/na1/us/page1_000949.html。

论"双循环"格局下贸易调整援助制度的构建

张　磊*

内容摘要:近年来国际贸易形势发生显著变化,对我国高水平开放中构建"稳外贸、保就业"治理体系提出迫切要求。2017年上海曾发布《中国(上海)自由贸易试验区贸易调整援助试点办法》,此后又依托商会等组织开展试点。借鉴国际经验,针对近期上海试点实践与国家"双循环"发展要求,我国的贸易调整援助应立足企业跨国供应链调整,明确政策的服务范围与方向;保证"合规性"并重视政策"获得感",关注区域合作等稳定企业经营;创新管理体系,构筑跨地区服务网络;优化资金管理及使用,形成多维度评估机制;针对各类执行问题创新工作手段等。

关键词:贸易调整援助;治理体系;"双循环"发展格局

Abstract: Since China has entered a new phase of Institutional Openness, it is of urgent practical significance for the governance system to put the work of trade adjustment assistance (TAA). On July 2017, Shanghai Free Trade Pilot Zone issued Measures for Trade Adjustment Assistance in China firstly, which have been putted into practice at the end of 2019. After comparing TAA in the US, EGF in the EU, and TAA in South Korea with the pilot practice in Shanghai, the paper puts forward the construction of TAA under the "dual circulation" development pattern of China, which include applicable objects、institutional system、responsible institutions, and so on.

Key words: Trade Adjustment Assistance; Governance System; the "dual circulation" development pattern

---

* 张磊:上海对外经贸大学国际经贸研究所/国际发展合作研究院研究员。

** 本文主要内容曾发表于《国际贸易》2021年第5期。

近年来，国际贸易形势发生显著变化，特别是中美经贸摩擦带来的严峻挑战，致使我国对外贸易行业受到较大影响。如何在深化对外开放进程中有效应对国际市场的不利冲击，也成为相关工作贯彻“稳外贸”要求的一项重要任务。进入2020年后，全球新冠肺炎疫情等影响持续发酵，国家又提出“保就业”等政策，强调稳住经济基本盘，兜住民生底线。针对当前“构建国内国际双循环相互促进的新发展格局”（以下简称“双循环”）、“推进国家治理体系和治理能力现代化”[①]等战略，这也为高水平开放中运用国际通行规则构建“稳外贸、保就业”相关治理体系提出了更高要求。

2017年上海首次发布《中国（上海）自由贸易试验区贸易调整援助试点办法》，2020年上海又依托商会等组织率先开展试点实践，探索构建体制机制。本文拟参考国际经验，针对近期上海试点工作之实践，就我国依托贸易调整援助构建“双循环”格局下的“稳外贸、保就业”治理体系等展开理论思考和政策讨论。

一、主要经济体贸易调整援助制度的特征与比较

贸易调整援助（trade adjustment assistance，TAA）作为保障自由贸易中弱势市场主体生存与竞争能力的制度措施，尽管各国称谓不同，但在部分经济体内已施行多年并成为国际通行规则。典型包括美国贸易调整援助项目、欧盟全球化调整基金、韩国主要针对自由贸易协定（FTA）的贸易调整援助等。综合而言，不同经济体关注重点不同，具体执行也各异。

（一）美国的贸易调整援助制度

美国《1962年贸易拓展法》（The Trade Expansion Act of 1962）开始对因关税下降导致进口增加而引起的工人失业问题提供补偿，其中就包括对企业的援助。根据最新《2015年贸易优惠延长法案》（The Trade Preferences Extension Act of 2015），美国的TAA政策体系主要包含对企业的贸易调整援助、对农业的贸易调整援助、对工人的贸易调整援助，以及针对社区大学职业培训的贸易调整援助等。

由于自由贸易的利益被广泛分散在整个经济中，代价却由相对集中的部分

---

① 新华社：《中国共产党第十九届中央委员会第五次全体会议公报》，2020年10月29日，http://www.banyuetan.org/yw/detail/20201030/1000200033137441604018846351205940_1.html1。

的工人、企业与产业承受，因此如果没有恰当的补偿机制，则自由贸易带来的国民财富增加未必产生社会福利的增长。从美式贸易政治角度看，美国 TAA 立法的主要动因就是减少对“拓展的自由贸易”(expanded free trade)的反对和障碍，美国 TAA 项目也可被视为是对贸易保护主义提供的“补偿”(quid pro quo)或替代。值得注意的是，上述“补偿”观点实际上不仅可用于 TAA 制度，也是可被用来解释各类针对进口冲击的“逃避条款”的，包括目前被 WTO 成员采用的贸易救济措施[①]，以及历史上曾广受发展中国家诟病的“多纤”协定[②]等。

此外，针对美国 TAA 工作实践，实证研究也发现随 TAA 平均补贴的增加，美国各州的再就业率均有显著上升。针对 TAA 培训项目，参加培训的受助者更易再就业，也更有可能获得较高报酬等。

(二) 欧洲全球化调整基金(EGF)

欧盟于 2007 年开始实施欧洲全球化调整基金(European Globalization Adjustment Fund, EGF)，目标是“为贸易变动所导致的失业提供特定援助以支持受影响地区和产业再就业”。该基金援助的是失业劳动者个人而非企业，判断标准一是失业和国际贸易的结构变化存在显著联系；二是失业或裁员会对地区经济产生不利影响。其中，关于失业和贸易变化之间的联系，不仅包括关税降低等所引起的进口冲击，也包括相关产业占国际市场份额的减少，以及本区域生产能力的跨国转移及竞争力下降等。

比较而言，EGF 更关注全球化对传统劳动就业市场和政策的冲击及其社会影响。历史上，欧共体/欧盟在推进一体化进程中很早就关注到地区均衡发展及就业调整的援助问题，1951 年欧洲煤钢共同体时期的《巴黎条约》就曾制订此类调整援助计划。2005 年欧盟委员会重启里斯本战略，针对各项调整对工人就业等产生不利影响就设立了“增长调整基金”(Growth Adjustment Fund)。此后

① 针对贸易调整援助与贸易救济措施之关系，一类观点将其纳入贸易救济体系，视为对反倾销、反补贴等的有效补充(张建:《贸易调整援助的功能分析及其合规性论证——以贸易救济制度的多元化为视角》,《政法学刊》2019 年第 12 期)；另一类观点则强调其在促进结构调整和发挥社会效应中的作用，认为已超越一般贸易政策范畴，将贸易调整援助界定为进口救济制度是一种误解(陈利强、屠新泉:《WTO 体制下美国贸易调整援助制度合法性探析》,《国际经贸探索》2011 年第 2 期)。就现实来看，美国的 TAA 项目曾被列入 WTO 贸易政策评审的范围，如 WTO《2004 年美国贸易政策评审报告》就将其纳入“政府补贴及其他支持措施”。

② 1972 年在关贸总协定的主持之下，42 个纺织品贸易国达成了“国际纺织品贸易协定”，也称“多种纤维协定”(MFA)，从而把纺织品的范围从棉纺织品扩大到化纤产品，其结果是纺织品贸易受发达国家等的限制范围进一步扩大。

欧盟又设立 EGF 作为对地区发展基金(European Regional Development Fund, ERDF)等的补充,以应对经济全球化下欧盟内部的劳动就业调整影响。2008 年全球金融危机爆发后,EGF 还将援助扩展至因金融和经济危机失业的工人。由于实践中 EGF 运行良好,近年欧盟也正计划对该基金实现拓展。

(三) 韩国的贸易调整援助

在 2004 年韩国与智利的自贸协定谈判中,作为应对国内反对意见的重要措施,韩国就制定了《自由贸易协定下关于农渔业人等援助的特别法》。后经多次修改,目前韩国贸易调整援助的范围已包含制造业、服务业和农业。韩国的贸易调整援助制度总体借鉴美国较多,主要针对由于自贸协定而受到进口冲击影响的企业。

实践中,由于韩国 TAA 政策的具体执行会涉及较多政府部门,不同部门各异的政策取向使韩国贸易调整援助的实际效果并不如人意。此外,韩国的 TAA 在执行中还出现了标准门槛设置过高、援助手段过于侧重金融扶持等问题,被认为较多呈现“产业政策”特性而不利于其主要目标功能的发挥等。

二、上海自由贸易试验区开展贸易调整援助试点实践

2017 年上海颁布《中国(上海)自由贸易试验区贸易调整援助试点办法》(下称《试点办法》)[①],首次对我国贸易调整援助工作从实施的范围、程序、方法和机构等多个方面进行规范。但对如何保证整个实施过程科学有序展开,则还有待实践进 步明确。2019 年底上海又率先开展了贸易调整援助试点的实践工作,对原《试点办法》实现优化调整。

(一) 上海试点实践的主要内容

根据原《试点办法》,援助工作的对象是受国际贸易变化影响的企业;手段主要是利用公共服务提供技术、资金等;目标是稳定企业经营和就业,恢复竞争力等。结合上述要求,此次试点的主要内容包括:

---

① 上海市商务委员会:中国(上海)自由贸易试验区管委会关于印发《中国(上海)自由贸易试验区贸易调整援助试点办法》的函,2020 年 7 月 2 日,http://www.shanghai.gov.cn/nw2/nw2314/nw2319/nw41149/nw43733/u83aw988.html。

一是调整企业申请贸易调整援助的范围和标准。在原《试点办法》第三条援助范围的基础上，试点工作又根据实际情况进行聚焦，将援助对象规定为在上海登记注册满三年，并具有进出口经营资格或对外经济合作经营资格的企业。且要求企业近三年无严重违法违规行为，未骗取专项资金等。相较原规定，试点将援助企业限制在有进出口经营资格的企业，目的是结合中国国情更便于甄别企业经营遭受影响的性质来源。通过对受援助企业提出财务纪律要求，也可更有效避免滥用 TAA 制度耗费公共资源。

其次，企业具体申请标准主要包括以下三项之一：一是近一年内出现 20%以上员工离职，或连续两年 10%以上的员工出现离职；二是近一年内主要产品产量或销售量较上一年度下降 30%以上，或连续两年下降 20%以上的；三是因遭受国际经贸环境变化影响，对企业正常经营产生重大不利影响的。较原《试点办法》增加标准三，目的是给予申请企业适当灵活性以促进政策效应发挥及加快制度成形。结合国际经验来看，欧盟的 EGF 曾在 2008 年全球金融危机后拓展了受援助范围；韩国贸易调整援助工作在早期也曾因门槛过高受到诟病而下调标准。我们认为，根据实践情况持续调整企业申请的门槛标准也将成为贸易调整援助需长期关注的一项工作。

二是主要通过技术援助方式为企业提供支持。根据《试点办法》第十二条计划实施，对企业援助方式可包括市场推广、检测认证、国际市场营销、产品设计研发、信息化水平提升、风险管理咨询及培训、出口信用保险、供应链管理及融资、人员培训等。结合国际经验来看，美国企业 TAA 项目的援助措施最初包括税收援助、财政援助与技术援助三种形式，但税收援助和财政援助涉及财政、金融、税收等产业政策，被认为或属于 WTO 可诉性补贴的范畴，现实中美国 1986 年就将其取消。此次试点基于“合规性”考虑，主要从涉外法律援助、信息咨询服务、贸易结构调整三个方面通过援助中心购买第三方服务的方式向企业提供技术援助，较原《试点办法》对援助手段实现聚焦。此外，原《试点办法》未对资金支付提出具体要求，此次试点探索形成的具体支付方式是单个项目支持比例最高不超过项目整体金额的 50%，首笔援助款项为项目援助费用 50%，剩余款项于服务项目开展完毕且验收通过后拨付。

三是形成了一套相对成熟的工作机制、流程和手续。根据《试点办法》第六条实施部门，上海自贸试验区管委会是开展贸易调整援助试点的具体工作部门。就国际经验来看，许多国家的实施工作都采取了“官方＋民间”协同处理的模式，如美国对企业贸易调整援助的具体执行机构主要是分布在全美各地的 11 个贸易调整援助中心（TAAC），这些贸易调整援助中心一般都是由商务部资助成立的地区性非营利组织，有资格申请作为贸易调整援助中心的包括大学及其附属机构、州和地方政府、非赢利性组织等。此次试点工作由上海市商务委员会、上海自贸试验区管委会牵头，并委托上海市浦东国际商会组织开展项目申报和审核，项目实施情况监督检查和绩效评价等，也是我国对企业贸易调整援助采取协同处理模式的首次探索。

其次，针对《试点办法》第十条调整计划、第十一条审核要素的要求，试点也初步探索出一套相对完整成熟的工作流程和手续，主要包括调研、排摸企业、行业受影响情况；政策宣介并组织受影响企业进行申报；对申报企业受援助资格进行认定；企业对接专业服务商并制定服务计划；组织专家组对企业服务计划进行评审；开展援助服务并进行流程效果跟踪监督；援助项目验收并进行绩效评估等。并形成《贸易调整援助工作专家项目评审方案》《贸易调整援助工作第三方服务商库》等规章制度。

四是对援助的初步评估表明国内企业面临贸易格局变化正加速调整。原《试点办法》要求对援助项目开展效果评估（第十五条）和国际竞争力评估（第十六条）。由于此次试点是在国际贸易环境不确定性增大的背景下实施的，加之2020年后新冠肺炎疫情影响仍在持续发酵，如何更加客观、科学的评估试点效果也成为后续工作的一项重点内容。就初步调查来看，此次援助成果主要体现在帮助企业应对国外法律纠纷、推进产品升级和助力市场开拓等方面。其中，受前期美国加征关税等因素影响，就有大量企业为加快市场和产品结构调整等申请援助。例如，有纺织企业原本销往美国市场的商品要尽快转卖到其他市场，对此企业需开展针对多国市场的测试认证而求助于贸易调整援助。可以说，上述情况也反映了当前我国外贸领域进入"双循环"发展阶段后的部分趋势与特征，表明外贸企业亟待国家支持援助以加速贸易结构调整适应新局面。

（二）对上海试点工作与国际经验之比较

由于目前上海的试点工作主要针对企业，因此本部分将主要与美国和韩国针对企业的贸易调整援助工作进行比较分析。虽然欧盟EGF援助对象是个人，但包括自营业主的情况，故也可参考（具体见表1）。

通过表1比较可见，首先就援助范围而言，目前上海试点的援助范围较美国和韩国更广，相对接近欧盟表述，但又结合工作需要制定了部分资格限制要求。其次，就援助条件来看，目前上海试点的标准较美国、韩国和欧盟都相对更严，为此标准三也保证了政策执行灵活性。再次，在援助方式上，美国、韩国和欧盟既有技术援助，部分还有资金支持，上海试点的援助方式是技术援助，且仅限于涉

表 1 近期上海试点与美国、韩国、欧盟相关制度之比较

	援助范围	主要援助条件	援助方式	期限
上海 TAA 试点工作	针对上海有进出口经营资格企业，国内销售受进口冲击，或其出口受到贸易摩擦及其他贸易壁垒影响。要求企业近三年无严重违法违规行为	出现以下情形之一：1）近一年内出现 20%以上，或连续两年 10%以上的员工离职；2）近一年内主要产品产量或销售量下降 30%以上，或连续两年下降 20%以上的；3）遭受国际经贸冲击对企业经营产生重大不利影响	依托第三方机构提供涉外法律服务、信息咨询服务、贸易结构调整援助。单个项目支持比例不超过总金额 50%，最高不超过 20 万元人民币	一般 2 年
美国对企业 TAA①	为受到进口竞争影响的美国企业提供援助	满足三方面条件：1）公司“相当数量的工人”已经或可能全部或者部分离开；2）销售，或者生产，抑或两者均绝对下降；3）进口商品的增加“严重造成”了工人失业和销售和/或生产的下降	援助方式包括就业管理服务、培训、贸易调整补助、寻找工作津贴、安置津贴等。具体支付少于 3 万美元的，企业须出 25%；花费多于 3 万美元的，企业需出至少 50%，联邦政府最多只提供 7.5 万美元	一般 5 年
韩国对企业 TAA②	主要是受到从 FTA 伙伴国进口竞争影响的韩国企业提供援助	出现以下情形之一：1）近 6 月内主要产品产量或销售量同比下降 10%以上；2）近 6 月内经营利润、人员雇佣水平、开工率、公司股价较上一年度同比下降 10%以上	援助方式主要有经营和技术等咨询援助、融资援助和直接出资援助。其中融资援助和直接出资援助可为单个企业提供额度最高 45 亿韩元的支持等	一般 5 年
欧盟 EGF③	由于全球化或者持续的全球金融或经济危机引致的世界贸易格局的结构性变化导致的工人失业和自营业主业务停滞	出现以下情形之一：1）在 4 个月参考期内企业至少 500 名工人失业或者自营业主业务停滞；2）在 9 个月参考期内企业至少 500 名工人失业或者自营业主业务停滞，尤其中小企业	包括培训和再培训，技能证书、寻找工作协助等；短期措施，如寻找工作补助、雇主聘用激励、流动津贴、培训津贴；对无优势者、年轻失业者等有激励措施	一般 24 个月

资料来源：作者根据相关资料整理。

① Economic Development Administration, “Annual Report to Congress: Trade adjustment Assistance for Firms Program”, FY2018.

② The Trade Adjustment Support Center of SBC(Small and Medium Business Corporation), Korea.

③ Regulation(EU) No 1309/2013 of the European Parliament and of the Council of 17 December 2013 on the European Globalization Adjustment Fund(2014—2020) and repealing Regulation(EC) No 1927/2006, 2013, https://eur-lex.europa.eu/legal-content/EN/TXT/?qid=1596001283161&uri=CELEX:32013R1309.

外法律援助、信息咨询服务、贸易结构调整三个方向。四是在援助金额上，由于贸易调整援助工作主要是针对中小企业和个人，因此具体项目的单笔金额都不高，上海试点对单个企业的援助水平也显著低于美国和韩国。最后，在援助时间上，美国和韩国对企业的援助期间最久长达 5 年，上海试点为 2 年。

三、在“双循环”格局下构建有中国特色贸易调整援助制度

国家提出“推进治理体系和治理能力现代化”，针对近期内外环境变化使对外贸易行业受到较大影响之现状，这也对我国在“双循环”格局下构建“稳外贸、保就业”治理体系提出迫切要求。2020 年国务院《关于推进贸易高质量发展的指导意见》就强调要“研究设立贸易调整援助制度”①等。文章最后就构建有中国特色贸易调整援助制度提出若干理论思考和政策讨论。

（一）立足供应链调整支持企业“双循环”发展，明确政策的服务范围与方向

结合前文分析可见，各国开展贸易调整援助关注重点不同，具体政策也各异。美国 TAA 相对关注在拓展海外市场过程中应对进口冲击，较多反映了贸易投资自由化加速时期平衡国内政治利益之需要。韩国的 TAA 制度更是主要针对受 FTA 伙伴国进口竞争影响的国内企业提供援助。比较而言，全球化基金(欧盟 EGF)则凸显了欧盟在经济一体化进程中对传统劳动就业市场和政策影响之重视。

针对全球价值链生产与贸易趋势，主要经济体近期也都开始关注跨国供应链对国内中小企业生产和就业的影响。根据美国国际贸易委员会（USITC）研究，按照贸易增加值方法统计，2007 年美国依托出口的工作岗位中约有 40%是由美国中小企业（SMEs）创造的，考虑到美国对企业的 TAA 主要针对中小企业，因此也要重视该政策在跨国供应链中发挥作用。WTO 研究则表明，基于主要经济体各自企业在跨国供应链上地位不同，2011 年出口为美国带来的就业岗位约为 1 500 万个，欧盟为 6 600 万个，中国则为 1.2 亿个。

此次上海试点的对象包括国内销售受进口冲击和出口受贸易摩擦等影响的

---

① 商务部：《中共中央、国务院关于推进贸易高质量发展的指导意见》，2020 年 11 月 19 日，http://www.mofcom.gov.cn/article/b/g/202001/20200102931557.shtml。

中国企业。对此，我们认为，基于经济全球化发展阶段不同，各经济体在全球价值链上分工地位不同，则其开展贸易调整援助的目标和侧重也必然会存在差异。根据此次试点工作具体情况来看，申请援助的企业基本都是因中美贸易摩擦等因素使生产和出口遭受影响的中小外贸企业。企业普遍反映，2018 年以来美国加征关税等措施造成企业国外市场萎缩，销售额大幅下降、客户流失，员工离职率上升；国际贸易环境不稳定带来的涉外法律纠纷增多；部分跨国公司及本土企业还考虑将供应链环节转移至海外等。2020 年后由于新冠肺炎疫情等因素叠加，外国进口商无预警取消出口企业订单的情况日益普遍，许多国内企业因供应链突然受阻只能采取减产缩员等临时手段应对。至于后续是否需法律维权或调整目标市场等，也因环境严峻无力应对而求助于贸易调整援助。试点通过引入第三方服务支持企业应对法律纠纷、促进产品升级、转换市场结构等，目标即主要是支持企业加速供应链调整以稳定经营保护就业。

基于上述情况，我们认为，当前形势下中国对企业的贸易调整援助应聚焦国内企业优化调整跨国供应链之现实需要，不仅关注外国产品进口对国内市场的影响，同时也要重视外部环境变化对中国企业跨国供应链及其出口和就业造成的冲击。这种同时涵盖出口援助与进口援助的做法，将更加符合当前复杂背景下支持企业依托“两个市场”“两种资源”实现“双循环”发展之要求，也更有利于高水平开放中我国“稳外贸、保就业”长效机制的建设。

（二）在保证“合规性”的同时更加聚焦政策“获得感”，关注区域合作促进企业稳定经营

关于贸易调整议题，《关税与贸易总协定》（GATT）在 20 世纪 80 年代就曾成立“结构调整与贸易政策”工作组，但 WTO 至今也未专门针对结构调整制定贸易调整援助或产业调整援助规则①。由此 WTO 下的《反补贴协定》也成为各方分析贸易调整援助合规性的主要参考，相关问题尤其集中在 TAA 措施是否具有《反补贴协定》规定的专项性上。以美国 TAA 制度为例，其早期采用的税收援助、财政援助就被认为或属于 WTO 可诉性补贴的范畴，但目前已取消。对于仍然保留的技术援助措施，研究则将其视为非专项性补贴。此次试点由于事前已制定《试点办法》，试点过程中又进一步优化和明确了具体工作的规范与标准；其次从具体实施手段来看，援助的主要方式是聘请第三方提供技术援助服

① 对此研究就认为可能原因是结构调整涉及成员方的产业政策、竞争政策及劳工市场政策等一系列国内公共政策而难以适用“反歧视模式”（约翰等，2004）。

务。以上各项也就总体保证了试点工作满足“合规性”。

其次,在保证“合规性”的同时,也应更加重视和强化政策的结构调整属性。针对此次试点,部分企业就反映存在政策“获得感”不强的情况。对此我国在后续工作中也需更加聚焦贸易调整援助稳定企业经营与就业之目标,提升政策扶持力度,助力企业适应“双循环”发展趋势。值得强调的是,由于近期的贸易调整援助试点较多关注外部环境变化对中国企业出口的影响,因此相关工作已不仅涉及对国内企业的援助,也客观与区域经贸合作存在密切联系。例如此次试点中就有部分企业开拓“一带一路”等新兴市场,并根据市场需求调整产品特性而寻求援助等。针对目前中国外贸企业结构调整新诉求,相关工作也应重视国内贸易调整援助与对外经贸合作系统集成,形成合力促进企业稳定发展。

(三) 创新管理体系,构筑服务企业供应链的跨区域网络

在针对企业的贸易调整援助工作中,美国商务部经济发展局(EDA)在全美范围内设置了 11 个贸易调整援助中心(TAAC),其工作主要是配合政府和企业共同对援助项目开展评审和认证,并牵头制定企业援助方案及负责执行和跟踪评估等。实践中,这 11 个 TAAC 分别负责美国不同地区各州企业的贸易调整援助工作。

根据国家商务部 2008《贸易调整援助暂行办法(草案)》,省级商务部门是地方贸易调整援助工作的主要负责人。此次试点工作就是在上海市商务委与上海自贸试验区管委会指导下由上海市浦东国际商会开展的。但结合试点实践来看,由于许多申请援助企业的供应链都是跨地区分布的,因此仅凭对本地企业提供援助也还很难保证对部分受损企业提供有效支持。为此,我国下一步也可考虑设计跨行政区域的贸易调整援助执行网络。具体可在既有试点基础上,首先在自贸试验区内构筑贸易调整援助工作网络,建立区域性的贸易调整援助中心负责临近区域企业的 TAA 工作,针对企业供应链提供援助服务。

(四) 优化资金管理及使用规范,形成多维度项目成果评估机制

就国际经验来看,政府投入往往是贸易调整援助资金的主要来源。例如美国在 2005 年到 2017 年每年对企业的贸易调整援助授权金额为 1 600 万美金,韩国曾设立 FTA 过渡基金来支持贸易调整援助工作的推进。目前上海试点资金投入主要来自中央财政,下一步也可考虑在试点工作中采取部分费用由中央支付,部分由各省市承担,形成中央和地方两级援助资金池或设立项目基金等拓展投入来源。此外,在贸易调整援助资金的发放上,由于试点中对企业的技术援

助主要通过第三方服务实现，目前试点工作也制定了《第三方服务商库运行方案》明确对第三方服务商管理机制及第三方服务商名单，后续效果也还待实践检验。

其次，建立科学高效的项目评估机制是贸易调整援助制度的重要组成。美国对完成贸易调整援助项目的企业均会开展评估分析，主要评估指标包括企业销售收入、企业生产率、企业入职率等。而结合对此次试点的调查来看，面对当前国际贸易严峻态势，申请援助的国内企业却普遍存在坚持不裁减员工的情况，部分反映了东亚国家企业文化相较西方之不同特点。为此，我国贸易调整援助制度在选择评价指标体系时也需充分考虑本国特色，应更多从帮助企业提升经营效益的角度对贸易调整援助效果进行评估，如采用企业获得订单数指标等。相关评估除进行指标分析外，也应建立对单个企业的跟踪随访机制，从援助服务效果、服务优化建议等方面开展个案分析，遵循国家战略逐步形成多维度的贸易调整援助项目评估体系。

（五）针对试点中发现的执行问题，持续创新政策手段

首先，此次试点中部分企业就以遭受国外“两反一保”影响出口为由寻求贸易调整援助。由于我国较早就已经制定了支持企业应对国外贸易救济调查的工作机制①，相关制度间彼此关系也还待进一步讨论和明确。其次，贸易调整援助制度除确定援助对象、手段等实体要件外，也还需要一整套完整的程序规则，保证整个援助工作的有序展开。下一步试点也应尽快实现对工作程序有明确的时限和顺序要求。最后，针对当前数字化政府趋势，试点工作下步将考虑推进线上服务平台搭建，包括评标平台、监察通道、服务采购管理系统等，进而实现整体工作流程的可控可追溯及信息安全等。

参考文献：

[1] [美]约翰・O.麦金尼斯、[美]马克・L.莫维塞西恩，张保生、满运龙译：《世界贸易宪法》，中国人民大学出版社 2004 年版。

[2] 陈利强：《美国贸易调整援助制度研究》人民出版社 2010 年版。

[3] 陈利强、屠新泉：《WTO 体制下美国贸易调整援助制度合法性探析》，《国际经贸探索》2011 年第 2 期。

[4] 陈淑梅、陈梅：《中国特色贸易调整援助机制建设研究》，《国际贸易》2019 年第 4 期。

---

① 商务部贸易救济调查局：《应对国外贸易救济调查指南》，中国商务出版社 2009 年版，第 25—30 页。

[5] 胡语宸:《贸易调整援助制度的实施路径探析——兼评上海自贸试验区试点办法》,《海关与经贸研究》2019 年第 6 期。

[6] 国家商务部:《中国对外贸易形势报告(2020 年春季)》,2020, http://zhs.mofcom.gov.cn/article/cbw/202006/20200602974110.shtml.

[7] 蓝天:《FTA 战略下韩国的贸易调整援助制度及启示》,《国际经贸探索》,2012 年第 1 期。

[8] 刘国斌:《“一带一路”建设的推进思路与政策创新研究》,《东北亚论坛》2019 年第 4 期。

[9] 张建:《贸易调整援助的功能分析及其合规性论证——以贸易救济制度的多元化为视角》,《政法学刊》2019 年第 12 期。

[10] Bank, “Gary and Tumlir, Jan. Economic Policy and the Adjustment Problem”, London: Trade Policy Research Center, 1986, 11.

[11] Carl H. Fulda, “Adjustment to Hardship Caused by Imports, The New Decisions of the Tariff Commission and the Need for Legislative Clarification”, *Michigan Law Review*, 1972, 170(4).

[12] Cernat, Lucian Mustilli, Federica, “Trade and Labour Market Adjustments: What Role for the European Globalization Adjustment Fund?” *Intereconomics*, Springer, Heidelberg, 2018, 53(79).

[13] European Commission, “European Values in the Globalized World”, Brussels, 20 October 2005. http://europa.eu/legislation_summaries/employment_and_social_policy/social_agenda/c10150_en.htm.

[14] European Commission, “Restructuring and Employment: Anticipating and Accompanying Restructuring in Order to Develop Employment: the Role of the EU”, Brussels, 31 March 2005, http://europa.eu/employment_and_social_policy/community_employment_policies/c10136_en.htm.

[15] European Commission, “Lisbon Strategy Evaluation Document”, Brussels, 02 February 2010, http://ec.europe.eu/europe2020/pdf/lisbon_strategu_evaluation_en.pdf. 2020-07-10.

[16] European Commission, “Report from the Commission to the European Parliament and the Council on the activities of the European Globalization Adjustment Fund in 2015 and 2016”, Brussels, 2017. http://europa.eu/legislation_summaries/employment_and_social_policy/social_agenda/.

[17] European Commission, “Report from the Commission on the midterm evaluation of the European Globalization Adjustment Fund (EGF)”, Brussels, 16 May 2018, http://europa.eu/legislation_summaries/employment_and_social_policy/social_agenda/c10750_en.htm.

[18] Economic Development Administration, "Annual Report to Congress on the Trade Adjustment Assistance for Firms Program", Fiscal Year 2015, https://www.eda.gov/pdf/annual-reports/taaf/FY15-TAAF-Annual-Report-to-Congress.pdf.

[19] Economic Development Administration, "Annual Report to Congress on the Trade Adjustment Assistance for Firms Program", Fiscal Year 2018, https://www.eda.gov/files/annual-reports/taaf/FY18-TAAF-Annual-Report-to-Congress.pdf.

[20] Giordano J. N., "Reemployment and earnings in the trade adjustment assistance program", *International advances in economic research*, 2017.

[21] Government Accountability Office, "Trade Adjustment Assistance: Commerce Program Has Helped Manufacturing and Services Firms, but Measures, Data, and Funding Formula Could Improve", GAO-12-930, Washington, DC, 2012, 7.

[22] Heo, Y. Assisting trade adjustment in Korea, "Is it a facilitating device for FTA implementation?" *Journal of International Logistics and Trade*, 2013, 11.

[23] Insoo Pyoa, Jacob Woodb, Jungsuk Kimc., "An Evaluation of the Korean Trade Adjustment Assistance (TAA) program" *Journal of International Logistics and Trade*, 2016, 14(3).

[24] Jeon, J and Cheong, I., "An empirical study on the application of Korea's trade adjustment assistance program", *Korea Trade Review*, 2010, 35.

[25] Joon-heon Song, "Finding beneficiaries: trade adjustment assistance system in South Korea", *Journal of international trade law and policy*, 2017, 16(2).

[26] Rachel F., Fefer, "Trade Adjustment Assistance for Firms: Economic, Program, and Policy Issues", Congressional Research Service, 2017.

[27] Reynolds K. M., Palatucci J. S., "Does trade adjustment assistance make a difference? *Contemporary economic policy*", 2012, 30(1).

[28] USITC, "Small and Medium-Sized Enterprises: Characteristics and Performance", Investigation No.332—510, Publication 4189, Washington, DC, 2017, 5.

[29] Whitney John Smith, "Trade Adjustment Assistance: An Underdeveloped Alternative to Import Restrictions", *Albany Law Review*, 1993, 56.

[30] WTO, "World Trade Report 2017—Trade, Technology and Jobs", Geneva: WTO, 2017, 109.

论 WTO《SPS 协定》对私人标准的规制困境

伍穗龙*

内容摘要:私人标准是由广泛意义上的非政府机构,包括工业行业协会,商业公司,环境或者人权等非政府组织等所订立的,以日常重复使用为目的的规则,指引,或者是其他对于事物特性描述的特点的文件的总称。其是全球价值链背景下投资超越贸易,跨国公司越过边界造就对传统区域性国家政权管理的挑战而造就的必然结果。私人标准出现后,原有的调整国家之间货物贸易方面权利义务的 WTO 法律规则在调整私人标准上显得力不从心。研究发现,虽然《TBT 协定》对"非政府机构"或"非政府标准制定机构"等措辞进行规制的条款,可能与私人标准问题相关。但由于《SPS 协定》的相关措辞语焉不详,其能否包含私人标准存有疑问,从当下而言,不宜认定《SPS 协定》可对私人标准行为做出规制。

关键词:WTO;私人标准;SPS 协定;规制

Abstract: Private standards are rules, guidelines, or other descriptions of the characteristics of things for the purpose of daily reuse, as established by non-governmental organizations in a broad sense, including industrial trade associations, business companies, environmental or human rights non-governmental organizations, etc. They served as the inevitable result in the context of investment transcending trade in the context of global value chains and transnational corporations creating challenges to traditional regional state power management. The study found that although both the "TBT Agreement" and the "SPS Agreement" have provisions that regulate terms such as "Non-Government Organizations" or "Non-Governmental Standard Setting Organizations", they may be related to private standards issues. However, due to

---

* 伍穗龙,上海 WTO 事务咨询中心业务总监,研究部主任,法学博士。部分内容曾发表于自伍穗龙:《WTO 货物贸易框架下私人标准研究》,武汉大学出版社 2019 年版。略有改动。

the unclear wording of the two agreements, it is questionable whether they can include private standards. From the current point of view, it is not suitable to determine that the two agreements can regulate private standard behavior.

Key words: WTO; Private Standard; SPS Agreement; Regulation

全球经贸规则重构背景下再次重提私人标准与 WTO 多边贸易体制的关系具有历史必要性。在"百年未有之大变局"背景下再次审视私人标准在多边贸易体制下的动能行定位,有助于进一步证成多边贸易体制在投资超越贸易时代的碎片化与分割化。

当前,随着全球治理中私人实体所发挥的影响加大,全球治理正经历着一种本体论上的变革。而 WTO 货物贸易框架也被卷入此大潮。这部分是由于当前全球价值链背景下,投资超越贸易,跨国公司越过边界造就对传统区域性国家政权管理的挑战。私人标准的出现是这一背景的产物。该背景下,私人标准是由广泛意义上的非政府机构,包括工业行业协会,商业公司,环境或者人权等非政府组织等所订立的,以日常重复使用为目的的规则、指引,或者是其他对于事物特性描述的特点的文件的总称。

私人标准出现后,原有的调整国家之间货物贸易方面权利义务的 WTO 法律规则在调整私人标准上显得力不从心,发展中国家认为私人标准的扩散实际上提高了市场准入门槛,对国际贸易造成不利影响;发达国家却认为该行为属于私人行为。这一领域是国内研究的空白,学者们没有给予足够的关注。本研究将从《动植物卫生检疫措施协定》(《SPS 协定》)角度,考察当前以 WTO 为核心的多边贸易体系对私人标准问题的规制、态度与应对。

一、《SPS 协定》视野下的私人标准

SPS 委员会是 WTO 各委员会中最早对私人标准讨论的委员会。亦是私人标准对国际贸易可能产生扭曲作用论断第一次提出的场所。全球化以来,对于食品安全,动植物检验检疫等方面的要求均在不断提高,私人标准亦成为当中一个能对其产生影响的现象。

在 SPS 委员会定期会议中,WTO 成员对私人标准所造成的一系列问题提

出关注。[①]他们关心他国所采取的 SPS 措施是否比所需要的保护设立更为严格的标准,该保护措施是否必要? 2005 年,圣文森特和格林纳丁斯[②]针对欧盟所采取的 GLOBALG.A.P.体系中对香蕉进口所采取的严格标准提出了质疑,同时要求欧盟就"欧洲食品连锁安全体系"所设立的标准与欧盟官方标准之间相互关系作出澄清。与此同时,其他发展中成员亦注意到该问题,纷纷指出此标准潜在影响发展中国家向欧盟香蕉出口的利益。欧盟在回复中认为"欧洲食品连锁安全体系"所设立之标准并非欧盟官方标准,即使该标准超越了欧盟官方标准的规定,由于其本质属于私人标准,毕竟并非欧盟力所能及的范围。

自此以后,私人标准问题成为每次 SPS 委员会定期会议所讨论的固定内容。出于成员国的要求,SPS 委员会秘书处为此举办了两次非正式的信息通气会:第一次在 2006 年 10 月,来自"欧洲食品连锁安全体系"以及联合国贸易与发展会议代表参与列席。第二次在由联合国贸发会议与世界贸易组织于 2007 年 10 月联合举办。藉此机会,许多私人标准制定者以及私人标准组织向 SPS 委员会以及世贸个成员提供了有关私人标准的有关信息。无独有偶,有的参会人员亦对私人标准在不同行业以及方面所造成的正面负面影响从案例分析得角度作出分析。这些都表明私人标准在国际贸易中不单单只是一个新兴甚至是零碎的问题,而是一个各个成员都关心的问题。同时不同的案例分析亦反应了不同成员在解决私人标准所产生问题时不同的策略与关注侧重点。例如,相当成员都已经制定有本国的"食品连锁安全体系"标准,这些标准在不同的阶段由不同的政策层级进行实施。WTO 成员已经同时认识到私人标准问题的教育性与问题性。[③]

往后,SPS 委员会秘书处在私人标准问题处理上的主要经历四个阶段:第一阶段,SPS 委员会秘书处于 2008 年 5 月就与 SPS 相关的私人标准向成员分发问卷,征求各成员意见。该问卷希望从成员中得到关于相关成品以及市场,相关私人以及国际标准,私人标准所产生的贸易影响以及一系列相关问题的信息。目前这一阶段已经得以完成。第二阶段,在 2009 年 6 月 15 日,秘书处又向 22

① 例如私人标准并非总是基于科学技术。他们与政府标准或者是国际标准并非统一。这些标准数量众多,受众群体众多,缺乏统一与共同认可。需要高成本以进行认证和确定。缺乏透明度,对于该标准制定的质疑与协商程序不透明,这次标准仅关注何种标准应该被使用而并非使用该标准的后果为何。对于小型或者中型企业,对于发展中或者不发达成员的出口商而言,他们施加不合理的负担。具体详细内容,请参见 WTO, Committee on Sanitary and Phytosanitary Measures, *Private Standards and the SPS Agreement*, Note by the Secretariat. G/SPS/GEN/746, 24 January 2007.

② 北美洲国家。

③ 参见 WTO, Committee on Sanitary and Phytosanitary Measures, *Private Standards and the SPS Agreement*, Note by the Secretariat. G/SPS/GEN/746, 24 January 2007.

个成员分发了40份问卷回答的文件。决定在2009年6月底，SPS委员会根据所收到回复中所关注的问题召开大会进行了讨论。一些成员在委员会大会开会后不久就某些问题持续提交了书面意见。相当各方都已经就SPS视野下的私人标准的定义，范围，对国际贸易的作用，可能做出的规制等问题作出了讨论。但是目前还没有形成任何具有法律拘束力的决议。第三阶段，成员要求SPS委员会准备相关的文件以提供可能解决该问题的方法。瑞士以及美非成员(MERCOSUR)包括阿根廷、巴拉圭以及乌拉圭均认为私人标准可对国际贸易造成负面影响①。在随后委员会会议上，委员会主席邀请成员于2009年12月前向秘书处提交书面意见，突出成员各自认为在委员会范围内应该讨论的关于私人标准问题。作为结果，秘书处收到九个成员以及一个观察员组织的书面意见。第四阶段，2011年3月，SPS委员会在与其成员讨论协商的基础上所成立的私人标准的特别委员会发表研究报告，建议SPS委员会就与SPS私人标准相关的六个问题进行讨论。同时，该报告亦明确WTO成员在关于私人标准是否属于SPS协定调整范围内这一问题所产生的广泛争议与意见不合，认为委员会应该在不减损WTO成员对《SPS协定》适用范围的理解的基础上把私人标准相关问题纳入讨论范围。②

二、《SPS协定》对私人标准的规制

当前，有的实践观点认为常规的卫生与植物卫生检验检疫措施与私人自愿的卫生与植物卫生检验检疫措施的要求相比，《SPS协定》的意图在于规制成员而非私人实体的与之相关的措施。③事实是由于《SPS协定》是在私人标准在卫生与植物卫生领域中大范围扩散前进行谈判和商议的，因此该协议从本质上并没有把所要规制的对象直接落到私人标准的制定者上。④《SPS协定》是基于传

---

① 参见WTO, Committee on Sanitary and Phytosanitary Measures, *Voluntary Standards*, Submission by Switzerland, G/SPS/GEN/967, 20 October 2009.

② 参见WTO, Committee on Sanitary and Phytosanitary Measures, *Committee Report of the Ad Hoc Working Group on SPS-Related Private Standards to the SPS Committee*, G/SPS/W/256, Geneva, 3 March 2011.

③ 参见WTO, Committee on Sanitary and Phytosanitary Measures, *Report of the Ad Hoc Working Group on SPS-Related Private Standards to the SPS Committee*, G/SPS/W/256, Geneva, 3 March 2011.

④ 参见WTO SPS Committee, *Report of the Ad Hoc Working Group on SPS-Related Private Standards to the SPS Committee*, G/SPS/W/256, Geneva, 3 March 2011.

统的成员作为国际法主体对卫生以及植物卫生检验检疫所可能存在的风险上做出规制的。[①]正是在此角度上说，自律性规则，私人标准体系以及市场购买的准则应该被视为是市场经济进行调整的范围，而并非 WTO 法律体系所要指向的对象。市场经济能够通过其自律以及规律性的调节机制，在追逐利益最大化以及效益最大化的前提下对资源进行分配。[②]毫无疑问，这些都是正常的市场行为，也为大众所接受。但是，由于市场有其局限性，其在一定条件满足的情况下会出现市场失灵的现象，因此，经济参与者在市场运行过程中就不可能对所有将会影响的部门或个体进行考虑。

但是以笔者的角度视之，对其进行讨论还是有其重要意义的。与私人标准在《SPS 协定》下规制相关的主要体现在以下几条该协定的法律规定上。这些条款分别规定如下：

《SPS 协定》第十三条　实施

各成员有责任全面履行本协定中规定的所有义务。各成员应制定和执行积极的措施和机制，以支持中央政府机构以外的机构遵守本协定的规定。各成员应采取现有的合理措施，以确保境内的非政府机构以及其境内有关实体是其成员的地方机构，遵守本协定的相关规定，此外，各成员不应采取产生直接或间接地要求或鼓励这类地方或非政府机构，或地方政府机构以不符合本协定规定的方式行事影响的措施。各成员应保证只有在非政府机构遵守本协定规定的前提下，才能依赖其提供的服务实施动植物检验检疫措施。[③]

第一条　总则[④]

1. 本协定适用于所有可能直接或间接影响国际贸易的动植物检验检疫措施，这类措施应按照本协定的规定制定和实施。

2. 为本协定之目的，附件一中规定的定义都适用。

3. 各附件是本协定不可分割组成部分。

4. 对不在本协定范围的措施，本协定不应影响成员在技术性贸易壁垒协议项下所享有的权利。

---

① 参见 Joost Pauwelyn，"The WTO Agreement on Sanitary and Phytosanitary(SPS) Measures As Applied In The First Three SPS Disputes，EC-Hormones，Australia-Salmon and Japan-Varietals"，*Journal of International Economic Law*，1999：641—664.

② 虽然利益动机并非是由非政府组织所设定的自愿标准的目的，但是这些标准通常也反映了关于自由平等贸易，环境保护以及动植物健康的关注，而非动植物检验检疫的风险。因此这些不在本论文的讨论范围以内。

③ 参见《SPS 协定》第十三条。

④ 参见《SPS 协定》第一条。

附件一①

1. 动植物卫生检疫措施——指任何一种措施，用以：(a)保护成员境内的动物或植物的生命或健康免受虫害、病害、带病有机体或致病有机体的传入、定居或传播所产生的风险；(b)保护成员境内的人类或动物的生命或健康免受食品、饮料或饲料中的添加剂、污染物、毒素或致病有机体所产生的风险；(c)保护成员境内的人类的生命或健康免受动物、植物或动植物产品携带的病害，或虫害的传入、定居或传播所产生的风险；(d)防止或限制成员境内因虫害的传入、定居或传播所产生的其他损害。动植物卫生检疫措施包括所有有关的法律、法令、规定、要求和程序，特别包括最终产品标准；加工和生产方法；检测，检验，出证和批准程序；检疫处理，包括与动物或植物运输有关或与在运输途中为维持动植物生存所需物质有关的要求在内的检疫处理；有关统计方法、抽样程序和风险评估方法的规定；以及与食品安全直接相关的包装和标签要求。

在这些条款中，第一条与附件一一道，共同构成了定义《SPS协定》的范围基础。而《SPS协定》第十三条则是关于该协定的实施问题的。除了对WTO成员国落实该协定苛以相应的义务以外，其在该条款的第三四五句话中特别强调了成员国就“非政府机构”落实该协定所要履行的相应义务。从以上两句话中可以看出，《SPS协定》可能对“非政府机构”的行为作出了相应的规制。但是我们所要解决的问题则是，要解决私人实体设立或者实施标准的行为是否受该协定调整，我们必须解决三个问题：(1)诸如连锁超市对其产品供应商所提出的要求以及措施等私人标准化行为是否构成该协定中SPS措施？(2)“非政府机构”的含义是什么？(3)《SPS协定》第十三条中所指的“合理措施”为何？只有对此三个核心问题作出满意回答，才可能对《SPS协定》能否对私人标准进行规制这一问题作出满意回答。

(一) 如何界定“非政府机构”(Non-Governmental Entities)

以法律文本角度而言，《SPS协定》并没有对“非政府机构”作出明确定义。同时，WTO争端解决机制的裁决至今亦没有对《SPS协定》中的“非政府机构”作出明确的解释，同时其他协定关于这一问题的判例也非常有限。但可借用《TBT协定》对“非政府机构”的定义作为参考。②

---

① 参见《SPS协定》附件一第一条。

② 参见 Donal Casey, “Private Food Safety and Quality Standards and the WTO”, *University College Dublin Law Review*, 2007, 65(7):80.《TBT协定》附件一第八款对“非政府机构”的界定为：“非中央政府和地方政府，包括具有合法权力实施技术法规的非政府机构”。

正是在此基础上，相当部分学者认为，《SPS 协定》第十三条中的“非政府机构”的概念应从广泛意义上进行解释，其应该包括一切不构成正式政府机构组织形式的实体。[①]另一种观点则支持一种相对狭隘的解释，认为该措辞仅仅是指“得到政府支持或代表政府行使法律权力的非政府机构”[②]。例如有学者认为，若《技术性贸易壁垒协定》(《TBT 协定》)附件一第八款中“非政府机构”的含义包括全部“非政府机构”，当然亦包括私人标准制定机构，而不需要区分该类“非政府机构”机构是否具有执行落实技术规则的权力，则逗号后的内容均是毫无意义的，《TBT 协定》起草者亦无必要明确逗号后的内容。细化其观点，即该条款逗号后的措辞意在限定逗号前内容的广泛性。无独有偶，彩辉李(Caihui Lee)及欧盟均从《TBT 协定》对“非政府机构”的定义出发，同时考虑到《SPS 协定》宗旨及文义，认为“非政府机构”是指“并非单个经济个体或众多个体的联盟，而是得到政府授权从事特定行为或就发展及落实《TBT 协定》或《SPS 协定》相关规则拥有特殊法律地位的实体”。[③]但是也有学者持居中观点，认为《SPS 协定》第十三条中的“非政府机构”应该同时循广义以及狭义两个方向进行解释。[④]在广义的层面上，该观点认为广义的解释是该措辞的原来含义。相应地，在没有其他相反措辞或情况时，认为除非政府机构明确表示如此行为是得到认可的，否则“非政府机构”是不具备实施法律或者规则的权力，循此逻辑，“非政府机构”是指 WTO 成员或者由其国内法所认可的任何法律实体。而在狭义层面上，该观点亦试图从其他涉及产品标准规制的 WTO 协定特别是《TBT 协定》的相关规定中找出狭义解释性的导论。[⑤]

---

① 参见 Marijke Smit，“Food Safety Private Standards and Their Implications For International Trade: A Response Under The SPS Agreement”，*Paper Presented at the 2012 American Society of Internatinal Law International Economic Law Interest Group Beninial Conference*，2012。

② 参见 Spencer Henson，“The Role of Public and Private Standards in Regulating International Food Markets，Food Regulation and Trade: Institutional Framework，Concepts of Analysis and Empirical Evidence”，IATRC，2006:28—29。

③ 参见 Grace Chia-Hui Lee，“Private Food Standards and their Impacts on Developing Countries”，*Part VIII Legality of Private Food Schemes in the WTO*，2006:34。

④ 参见 *Private Voluntary Standards within the WTO Multilateral Framework*，Committee on SPS Measures Submission by the United Kingdom，G/SPS/GEN/802 9 October 2007 p.22。

⑤ 参见 G/SPS/GEN/802，pp.65—68 & 87。相关段落原文为“This study refers to the GATS where it determines the scope of what could be considered as a measure of a WTO Member in terms of that Agreement. The Annex on Telecomunications and the Agreement on Subsidies，Countervailing Measures and the Agreement on Preshipment Inspection. The study concludes that form a literary interpretation of Article 13 of the SPS Agreement the terms ‘non-governmental entity’ remains open.”该研究对《补贴与反补贴协议》，《服务贸易协定》及《装运协定》考察，认为《SPS 协定》第十三条中“非政府机构”措辞的内涵应该是开放的。

笔者支持广义说。以笔者观点视之，首先应从文本含义对该措辞内涵进行解释。《牛津英语词典》对该词的释义为："非政府机构"措辞是指不构成中央或者地方政府机构的实体。①这又引申出另外一个问题，在WTO法律规则下何谓政府机构实体？而解决这一问题则可反向定义"非政府机构"。关于"政府实体"的内涵，WTO上诉机构在加拿大—奶制品案中明确："政府的本质性含义在于其通过行使其权力，享有对个人和私人主体进行规制，控制以及监督或者限制他们行为的权力，"②随后，WTO上诉机构又在美国—中国反倾销反补贴案中指出"公共实体"与"私人实体"之间的区别在于前者行使着与政府密不可分，直接相关的管理和控制权力。而后者则不然。③因此，从排除法的角度分析，这意味着当一实体并不享有合法的规制，控制乃至监督或者限制私人个人或者实体的权力时，这样的实体应被视为是"非政府机构"，包括私人实体，当然商业性私人实体也不能被排除在外。

至于多数学者所借用的《TBT协定》中关于"非政府机构"定义的观点，笔者以为，《TBT协定》中所规定的"非政府机构"明确表明该实体并非是中央政府机构或者地方政府机构。该措辞的外延同样也应包括那些具有实施技术性规则权能的非政府机构。因此，虽然《TBT协定》中"非政府机构"的措辞明确排除了以上两种政府实体模式，但是其包括了那些代表政府行使行政职权的"非政府形式"实体模式。其并没有明确地表示所要排除的这两种方式的"非政府机构模式"就是该协定所可能包含的所有模式。如果《TBT协定》的起草者确实以此种方式限定"非政府机构"的措辞，则他们不应把"包括非政府机构"这一措辞加进去。④通过在该定义省略这些用语，通过使用"包含"这一措辞，表明包含后的内容只是作为列举情况的其中一种。因而可以合理地推断，《TBT协定》中包含"包含"这一措辞其实根本目的在于避免这些非政府机构是否符合该定义所指范

---

① 参见Oxford English Dictionary Online, available at http://www.oxforddictionaries.com/definition/english/non-governmental?q=non-governmental, visited on 1 September 2013。

② 参见WTO Appellate Body Report, *Canada-Measures Affecting the Importation of Milk and the Exportation of Dairy Products*, WT/DS103/AB/R/, 1999, para.97。

③ 参见WTO Appellate Body Report, *US-Anti-Dumping and Countervailing Duties (China)*, WT/DS/379AB/R, March, 2011, para.292。在该争端中，上诉机构认为"政府"以及"公共实体"的措辞表示considered that "government" and "public body" connote a sufficient degree of commonality or overlap in their essential characteristics, being the former a "superordinate" and the latter "one hyponym". (Appellate Body Report, *US-Anti-Dumping and Countervailing Duties (China)*, WT/DS/379AB/R, March 2011, para.288)。

④ 英文原文是："Body other than a central government body or a local government body which has legal power to enforce a technical regulation"。

围而引起的误会和麻烦。

因此,循任何角度而言,当 WTO 协定制定者们想把"非政府机构"这一措辞进行定义时,他们采取了把其明确化的方式为之。例如,《服务贸易总协定》第一条第三款关于措施的定义就特别指出其是"非政府机构"所采取的。与《TBT 协定》中所指称的"非政府机构"定义不同,《服务贸易总协定》的文本明确指出没有得到政府授权的"非政府机构"是不被包含在内的。因此,笔者以为在没有任何其他相反的证据证明前,找不到合理的理由一定要遵循狭隘解释方法对"非政府机构"这一措辞进行解释。即不能把第十三条中所指称的"非政府机构"解读为仅仅包括那些本质上得到政府授权的非政府机构。

以上的论证表明,私人行为,包括私人标准的发展与执行,都是非政府机构的行为。也正因为如此,从表面上也不能被排除在《SPS 协定》第十三条的范围外。因此,第十三条对其还是具有首要适用效力的,然而遗憾的是,这样的分析是基于《TBT 协定》对"非政府机构"的定义借鉴而来的。关键是 WTO 没有任何的判例曾经对此作出肯定,因此,这里确实存在一个不确定性。

(二) 私人标准化行为是否构成《SPS 协定》附件一中所规定的"实施卫生与植物卫生检验检疫措施"

虽然以上内容论证了私人标准制定以及适用实体可能符合《SPS 协定》第十三条所规定的"非政府机构"措辞,但是这并不足以说明《SPS 协定》就能对私人标准行为直接适用。更为重要的论证在于该标准与适用的行为,是否构成《SPS 协定》第一条第一款中所规定的"措施"。第一条规定了整个《SPS 协定》可以适用的范围,是该协定对具体情况适用的前提。①

《世界贸易政策词典》中对"措施"这一措辞的定义表现了强烈的政府主导属性。通常意指"任何法律、规范、规则、政策、实践或是特定由政府或者政府代表所实施的行为"。同样,有学者诸如麦戈文(Mc Govern)教授作出如下论述:"WTO 协定经常把'措施'这一措辞意指在争端解决程序中成员国为之所需要负责的行为。争端解决程序的这一实践支持了 WTO 专家组以及上诉机构都默示承认的观点:责任原则的基本原则适用于 WTO 法律体系。上诉机构还因此认为:措施可以是一成员国的任意行为,不管该行为是否具备法律效力,同时措

① 《SPS 协定》第一条:"This Agreement applies to all sanitary and phytosanitary measures which may, directly or indirectly, affect international trade." Donal Casey, *Private Food Safety and Quality Standards and the WTO*, University College Dublin Law Review, 2007, 65(7):81。

施甚至还包括有政府所领导的不具有法律拘束力定的行政机构所实施的行为。该措辞不但包括一般规则,例如普遍使用的规则,还包括行政性立法,例如是征收关税,以及征收其他税费等。"①在他们看来,SPS 措施必须与政府主导所授权的法律效力相关。

而关于 SPS 措施,WTO 在具体司法判例为解决这一问题提供参考与指引。在 WTO 成立后第一个涉及《SPS 协定》的欧共体—荷尔蒙案中,专家组认为,《SPS 协定》中的 SPS 措施需具备两个条件:即首先该措施是 SPS 措施,其次,该措施必须直接或间接影响国际贸易。而在美国—中国白羽鸡案中,专家组认为"对判断一项措施是否构成《SPS 协定》附件 A(1)所规定的措施必须进行全面细致的考察,包括考察该措施的内容与形式"②该案上诉机构重申了在欧共体—生物技术案中专家组对该措施所持有的考察方式。因而回溯至欧共体—生物技术案,专家组设定了一个三要件准则,首先目的性,即考察该措施是否是"适用的任何措施";其次形式性,该措施的表现方式是否是"法律,法规以及行政规范";最后措施的本质,措施是否是要求或者程序。③因此,若按欧共体—生物技术案所确定的判断标准,《SPS 协定》中所规定的措施就只能是以法律,法规以及行政规范形式出现并且该措施的要求以及程序成了判断该措施本质的唯一依据。④这一观点亦与上述麦戈文教授及《世界贸易政策词典》的倾向一致。

笔者认为以上推论并非完全正确,正如有的研究所认为的,如果按照欧共体—生物技术案标准来判定一措施是否构成《SPS 协定》中所规定的措施,则没有政府参与或者某种程度支持的非政府机构所实施的行动就完全被排除在了《SPS 协定》的调整范围之外,因为正如附件 A 中所规定,"法律,法规以及行政性规范"这些措辞都表明所实施的措施应该在本质上具有政府属性。⑤其实,虽行政法规肯定包括由政府制定实施的官方规则,但这并不意味着"规则"一词不能包含由其他组织或者机构所制定的规章或者规定。其实,"规则"一词的原意

---

① 参见 Appellate Body Report, *United States-Sunset Review of Anti-Dumping Duties on Corrosionresitant Carbon Steel Flat Products From Japan*, WT/DS244/AB/R, 15 December 2003, para.81。

② 参见 Panel Report, *United States-Certain Measures Affecting Imports of Poultry From China*, WT/DS392/R, April 2009, para.7.101。

③ 参见 Panel Report, *European Communities-Measures Affecting the Approval and Marketing of Biotech Products*, WT/DS291/R, WT/DS/292/R, WT/DS/293/R, 29 December 2006, paras.7.149。

④ 参见 *Private Voluntary Standards within the WTO Multilateral Framework*, Committee on SPS Measures *Submission by the United Kingdom*, G/SPS/GEN/802, 9 October 2007, p.22。

⑤ 参见 *Private Voluntary Standards within the WTO Multilateral Framework*, Committee on SPS Measures *Submission by the United Kingdom*, G/SPS/GEN/802, 9 October 2007, p.74。

应是指任何机构或实体，不管其本质上是政府性的还是非政府性的所制定的关于某类是想的实体或者程序性规定。也正因为如此，WTO 在欧共体—生物技术案的标准似乎值得斟酌。[①]

另外，其实笔者的观点从随后 WTO 秘书处向 SPS 委员会所提交的一份报告中可以看出印证。[②]该份报告明确指出《SPS 协定》附件 A 中所陈述的实施卫生与植物卫生检验检疫措施的文意并没有明确排除“非政府机构所实施的措施”。同理，在《SPS 协定》中也没有任何一处规定该措施仅仅限于政府实体所实施的措施。其实《SPS 协定》仅仅对其成员苛以义务以及限定其所要落实的关于卫生与植物卫生检验检疫措施。也正因为如此，不能简单地下结论认为《SPS 协定》必须得是成员政府实体所采取的措施或者不是其他非政府机构所采取的措施。

因此，笔者认为，与动物植物健康卫生以及相关的私人标准可能可以构成《SPS 协定》中的 SPS 措施。当然，就此问题，也有学者指出，《SPS 协定》下的 SPS 措施首要符合目的性原则，即用于为保护人类、动物或植物的生命或健康所必需的。但是由于相当数量私人标准制定目的并非完全基于以上目的，例如 GLOBAL.G.A.P.标准则是广泛涵盖环境保护，人权及劳工等标准，并非主要旨在保护相关消费者生命与健康的，因而该标准不属于 SPS 措施。这亦成为私人标准能否成为“SPS 措施”的一道门槛。

（三）《SPS 协定》下成员可以采取的保证非政府机构遵守该协定的合理措施

《SPS 协定》对成员依据该协定第十三条第三句话[③]的规定所承担的义务作出限制。首先，该条款中义务的本质在于要求成员“合理注意”。该义务为行为性义务（也被称作是“最大化义务”），而并非结果性义务。该种义务本质上并不要求成员实际上必须保证非政府机构或者境内实体的行为必须符合该条款的规定，但是其必须保证应采取现有的合理措施。因此，非政府机构不遵守《SPS 协定》条款的规定并非必然导致成员国承担由于不履行第十三条所规定的义务而

---

① 参见 Marijke Smit，“Food Safety Private Standards and Their Implications For International Trade：A Response Under The SPS Agreement”，*Paper Presented at the 2012 American Society of Internatinal Law International Economic Law Interest Group Beninial Conference*，2012。

② 参见 *Private Voluntary Standards within the WTO Multilateral Framework*，Committee on SPS Measures *Submission by the United Kingdom*，G/SPS/GEN/802，9 October 2007。

③ 各成员应采取现有的合理措施，以确保境内的非政府机构以及其境内有关实体是其成员的地方机构，遵守本协定的相关规定。

承担的责任。进一步推论，只有在成员不能采取所要求的合理的措施而导致影响贸易的结果出现时，该成员才可能被指控违反该条款的规定从而承担责任。

另外，考察第十三条第三句话的条文的组织以及措辞形式，可以发现成员国由于非政府机构不符合该条款要求而承担责任的义务其实是有限制的。成员国并不需要以其法律体系内一切可能的措施保证非政府机构之行为必须符合该条款的规定。只需要达到“合理的措施”即可。因此，如何解释“合理的措施”则是需要解决的问题。

相当部分学者的观点仅简单认为，《SPS 协定》第十三条中的“合理措施”措辞是不明晰的，然缺乏深入的论证。①笔者以为，结合文义及立法背景，考虑相关司法实践方能对该措辞作出全面理解。

首先，根据《维也纳条约法公约》第三十一条的规定，需要分别从该措辞的字面意思，结合措辞出现的上下文以及《SPS 协定》的协定宗旨以及目的对该措辞进行解释。②根据《简明牛津字典》的解释，“合理”的意思主要是指“在合理程度方位内的；与所预期的相差不多，仅有细微的差距。”③而就“现有的”一词来说，其意思是指“能够被使用，在某人的掌握之中。”④因此，根据字典的意思表示，其还是没有解决成员所能够掌控的何种措施才是规制“非政府机构”以及“境内实体”的措施。但值得注意的是，文义解释不能成为唯一路径。正如上诉机构也曾指出，词典对于一措辞的定义并不能作为该条约措辞字面意思的唯一路径，对于该措辞的意思应该具体情况具体分析，即需要通过前后文的环境得出。⑤因此笔

① 例如参见 Steven Bernstein, Erin Hannah, “Non-State Global Standard Setting and The WTO: Legitimacy and the Need for Regulating Space”, *Journal of International Economic Law*, 200811(3):9。

② 参见《维也纳条约法公约》第三十一条。《维也纳条约法公约》第三十一条如此规定：“一、条约应依其用语按其上下文并参照条约之目的及宗旨所具有之通常意义，善意解释之。二、就解释条约而言，上下文除指连同牵言及附件在内之约文外，并应包括：(a)全体当事国间因缔结条约所订与条约有关之任何协定；(b)一个以上当事国因缔结条约所订并经其他当事国接受为条约有关文书之任何文书。三、应与上下文一并考虑的尚有：(a)当事国嗣后所订关于条约之解释或其规定之适用之任何协定；(b)嗣后在条约适用方面确定各当事国对条约解释之协定之任何惯例；(c)适用于当事国间关系之任何有关国际法规则”。另外，正如专家组在美国 301 条款案中所指出的，《维也纳条约法公约》第三十一条构成了习惯国际法。参见 WTO Panel Report, *United States-Section 301—310 of the Trade Act of 1974*, WT/DS152/R, 22 December 1999, para.7.22。

③④ 参见 Concise Oxford Dictionary(1995)(9ed.)。

⑤ 上诉机构在 EC-Chicken Cuts 一案中就指出“上诉机构发现字典确实是对条约措辞的字面意思进行解读的首要有用工具和方法。但是该方法并非必然有效。具体条约的具体措辞的字面意思应该通过每一个具体情况不同而得出不同结论。更为重要的是，条约措辞的字面意思应该要结合成员国通过‘他们在该情况下所适用的措辞’的意图进行确定。”参见 WTO Appellate Body Report, *European Communities-Customs Classification of Frozen Boneless Chicken Cuts*, WT/DS269/AB/R, WT/DS286/AB/R, 12 September 2005, para.175。

者以为，在一种情况中被视为“合理”的条件在其他情况中则不尽然如此。特别是发生在一个相对高级的政府对可能被视为是合法合理的境内独立标准制定机构，例如是巨型超级商场或者是零售连锁店等私人标准制定主体进行干预的情况下。因为在一个自由的市场经济中，政府对于市场正常竞争行为的干预程度仅仅限于对特定公共政策，例如是保护消费者权益以及是防止不正当竞争，滥用市场优势地位的情况下实施。

其实《关税与贸易总协定》(GATT)第二十四条十二款中有类似关于“合理措施”的规定。针对该“合理措施”措辞，1985 年在 GATT 加拿大—金币案中(该案专家组报告没有通过)，专家组认为，“合理”意指成员国负有对“遵守该义务的困难性与不遵守该义务而产生的对其与其他贸易伙伴之间关系的后果”两者间进行衡量的义务。①换言之，该案专家组并无强制要求该“合理措施”的形式为何，所诠释的是一种平衡两种结果的比例性原则。而之后在美国—影响酒类措施案中，GATT 专家组指出，“合理措施”应被解释为包括“所有宪法规定可能采取的措施”。②同时，在加拿大—酒类案中，GATT 专家组认为，GATT 第二十四条第十二款要求成员方“证明其已经采取足够的，持续性及令人信服的保证执行的努力”。③因此，循 GATT 专家组的逻辑，就“现有合理措施”的解释，有学者认为，GATT 专家组观点显然渐次表现一种对成员苛以的十分积极义务。但是值得注意的是，在以上案件中，GATT 专家组讨论的均是成员所采取的保证境内有关实体是其成员的地方机构，例如地方政府机构所展开论述的，因此其解释能否适用于非政府机构尚存有疑问。④正如有的观点所指出，“加拿大—酒类案的专家组标准过于苛刻，考虑到成员方与非政府机构之间的关系远比成员方与地方或区域政府之间关系疏远，就该义务的态度应该更为宽松。”但是对该义务态度更为宽松至何种程度，在 WTO 司法实践中却并无任何实践支持。

总之，针对“非政府机构”的“合理措施”一措辞，不论是文本解释还是 GATT 的司法实践，均没有表明具体的措施为何，而即使是 GATT 专家组的观点亦不存在连贯性，学者亦有不同的看法。因此，可以认为“合理”措辞的含义是

---

① 参见 GATT Panel Report, *Canada-Measures Affecting the Sale of Gold Coins* (*Canada-Gold Coins*), L/5863, 17 September 1985, unadopted。

② 参见 GATT Panel Report, *United States-Measures Affecting Alcoholic and Malt Beverages* (*US-Malt Beverages*), DS23/R, adopted 19 June 1992, BISD 39S/206, 1992。

③ 参见 GATT Panel Report, *Canada-Import Distribution and Sale of Alcoholic Drinks by Canadian Provincial Marketing Agencies*, DS17/R39S/27, 1992, para. 5.27。

④ Donal Casey, "Private Food Safety and Quality Standards and the WTO", University College Dublin Law Review, 2007, 65(7):83。

模糊的。在私人标准问题下，无论文本解释还是 WTO 实践，均无一个官方权威的关于政府所能采取的“合理措施”被界定。

三、余　　论

综合上述，《SPS 协定》目前的法律可能适合对私人标准进行规制。如果认为上述结论是从应然层面作出的，则从实然层面上得出的回答则是现有的《SPS 协定》对私人标准毫无办法，因为至今为止并无相关的 WTO 争端解决实践对笔者观点给予印证。众多措辞的模糊性与不确定性都导致该协定对私人标准规制问题的不明确性。确实，在关税壁垒以及数量限制等有形壁垒渐趋减少之际，私人标准作为是国际贸易重要的贸易壁垒，已经在一定程度上影响了国际多边贸易自由化与全球一体化的进程，而这一事实是不容否认和抹杀的。

同时，除却以上论证，但是有的学者认为，即便私人标准制定机构符合“非政府机构”及“SPS 措施”的概念范围，私人标准受到《SPS 协定》规制的观点仍有难以克服之障碍。由于私人标准制定者分布之广泛性与不确定性，如何能确定位于哪个成员境内的标准制定者被管辖？以上文所提及涉及食品安全领域的 GLOBAL.G.A.P 为例，其不但代表欧盟的零售商，同时也代表国际生产者。这类生产者遍布全球，从南美洲一直至非洲好望角。因此，对此标准，有可能多个成员对其都可能享有管辖权，可能有权对其进行调整和规制。同时，在全球化背景下，食品领域的私人标准正逐步趋向国际联盟化，因此，管辖权的问题似乎阻碍了《SPS 协定》对其进行规制和管辖。原因在于不知如何确定被管辖的实体。①这确实也是一个《SPS 协定》若要对私人标准进行规制所要解决的问题。

参考文献：

[1] Arthur E. Appleton, “Supermarkets Labels and the TBT Agreement: Mind The Gap”, *Business Law Brief*, 2007.

[2] Richard, “Competition the Losers: An Examination of Congressional Votes on Trade Adjustment Assistance”, *International Interactions*, 2015, 41(1).

[3] Donal Casey, “Private Food Safety and Quality Standards and the WTO”, *University College Dublin Law Review*, 2007, 65(7).

---

① Donal Casey, “Private Food Safety and Quality Standards and the WTO”, University College Dublin Law Review, 2007, 65(7):80.

国际数字贸易规则新近发展

常丽娟*

内容摘要：目前国际社会就推进和积极参与国际数字贸易新规则达成共识。本文系统梳理了优惠协议(PTAS)中的相关数字贸易条款，聚焦《全面与进步跨太平洋伙伴关系协定》(CPTPP)和《美国—墨西哥—加拿大协定》(USMCA)综合性区域贸易协议中的数字条款，以及《美日数字贸易协定》(DTA)和新加坡、智利和新西兰签署的《数字经济合作协议》(DEPA)专门数字贸易协议，系统阐述和探讨国际数字贸易规则的新发展趋势。此外，本文还考察了世界贸易组织(WTO)电子商务谈判，分析WTO提案中各成员的趋同点和分歧点，并分析其是否有可能达成一项全新的多边数字贸易协议，以及该协议是否有能力解决数字经济问题。

关键词：数字贸易；电子商务；WTO；数据流动；CPTPP；USMCA；DEPA

Abstract: There is an international consensus to promote and actively participate in new digital trade rules. This paper systematically compares the digital trade rules in Preferential Trade Agreements(PTAS), focusing on the digital provisions in the Comprehensive and Progressive Agreement for Trans-Pacific Partnership (CPTPP) and the United States-Mexico-Canada Trade Agreement(USMCA), as well as specialized digital trade agreements such as the U. S.-Japan Digital Trade Agreement (DTA) and The Digital Economy Partnership Agreement(DEPA) signed by Singapore, Chile and New Zealand, to systematically elaborate and discuss the new development of digital trade rules. In addition, this paper examines the World Trade Organization(WTO) e-commerce negotiations, analyzes the convergence and divergence points of

---

* 常丽娟，上海WTO事务咨询中心法律政策分析部咨询师。
本文PTAS为双边、区域贸易投资协议的统称，亦包含自由贸易协议(FTA)，特此说明。

WTO proposals among its members, and analyzes whether it is possible to reach an entirely new multilateral digital trade agreement and whether the agreement is capable of addressing the practical problems of a data-driven economy.

Key words: digital trade; e-commerce; WTO; data flow; CPTPP; USMCA; DEPA

电子商务不同于公然遭遇破坏的上诉机构和被搁置的多哈谈判，目前正成为世贸组织(WTO)具有生命力的谈判领域。电子商务虽非WTO新议题，却获得新的政治推动，显示出一种似乎为许多国家所认同的合作意愿。本文将关注这一新趋势，并尝试解决几个关键问题:新数字贸易规则将会是怎样？政治可行性如何？如果达成，其与“最佳”协定之间的差距如何？

一、国际数字贸易规则现状

WTO很早就认识到数字化对贸易的影响，于1998年通过了《电子商务工作计划(1998年)》(《工作计划》)，[①]列出不同理事会需要讨论的涉及贸易的电子商务议题，但由于在关键领域长期缺乏共识，除了达成电子传输免关税并延期以外，没有取得实质成果。WTO试图通过《信息技术协议》(ITA)以及《电信服务第四议定书》(Fourth Protocol on Telecommunications Services)进行法律调整，却无法适应新数字经济业态的发展。[②]WTO虽然缺乏专门的数字贸易规则，但也有学者认为非歧视原则较之专门规则更能有效解决技术发展问题，事实上专门规则往往是对少数利益者的回应。WTO也惯以技术中立的方式处理基本原则的适用、贸易便利化、补贴和政府采购等问题。

此外，数字贸易在WTO实践中产生法律适用争议。美国—赌博案(DS363)和中国—音像制品案(DS413)中，各方争议涉案数字产品应归为商品还是服务，应适用《关税及贸易总协定》(GATT)还是《服务贸易总协定》(GATS)，如果适

① WTO, “Work Programme on Electronic Commerce”, WT/L/274, 1998.

② Mira Burri, “The International Economic Law Framework for Digital Trade”, 135 Zeitschrift für Schweizerisches Recht 10—72(2015).

用GATS,应属于哪个分部门。[①]例如,网络游戏作为一种新型内容平台,可能被归入计算机及相关服务,也可能被归入增值电信服务、娱乐或视听服务等其他分部门,不同归类将涉及WTO成员在不同分部门项下不同承诺。

对于数字贸易而言,仅仅解决《工作计划》中提及的问题并不充分,因为该计划自启动以来,数字经济已经发生根本改变。多项研究表明,数字贸易特别是数据在经济中发挥重要作用,无论是其对经济增长的贡献,还是政府对数字贸易政策的重视程度,都呈指数级增长。[②]与此同时,隐私保护、数据跨境流动、数据保护、数据本地化等新议题也受到更多关注,并被提上谈判议程。

在WTO多边贸易论坛不景气的情况下,WTO在某种程度上已经被国际社会抛弃。过去的20年中,各国纷纷转移至优惠协议(PTAS)平台,接下来本文将专门讨论PTAS中的数字贸易规则方案。

二、PTAS经验积累:数字贸易前景和新规则制定分析

(一) 简介

目前国际数字贸易规制主要由PTAS构成。2000年至2020年期间签订的348个PTAS中,有185个包含与数字贸易有关的条款,110个有专门的电子商务条款,80个有专门的电子商务章节。[③]尽管相关规则在涵盖议题、承诺水平及约束力等方面存在高度异质性和差异化,但总体来看,数字贸易条款越来越明晰。

---

① Panel Report, *United States—Measures Affecting the Cross-Border Supply of Gambling and Betting Services* (*US—Gambling*), WT/DS285/R, adopted(10 Nov. 2004); Appellate Body Report, *US—Gambling*, WT/DS285/AB/R, adopted(7 Apr. 2005); Panel Report, *China—Measures Affecting Trading Rights and Distribution Services for Certain Publications and Audiovisual Entertainment Products* (*China—Publications and Audiovisual Products*), WT/DS363/R, adopted (12 Aug.2009); Appellate Body Report, *China—Publications and Audiovisual Products*, WT/DS363/AB/R, adopted(21 Dec. 2009); Panel Report, *China—Certain Measures Affecting Electronic Payment Services* (*China—Electronic Payment Services*), WT/DS413/R, adopted(31 Aug. 2012).

② James Manyika et al., "Big Data: The Next Frontier for Innovation, Competition, and Productivity". Washington, DC: McKinsey Global Institute 2011; Viktor Mayer-Schönberger & Kenneth Cukier, Big Data: "A Revolution That Will Transform How We Live, Work, and Think"(New York: Eamon Dolan/Houghton Mifflin Harcourt 2013); Nicolaus Henke et al., "The Age of Analytics: Competing in a Data-Driven World"(Washington, DC: McKinsey Global Institute 2016).

③ Mira Burri & Rodrigo Polanco, "Digital Trade Provisions in Preferential Trade Agreements: Introducing a New Dataset", 23 J. Int'l Econ. L.187—220(2020), https://unilu.ch/taped.

美国借助 PTAS 推进"数字议程"。[①]2002 年以来美国与澳大利亚、巴林、智利、摩洛哥、阿曼、秘鲁、新加坡、中美洲国家、巴拿马、哥伦比亚和韩国达成的 PTA,都包含了数字贸易条款。重要的是,美式范本并不仅仅扩散至美国主导的协议,还延伸至其他美国没有参与的 PTAS,如《新加坡—澳大利亚 FTA》《泰国—澳大利亚 FTA》《新西兰—新加坡 FTA》《日本—新加坡 FTA》和《韩国—新加坡 FTA》。欧盟对待数字贸易规则的态度相对谨慎,签署的 PTA 与其在 GATS 下的承诺水平大体相当,直至 2018 年《欧日经济伙伴关系协定》(EPA)和《欧盟—墨西哥 FTA》更新中,欧盟才开始在 PTA 中谨慎纳入数据保护条款。

目前,数字贸易治理形式包括:(1)PTA 电子商务专章;(2)跨境服务供应章节(电信、计算机及相关服务、视听、金融服务部门);(3)知识产权章节。[②]本文重点探讨电子商务章节。[③]

电子商务专章在数字贸易规则格局中发挥着双重作用。一方面,是对 WTO 治理空白的补充以及对法律不确定性的尝试。电子商务章节直接或间接地解决了《工作计划》中的许多问题。大多数章节都承认 WTO 规则对电子商务的适用性,[④]并对电子传输规定了明确和永久的免税禁令。[⑤]多数美国主导的 PTAS 中,电子商务章对"数字产品"进行明确定义,给予离线交付产品与在线交付产品同等待遇,明确数字产品贸易的最惠国待遇和国民待遇原则。[⑥]总体而言,这些规则建立在 WTO 法律基础之上,并在某种程度上延续了 WTO 法。另一方面,电子商务章节还解决了 WTO 谈判中陷入困境的两大类问题:(1)为促进电子商务便利化的一般性问题,如无纸化交易和电子认证;(2)处理跨境数据、网络安全、政府数据开放等新议题。大多数 PTA 解决第一类问题,[⑦]仅个别 PTA 解决第二类问题。[⑧]

---

① US Congress, "Bipartisan Trade Promotion Authority Act of 2001", H. R. 3005, 3 Oct.2001.

② Mira Burri, The Regulation of Data Flows in Trade Agreements, 48 Geo. J. Int'l L.408—448 (2017).

③ 这些章节已经成为数字贸易新规则制定的基础,并可能成为未来多边协议创立的基础。

④ US—Singapore FTA, Art. 14.1; US—Australia FTA, Art. 16.1.

⑤ US—Singapore FTA, Art. 14.3, para.1; US—Chile FTA, Art. 15.3.

⑥ US—Singapore FTA, Art. 14.3; US—Australia FTA, Art. 16.4.禁止基于数字产品是"在该国领土之外创造、生产、出版、储存、传输、签约、委托或首次以商业条件提供"或"其作者、表演者、制作者、开发者或经销商是另一缔约方或非缔约方的人"的歧视。

⑦ 例如,47 个 PTAS 有涵盖促进电子商务便利化的电子商务章节,45 个 PTAS 有为解决中小企业需求的具体规范,56 个条约有无纸化交易规范,66 个 PTAS 有电子认证条款。

⑧ 只有 12 个 PTAS 有关于促进数据流动的且具有约束力的条款。

(二) CPTPP

CPTPP 由环太平洋 11 个国家于 2017 年达成，2018 年 12 月 30 日正式生效，[①]CPTPP 的电子商务章节涵盖了 PTAS 中的传统条款，还开创性包含新内容：国内电子交易框架、个人信息保护、互联网互联收费共享、计算设施位置、垃圾邮件、源代码和争端解决。[②]尽管美国在特朗普执政期间退出了该协议，但 CPTPP 反映了美国为推进数字议程所做的努力，且其在 TPP 谈判中承诺的广度和深度远超早期《美国—韩国 FTA》(KORUS)所创造的“黄金标准”。

关于适用范围，CPTPP 明确指出适用于“缔约方采取或维持的影响电子方式贸易的措施”，[③]并排除政府采购、政府信息处理或与信息收集有关的措施，并进一步明确，影响电子方式交付或提供服务的措施，必须遵守投资、跨境服务相关要求。[④]

1. 促进数字贸易便利化

对于关税问题，第 14.3 条禁止对电子传输，包括以电子方式传输的内容征收关税，第 14.4 条承认对数字产品的非歧视性待遇。[⑤]

为促进无纸化交易，明确了电子和实物形式的同等性，设置无纸化交易、电子授权和电子签名三个条款。关于无纸化交易，明确缔约方应努力向公众提供电子形式的贸易管理文件，承认电子形式贸易管理文件与纸质文件同等法律效力。[⑥]关于电子签名，要求各方不得否认电子签名的法律效力，[⑦]也不得禁止电子交易当事方共同决定交易的认证方法，不得阻止当事方向司法或行政机关证明其交易符合有关认证法律要求。

2. 新议题

(1) 数据本地化。关于数据本地化条款，明确要求限制数据本地化措施的使用。其一，禁止计算设施位置本地化，其二，允许从事商业业务电子方式的跨境数据传输，含个人信息。[⑧]此外，例外情形仅限于“合法公共政策目标”，且要求

---

① 参见 https://thediplomat.com/2018/02/tpp-2-0-the-deal-without-the-us/。

② CPTPP Articles 14.5, 14.8, 14.12, 14.13, 14.14, 14.17, 14.18.

③ Article 14.2(2) CPTPP.

④ Article 14.2(4) CPTPP.

⑤ 第 14.1 条将数字产品定义为“电脑程序、文本、视频、图像、声音记录，以及其他以数字进行编码和制作用于商业销售或分销，且可通过电子方式进行传输的产品”。

⑥ Article 14.9 CPTPP.

⑦ Article 14.6(1) CPTPP.

⑧ 第 14.11 条(2)规定“当通过电子方式跨境传输信息是为涵盖的人执行其业务时，缔约方应允许此跨境传输，包括个人信息”。

不得构成歧视以及不得超过实现目标所需的必要程度。[①]此处的非歧视例外条款类似于GATS第14条和GATT第20条的例外条款，但并没有像GATS和GATT那样明确列举出公共政策例外的具体情形，为例外预留无限扩大的空间。

此外，金融机构及其服务的数据本地化限制措施要求更为宽松，即金融服务章节附件对金融服务提出了单独的数据传输要求，出于保护个人隐私或审慎监管可以对数据流动进行必要限制，[②]并排除政府采购。

(2) 源代码。根据第14.17条，缔约方不得要求转让或获取软件源代码作为进口、分销、销售或使用此类软件或含有此类软件产品的条件，此禁令仅适用于大众市场的软件或含有此类软件的产品，[③]排除定制产品以及用于关键基础设施的软件和商业谈判合同中的软件。[④]该条款是为保护软件公司源代码的知识产权，也有学者将该条款解读为是对中国要求生产商提交软件源代码作为在其市场进行销售条件的回击。

3. 国内监管空间

CPTPP虽然为促进跨境数据的自由流动显示出加严趋势，但并没有如预期那样设定最高标准，而是为缔约方预留了国内监管空间，即隐私权和数据保护。

关于隐私权，第14.8(2)条要求缔约方"采用或维持保护电子商务用户个人信息的法律框架"，但并没有对法律框架提出具体要求，考虑国际原则或准则即可。[⑤]此外，脚注澄清应预留国内监管空间，包含自愿机制。

关于数据保护，要求缔约方之间促进数据保护制度的"兼容性"，且基本上将较低的标准视为等同的国际规范，[⑥]规范目标可以解读为贸易优先于隐私。鉴于美国的隐私保护相对薄弱且不完善，其在TPP谈判期间大力推动这一"兼容性"立法模式。[⑦]时间上，这一努力也出现在美国担心可能会失去跨大西洋数据

---

① 第14.11条(3)规定，"本条不得阻止缔约方为实现合法公共政策目标而采取或维持与第2款不符的措施，条件是该措施：(a)不得以构成任意或不合理歧视的方式适用，或对贸易构成变相限制；及(b)不对信息传输施加超出实现目标所需要的限制。"

② 金融服务章节附件11-B，"基本节不应限制一缔约方采取或维持下列措施的权利：(a)保护个人数据、个人隐私及个体记录和账户的机密性；或(b)于审慎考虑，要求金融机构事先取得相关监管机构的授权，以指定特定企业作为此类信息的接收方。"

③④ Article 14.17(2) CPTPP.

⑤ Article 14.8(2) CPTPP.

⑥ Article 14.8(5) CPTPP.

⑦ James Q. Whitman, "The Two Western Cultures of Privacy: Dignity Versus Liberty", *Yale Law Journal*, 2004(113):1151—1221.

传输权的阶段，即欧盟法院(CJEU)否决了《欧盟—美国安全港协议》的效力。[①]

CPTPP 还包括网络安全条款，但该条不具约束力，且仅限于“恶意入侵”、“传播恶意代码”或政府机关处理网络安全事件能力建设情形。关于网络中立性，涵盖 CPTPP 缔约方国内法的一些例外情形，并允许偏离“合理网络管理”或独家服务情形，鉴于其与封锁、限流、歧视或内容过滤等措施无关，CPTPP 不太可能促使各缔约方在网络中立性方面采取统一做法。

(三) USMCA 和 DTA

美国退出 TPP 谈判后，在贸易协议特别是在数字贸易问题上的走向出现了一些不确定性，USMCA 消除了这一疑虑。USMCA 的数字贸易章节以 CPTPP 为基础创建了一个更加雄心勃勃的范本。

在依循 CPTPP 方面，USMCA 遵循同样广泛的适用范围，[②]禁止对电子传输征收关税，[③]要求对数字产品提供非歧视性待遇。[④]此外，USMCA 提供了一个国内监管框架，通过实现电子合同、电子认证和电子签名以及无纸化交易促进在线交易。

USMCA 的数据条款也遵循 CPTPP 模式，并通过对数据本地化的明确禁令和对信息自由流动的硬性规定来促进数据的自由流动。[⑤]第 19.11 条进一步规定了例外情形，即为实现合法公共政策目标所必需的，且要求没有任意或不合理的歧视、没有对贸易的变相限制、不超过实现目标所必需的程度。[⑥]

在此基础上，USMCA 进行了两大突破：(1) USMCA 偏离了美国以往的标准做法，承诺遵守相关国际机构的数据保护原则和准则。第 19.8 条要求各缔约方制定一个保护个人信息的国内法律框架，在制定国内框架时，各缔约方应考虑诸如《亚太经合组织隐私框架》和经合组织(OECD)《关于保护隐私和个人数据跨境流动准则建议(2013 年)》等国际准则。[⑦](2) USMCA 还承认数据保护的关键原则，包括：对收集的限制、选择、数据质量、目的规范化、使用限制、安全保障、

① Case C-362/14 Schrems, judgment of 6 Oct. 2015, EU:C:2015:650.

② Article 19.2 USMCA.

③ Article 19.3 USMCA.

④ Article 19.4 USMCA.

⑤ Article 19.11 USMCA.

⑥ Article 19.11(2) USMCA.脚注澄清，如果一项措施仅基于数据的跨境转移改变了竞争条件，损害了另一缔约方服务供应商的待遇，则不符合本款的条件。CPTPP 条约文本没有此脚注。

⑦ Article 19.8(2) USMCA.

透明度、个人参与、问责制、补救措施。①这一趋势超出了美国有关数据保护的国内法内容，并反映了欧盟在隐私保护领域所倡导的一些原则。这一趋势是由欧盟《通用数据保护条例》(GDPR)引发的“布鲁塞尔效应(欧盟的国内制度输出)”，还是美国国内隐私保护制度正在发生转变值得深思。②

除了数据保护，USMCA 的另外三项突破也值得一提。第一个是将“算法”纳入第 19.16 条(源代码)。③第二个是纳入“交互式计算机服务”条款，缔约方承诺确定与该服务所储存、处理、传送、分发或提供信息有关的损害责任时，不得将交互式计算机服务的供应商或用户视为信息内容提供者的措施。④这一条款澄清了中间商的责任，并将其与主机供应商在知识产权侵权方面的责任区分开，确保了美国《通信规范法》第 230 条(平台免于承担责任)的适用。第三项是对政府数据公开(第 19.18 条)的承诺，对于可公开的政府信息，应努力确保采用机器可读的开放格式，并可被搜索、检索、使用、再使用和再分发。⑤此外，为增加和创造商业机会，还应努力开展合作以扩大政府信息获取和使用范围，包括党的数据。⑥

2019 年 10 月 7 日签署的 DTA 再次明确了美国对数字贸易规则的立场，几乎复制了 USMCA 和 CPTPP 的所有条款，包括开放政府数据、源代码和交互式计算机服务规则。但值得注意的是，金融和保险服务部分增加了一项关于密码信息和通信技术产品(ICT)新规，即缔约方不得要求将获得 ICT 产品密码信息、本地化要求、使用特定密码作为进入市场的条件。⑦这一条类似于 CPTPPA.3 章节附录 8-B 关于技术性贸易壁垒的规定。大量学者认为该条是为满足诸如 IBM 和微软等严重依赖数据流大公司的需求，对中国实践进行回击。⑧值得注意的是，DTA 所附的例外条款参照 GATS 第 14 条和 GATT 第 20 条，列举了具体的例外情形：安全例外、审慎的货币政策、汇率政策、税收政策。⑨

---

① Article 19.8(4) and (5) USMCA.

② Anupam Chander et al., “Catalyzing Privacy Law”, University of Colorado Law Legal Studies Research Paper No.19—25, 2019.

③ Article 19.1 USMCA.

④ Article 19.17(2) USMCA.

⑤ Article 19.18(2) USMCA.

⑥ Article 19.8(3) USMCA.

⑦ Article 21.3 US—Japan DTA.

⑧ Han-Wei Liu, “Inside the Black Box: Political Economy of the Trans-Pacific Partnership's Encryption Clause”, *Journal of World Trade*, 2017, (51):309—334.

⑨ Article 6 US—Japan DTA.

(四) DEPA

DEPA 的缔约方均是 CPTPP 成员。DEPA 不是一个纯粹的贸易协定，而是一个旨在解决更广泛的，涵盖诸如人工智能（AI）和数字包容等数字经济问题的专门数字贸易协定，且向其他国家开放。[①]为实现范围广泛且具有灵活性的目标，DEPA 采用了模块方法，允许各方选择部分或全部议题进行谈判，以便未来的参与者只选择最适合成员特定情况的协议元素，从而提供了包容性的政府间数字经济合作制度框架。

DEPA 有三大目标：(1)为促进终端对终端的数字贸易便利化；(2)为促进可信数据流动；(3)为构建可信数据环境。在实体规则设置上，以下几点值得注意：(1)DEPA 延续了 CPTPP 所有条款、部分 USMCA 条款（开放政府数据）、部分 DTA 条款规则（含密码信息的 ICT 产品）。(2)DEPA 相当大篇幅为构建可信数据环境，例如，模块 2（商业和贸易便利化）包括建立一个无缝的、可信的、高可用性和安全互联的，以促进与贸易管理文件有关的数据交换单一窗口，包括卫生和植物检疫证书和进出口数据。[②](3)DEPA 还触及了其他重要数字贸易便利化问题，如电子发票（第 2.5 条）、快递运输和清关时间（第 2.6 条）、物流（第 2.4 条）和电子支付（第 2.7 条）。(4)模块 8"新兴趋势和技术"特别值得一提，强调了一系列需要决策者关注的重点问题，比如金融科技和人工智能。在后一个领域，各方同意促进采用支持可信、安全和负责任地使用人工智能技术的道德和治理框架，在采用这些人工智能治理框架时，各方将寻求遵循国际公认的原则或准则，包括可解释、透明度、公平和以人为本的价值观。[③](5)DEPA 各方还关切数字经济与政府采购和竞争政策之间的衔接问题，并同意在这些问题上积极合作。(6)DEPA 不仅仅关注经济利益，还关注可访问的公共领域和数字包容性问题，包括加强文化和人员（包括原住民）交流，为妇女、农村人口和社会底层人员改善访问条件。[④]

总之，DEPA 是一个有创意的数字协定，涵盖了数字经济所影响的广泛问题，为国内框架的统一和互操作性以及国际合作提供了良好的基础，并充分考虑到了当代数据治理涉及的非贸易因素。

---

① Article 16.2 DEPA.

② Article 2.2(5) DEPA.

③ Article 8.2(2) and (3) DEPA.

④ Article 11.2 DEPA.

三、数字贸易多边和诸边谈判状况

(一) WTO电子商务谈判现状

WTO自1998年启动《工作计划》以来,在四个理事会(货物、服务、知识产权、贸易和发展)主持下进行了大量讨论。2001年《多哈部长宣言》之后,总理事会就横向议题组织了多次专门讨论,涉及电子传输内容的分类、发展问题、电子商务对财政影响、电子商务和传统商业形式之间的关系(及可能的替代效应)、对电子传输征收关税、竞争、管辖权、适用法律和其他法律问题。①但由于在关键领域长期缺乏共识,除了达成电子传输免关税并延期以外,没有取得实质成果。2013年巴厘部长级会议要求《工作计划》考察网络互连、信息获取、移动通信、电子传输软件、云计算等电子商务领域新问题,同样未能取得实际进展。②随着电子商务在全球范围内的迅猛发展,电子商务领域日益增长的治理需求和多边规则的滞后现状,电子商务条款被越来越多地纳入各项PTA,不断涌现的PTA电子商务规则在填补多边规则空白的同时,也不可避免地加剧了全球数字贸易治理的碎片化现象,导致监管冲突。WTO作为全球最核心的多边贸易机制,面对多重压力,于2017年12月召开的布宜诺斯艾利斯部长级会议除了沿袭往届做法通过了《工作计划》外,开创性的发布了《电子商务联合声明》(《联合声明》),号召参加方展开针对WTO与贸易有关的电子商务谈判,结束了WTO以探讨问题为导向的旧模式,开启了以规则谈判为目标的新时代,成为WTO项下电子商务谈判的重要转折点。2019年1月,包括中国在内的76个成员签署了第二份《联合声明》,正式启动WTO电子商务法律文本谈判。2019年6月日本举行的G20峰会上,启动由日本提议的"大阪轨道"。③美国、欧盟、中国、一些发展中国家和一些最不发达国家(LDCs)都加入了进来。④2020年12月14日形成的

① WTO, "Work Programme on E-Commerce, Non-Paper from the United States", JOB/GC/94, 2016; WTO, "Work Programme on E-Commerce, Non-Paper from Brazil", JOB/GC/98, 2016; WTO, "Joint Statement on Electronic Commerce, Buenos Aires Ministerial Conference", WTO/MIN/(17)60, 15 Dec. 2017.

② WTO, "Work Programme on Electrononic Commerce", Ministerial Decision of 7 December 2013, WT/MIN(13)/32, 11 December 2013, p.1.

③ 参见 https://www.wto.org/english/news_e/news19_e/osaka_declration_on_digital_economy_e.pdf, accessed 7 December 2020.

④ WTO, "Joint Statement on Electronic Statement", WT/L/1056, 25 January 2019.

“WTO电子商务谈判合并文本(合并文本)”,[①]虽然较之以往有了很大改进,但在关键问题上仍未能达成一致。

一方面,专门理事会的讨论争论不一。根据服务贸易理事会和货物贸易理事会主席报告的概述,并没有显示出对基本问题的一致意见,[②]《与贸易有关的知识产权协定》(TRIPS)理事会主席报告则称“各代表团对《工作计划》讨论没有兴趣”。[③]即使在争议较少的问题上,如电子传输关税征收,虽然大多数国家都支持将其永久化,但印度和南非一直推动重新思考范围、定义和影响。

另一方面,WTO不同成员提出的议题种类繁多,而且在一些基本问题上存在明显分歧,常见争议包括:贸易便利化、关税、隐私和在线安全、数字贸易的基础设施、电子支付和无纸贸易、知识产权保护、数据本地化、发展中国家和最不发达国家利益、妇女和微型、小型和中型企业(MSMEs)的融入,以及合作和更明确的管辖权问题。[④]

总体而言,在一些争议较小的议题上似乎有一些共识,如确保电子合同的有效性、促进无纸化交易、保护在线消费者免受欺诈性或欺骗性商业行为和垃圾邮件的影响。但是,欧盟、美国和中国之间在一些问题上存在着明显分歧。中国尤为支持对数字贸易进行狭义定义,认为谈判应该集中在讨论由互联网促成的跨境货物贸易及其相关的支付和物流服务,同时关注服务贸易的数字化趋势。[⑤]货物贸易以外的领域,中国并不十分热心,仅试图探索制定以良好的交易环境和安全可信的市场为中心的电子商务国际规则。中国认为成员国应该采取行动的领域包括:澄清电子商务的贸易相关问题、贸易便利化、延长暂停征收关税的期限(非永久性的)、在线消费者保护、个人信息保护、垃圾邮件、网络安全,以及透明度。关于个人信息保护,中国只是指出“成员国应采取其认为适当和必要的措施来保护电子网络用户的个人信息”。中国提案没有明确涉及数据流动、也没有承

① 参见 https://www.bilaterals.org/?wto-plurilateral-ecommerce-draft&lang=en。

② WTO, “Work Programme on Electronic Commerce”, Report by the Chairman of the Council for Trade in Services to the General Council, S/C/57, 11 July 2019; WTO, “Work Programme on Electronic Commerce”, Report by the Chairman of the Council for Trade in Goods to the General Council, G/C/65, 18 July 2019.

③ WTO, “Work Programme on Electronic Commerce—Review of Progress”, Report by the Chairperson, WT/GC/W/780, 25 July 2019.

④ For an overview of all proposals and the state of negotiations, see Katya Garcia-Israel & Julien Grollier, “Electronic Commerce Joint Statement: Issues in the Negotiation Phase”, Geneva: CUTS International, 2019.

⑤ WTO, “Joint Statement on Electronic Commerce, Communication from China”, INF/ECOM/19, 24 Apr. 2019, at 2.4.

诺禁止数据本地化措施，考虑到国内框架和中国对国家安全问题的关注，中国的立场不太可能改变。中国还指出，在网络安全、数据安全和隐私等问题上，为了推进谈判，需要充分了解各成员各自行业发展条件、历史文化传统以及法律制度的差异。

欧盟表示，将“完全致力于正在进行的 WTO 电子商务谈判。在此背景下，将寻求通过谈判达成一套全面而雄心勃勃的 WTO 纪律和承诺，以获得尽可能多的 WTO 成员的认可”。[①]欧盟提案有两个目标：(1)包括关于数字贸易的具体规定；(2)建议修订 WTO 关于基本电信服务的参考文件，并要求在与数字贸易相关的服务部门作出市场准入承诺。第一个目标包含关于电子合同、电子认证和签名、消费者保护、垃圾邮件和禁止对电子传输征收关税的规定。值得注意的是，关于第一个目标欧盟提案还包含有关源代码、开放互联网接入和跨境数据流动的规则，这些规则并非欧式范本中的典型条款，只是最近才在与澳大利亚、新西兰和突尼斯的谈判中被提及，并在美国主导的更先进的数字贸易协定中获得认可。欧盟承诺数据自由流动以及禁止本地化措施，虽然标志着欧盟对数据立场的转变，但应与欧盟认可的高水平的数据保护结合起来，并强调保护个人数据和隐私是一项基本权利。

美国提案实质上创造了最为雄心勃勃的美式范本，基本上是对 USMCA 数字贸易章节和美日 DTA 的汇编，其中包括了金融服务。[②]对数据自由流动的承诺依循了 USMCA 第 8 条以及第 9 条的表述，对本地化措施的禁止、源代码、交互式计算机服务和开放的政府数据也被包括在内。关于个人信息保护的文本重申了美日 DTA 条款，在要求缔约方采用或维持数据保护法律框架的同时，为各国预留一定政策空间(包括自愿计划)。与 USMCA 不同的是，美国没有参考国际标准，也没有提及基本的数据保护原则。

总体而言，根据合并文本，各方在数据流动关键问题上存在明显分歧，且没有迹象表明各方有可能达成和解。

(二) 其他诸边谈判

其他能够为数字贸易条约可行性提供分析线索的是《国际服务贸易》(TiSA)谈判，该谈判目前已被搁置。关于数字贸易，TiSA 希望遏制数字保护主

① WTO, “Joint Statement on Electronic Commerce, EU Proposal for WTO Disciplines and Commitments Relating to Electronic Commerce”, INF/ECOM/22, 26 Apr. 2019, para.1.1.

② WTO, “Joint Statement on Electronic Commerce”, Communication from the United States, INF/ECOM/23, 26 Apr. 2019.

义，这一意愿体现在《电信附件》以及电子商务章节和本地化措施附件案文中。电子商务一章广泛适用于影响使用电子手段或通过电子手段提供服务的贸易的措施，排除金融服务和政府采购。美国连同日本和加拿大，建议不得阻止境内或境外信息的转移、获取、处理或储存，包括个人信息，只要这种活动涉及商业业务。①但是，许多国家考虑对这一禁令设置更多例外，确保灵活性。②关于在线消费者保护和个人信息保护，进一步暴露了 TiSA 各方在数据保护方面的分歧。③但是，在禁止对电子交易征收关税（第 10 条）以及电子认证和签名（第 9 条）方面，似乎有一些共识。TiSA 谈判在数字贸易方面的一个重要突破是关于本地化措施的附件，附件禁止本地存在、本地内容和其他履行要求，并为列入具体承诺表的本地化措施提供"保留条款"，为金融服务和政府采购提供了安全例外。④

四、新数字贸易规则可能走向分析

上述对优惠、诸边和多边论坛发展的分析表明，数字贸易作为一个谈判议题至关重要，近年来国际社会为解决这一议题和建立一个适当的治理框架作出了大量努力。如上文所述，一些 PTAS 和专门数字贸易协议取得突出成就，进行了明显的法律创新，不仅试图解决在 WTO《工作计划》下提出的老问题，并试图解决在全球数据驱动经济背景下的新议题，特别是为促进数据自由流动。但需要强调的是，主动参与这些新条款的国家仍然相当少。即便是考虑到承诺范围更广更深的 PTAS，也只有在极少数问题上存在一定程度的趋同，如禁止对电子传输征收关税、电子合同和签名以及无纸化交易。目前 WTO 电子商务谈判虽然有助于振兴 WTO 谈判部门，但各国之间分歧明显。

在这种有争议的政治背景下，存在两种可能性解决方案。第一个方案较为温和，即缩小电子商务谈判的范围，将所有困难问题排除，以便就数字贸易便利化达成一些基本协议，也可能包括澄清现有协定的适用性。这一方案得到包括澳大利亚、日本和新加坡等支持，这些国家正试图努力达成一个包含垃圾邮件、

① Article 2.1 TiSA Chapter on Electronic Commerce.

② Article 2.2 TiSA Chapter on Electronic Commerce; also, Submission by Switzerland: Provisions on Trade-related Principles for Information and Communication Technology Services, Really Good Friends—Meeting of 18 Mar. 2013.

③ Articles 3 and 4 TiSA Chapter on Electronic Commerce.

④ Articles X.4 and X.5 TiSA Annex on Localization Measures.

源代码、开放政府数据、货物贸易便利化、服务市场准入、电子签名和认证以及在线消费者保护条款的干净法律文本。第二个方案是寻求某种灵活的、俱乐部式的解决方案，允许对承诺进行一些调整，这种方案涉及的国家较少。该方案中，可以考虑从横向和跨部门的角度解决跨境数据问题，包含多种解决方法。例如，作为服务部门准入水平承诺的一部分，或者作为 GATS 第 18 条规定的附加承诺，以参考文件的形式附在表上，或者作为专门的诸边数字贸易协定的一部分。诸边协议可以在最惠国待遇基础上发挥作用（如《信息技术协定》），或者在最惠国待遇基础上只惠及签署国（如《政府采购协定》）。CPTPP、DEPA 和美国主导协议下拥有更多的国家俱乐部，考虑到欧盟在数据本地化禁令、数据流、源代码和开放互联网访问等方面立场的转变，可能为这种方法提供一个富有成效的基础。为吸纳更多国家，应考虑提供更具有平衡效应的工作机制，以平衡信息的自由流动和数据跨境转移引起的非经济问题，特别是在个人数据保护方面。①虽然这种俱乐部式解决方案与一个多边数字贸易协议相比只是次优选择，但它可能创造一个各国以后愿意加入或在其他贸易场所复制的范式。

参考文献：

[1] Burri, M. (Ed.). "Big Data and Global Trade Law", Cambridge University Press, 2021.

[2] Laidlaw, Emily, "Privacy and Cybersecurity in Digital Trade: The Challenge of Cross Border Data Flows", February 22, 2021, available at SSRN: https://ssrn.com/abstract=3790936 or http://dx.doi.org/10.2139/ssrn.3790936.

[3] Ciuriak, Dan and Ptashkina, Maria, "The Digital Transformation and the Transformation of International Trade", January 23, 2018, RTA Exchange, International Centre for Trade and Sustainable Development (ICTSD) and the Inter-American Development Bank, available at SSRN: https://ssrn.com/abstract=3107811.

[4] 李墨丝：《WTO 电子商务规则谈判：进展、分歧与进路》，《武大国际法评论》2020 年第 6 期。

① Mira Burri, "Privacy and Data Protection", in The Oxford Handbook on International Trade Law (Daniel Bethlehem et al. eds, 2d ed., Oxford: Oxford University Press, forthcoming 2021; on file with the author).

美欧国际经贸协定下的劳工规则新发展

徐丽青*

内容摘要:在当前全球经济再平衡的大背景下,美国和欧盟为首的西方发达经济体欲通过重塑全球贸易规则以解决其迫切需求。劳工/人权问题因与企业运营生产,与产品价值链密不可分而再次成为焦点。美国和欧盟将劳工/人权作为可切实施展再平衡手段的着力点,通过修订原有规则或制定与劳工/人权相关的政策工具以扭转之前经济不平衡的局面。

关键词:劳工标准;美国;欧盟;全球贸易规则

Abstract: In the context of the current global economic rebalancing, the Western developed economies led by the United States and the European Union are determined to solve their urgent needs by reshaping the global trade rules. Labor/human rights issues are once again in the spotlight as they are inseparable from business operations and value chains. The United States and the European Union have focused on labor/human rights as a means of effective rebalancing, by revising existing rules or developing labor/human rights-related policy tools to reverse previous economic imbalances.

Key words: labor standards; The United States; The European Union; Global trade rules

在全球价值链扩展阶段,美欧发达经济体期望通过在经贸协定中纳入劳工条款、劳工标准的方式将劳工/人权问题与贸易挂钩。他们虽未能在多边贸易体制下实现此目标,但仍通过各自的模式在双边、诸边实现了这种挂钩,使得国际贸易和劳工标准之间建立起了法律联系。美欧都希望实现贸易与劳工标准的挂钩,但由于对国际贸易中的劳工/人权问题理念和关注点不同,造就了其各自模式的诸多共性和差异。值得注意的是,虽然美欧的模式并不相同,但这两种模式

---

* 徐丽青,上海 WTO 事务咨询中心研究部咨询师。

在国际贸易劳工争端实践中都存在欠缺强制力和执行力的问题。在当下全球贸易规则重构的过程中，劳工/人权问题已然成了欧美解决中国问题的一个靶向。他们一方面修订现有规则，另一方面加紧制定新的政策工具，以改善贸易争端实践中执行力低的问题，并使得这些规则能够落实到全球供应链和产业布局调整上。

一、在全球价值链扩展阶段，美欧因多边受阻而选择通过各自的模式在双边/诸边贸易投资框架下纳入劳工标准，然而这两种模式在国际贸易劳工争端实践中并不具备强制力

（一）在WTO多边贸易体制下，劳工/人权与贸易挂钩受挫

在多边层面，美国一直就力推将贸易与劳工标准挂钩。在20世纪70年代的世贸组织东京回合和乌拉圭回合谈判中，美国就想要将劳工标准问题纳入《关税与贸易总协定》(GATT)相关条款中，但遭反对而搁浅。1994年的世贸组织马拉喀什部长级会议上，美国以“社会条款”为名，要求把劳工标准问题写进马拉喀什部长会议宣言。美国认为“应将贸易与劳工问题挂钩，并可以劳工标准为由实施贸易制裁”，在广大发展中国家的反对下再次无果而终。

1996年新加坡世贸组织部长级会议上，美国再次提出将劳工标准问题纳入世贸组织谈判的建议，但是最终各方只是“重申遵守国际公认的核心劳工标准的承诺”，同时“反对以贸易保护主义为目的而使用劳工标准，承认低工资的发展中国家在这方面的相对优势”。由于新加坡部长级会议否定了使用贸易制裁措施的方式，因此上述的各方承诺并不具有约束力。此后的两届部长级会议均未涉及劳工问题，2001年的多哈部长级会议也只是重申了新加坡部长级会议上达成的关于国际核心劳工标准问题的宣言，并无任何实质性进展。

回顾多边贸易体制历程，由于发达成员和发展中成员无法在WTO框架下就贸易与劳工挂钩问题达成一致WTO框架始终未纳入劳工标准。二十多年来仅在一些原则问题上达成共识，包括各方对核心劳工标准的内容基本达成一致，同意劳工标准不应被利用作为贸易保护主义的目的，任何国家的比较优势不应受到质疑。

（二）为了将劳工标准的义务纳入双边/诸边贸易投资框架下，美欧采取了不同的模式，有共通点也有差异

美国的劳工标准条款模式初现于1994年美国和加拿大以及墨西哥之间签

订的《北美自由贸易协定》(NAFTA)。NAFTA 下的劳工规则以附带协定[①](《北美劳工合作协定》)的形式达成,但其是美国第一个包含劳工条款的贸易协定,成了美国此后签署的自由贸易协定劳工条款所遵循的基本模板。随着劳工相关问题在贸易谈判中的重视提高,美国开始将劳工条款安排在"劳工章"[②]中单独规制。2007 年,美国达成"两党贸易协议",规定美国"自此以后的自贸协定中必须纳入环境、劳工等内容,并就具体条款作了详细规定"。[③]

欧盟则较美国起步更早,自 1999 年起就在贸易协定中纳入了有关劳工标准的条款[④]。之后《里斯本条约》于 2009 年生效,规定了"欧盟将正式在涉及经贸政策中强调人权与劳工权利的保护与促进"[⑤]。次年,欧盟与韩国签订的自由贸易协定中纳入的劳工标准条款,充分体现了《里斯本条款》的政策,象征着欧盟的劳工标准模式已从早期逐步演化成了当前的新模式。在《欧盟—韩国自由贸易协定》下,劳工条款与环境保护有关的规则被一起并入了"贸易与可持续发展章"(以下简称为"TSD 章")。该章也成了欧盟此后与其他贸易伙伴谈判的协定中的常规章节。

美国模式与欧盟模式存在着很多的相似之处。两者都对劳工组织的核心劳工标准做出承诺,设法防止为了吸引投资而削弱劳工法,设法让民间组织参与有关条款的谈判和监督,开展加强双方劳工权利的合作活动,建立政府间对话和仲裁小组等争端解决程序。

同时,这两种模式之间也有非常显著的差异。美国与欧盟不同,并未将劳工条款作为解决贸易当中涉及"可持续发展"问题的一个部分。美国将劳工和环境问题安排在不同的章节中单独讨论。这一差异就导致了两种自由贸易协定下监督和报告程序的不同:在欧盟模式下,缔约方的义务是监督和审查协议本身的可持续(包括劳工在内的)影响,在美国模式下,缔约方的报告义务则是围绕着协约方内部的相关劳工问题。也就是说,美国模式的目的是要解决贸易伙伴国内体系中的劳工问题,而欧盟模式(至少在理论上)的目的是通过缔结自由贸易协定达成一种新的贸易关系,从而提高贸易伙伴的劳工工作条件以及更广泛的社会

① North American Agreement on Labor Cooperation 案文,参见 https://www.worldtradelaw.net/nafta/naalc.pdf.download。

② 美国从 2004 年与智利和新加坡签订自由贸易协定以来,都采用单独设章的形式规制劳工问题。

③ USTR, "Bipartisan Trade Deal", https://ustr.gov/sites/default/files/uploads/factsheets/2007/asset_upload_file127_11319.pdf(访问时间:2021 年 5 月 10 日)。

④ 欧盟与南非于 1999 年签订的贸易发展合作协定中就纳入了劳工标准条款。

⑤ 《里斯本条约》第 207.1 条强调了欧盟的共同经贸政策要符合欧盟外交的原则与目标,包括推动保护人权与劳工权利。

和生活环境。

在实质性标准方面，美国模式包括承诺尊重“国际公认的劳工权利”，并提到了国际劳工组织《1998年工作基本原则和权利宣言》。但是，协定中并没有要求缔约方承诺签署或者批准国际劳工组织的核心公约，也没有要求缔约方承诺协定生效后就切实实施这些公约(美国只批准了八个基本公约中的两个)。相反，美国模式往往要求贸易伙伴努力改善执行劳工权利的国家法律程序①。

当自由贸易协定的缔约方开始就劳工问题发生争议时，美国模式采取的磋商过程与欧盟模式类似，在美国模式下，磋商解决不了的诉求就会遵循该协定下适用于其他章节的争端解决程序，明确可通过贸易制裁措施保证协定义务的履行；但在欧盟模式下，主争端解决程序并不适用于违规行为，也就是说当事各方无法就劳工条款采取制裁措施。对于这些违规行为的申诉会由一个专家组来处理，它会根据机制框架报告调查结果。

(三) 在国际贸易劳工争端实践中，两种模式都缺乏执行力和强制力，未能起到与贸易挂钩的制裁作用

1. 欧盟模式缺乏“牙齿”，缺乏执行力

欧盟此前对韩国就韩国对于劳工公约的批准问题发起争议案，但由于欧盟模式没有采取与贸易制裁挂钩的形式，因而对贸易伙伴缺乏实质性的约束力。欧韩的争端中，欧盟的申诉主要分为部分：(1)韩国劳动法的若干部分与韩国的义务相违背，未实施结社自由权；(2)欧盟—韩国自由贸易协定第13.4.3条规定韩国将为批准劳工组织基本公约做出持续和持续的努力。经专家组裁决，韩国的三项措施与第13.4.3条不符，建议韩国根据结社自由的原则，修改《工会法》有关规定。虽然如此，专家组裁决的执行会非常困难。由于欧盟—韩国自由贸易协定贸易可持续发展章节下的争端解决程序薄弱，欧盟只能靠韩国自愿合作，执行专家组关于违反贸易可持续性和发展义务的建议。如果韩国拒不执行裁决中的建议，欧盟也不能单方面暂停《欧盟与韩国自贸协定》下的关税优惠。

2. 美国虽然采取了不同于欧盟的“强制模式”，但实施效果却不理想

美国模式的申诉程序非常开放，美国及其贸易伙伴的工会和劳工非政府组织都能够提出劳工申诉，这些申诉最初会由劳工部进行调查。截至2019年底，劳工部已就申诉在7个国家进行了调查，也有政府层面的行动计划在内的不同

---

① Ferdi De Ville, Jan Orbie and Lore Van den Putte, “TTIP and Labour Standards”(2016) *European Parliament, Committee on Employment and Social Affairs*, IP/A/EMPL/2015-07.

后续行动。然而,美国并没有采取所有的行动计划①。

在报复手段上,美国模式具有刚性,可适用强制的争端解决机制。因为这种强制机制,与美国签署协定的贸易伙伴很可能会为了避免受到贸易制裁而切实履行该协定下的劳工承诺,然而,美国的"强制"模式在实践中却并未起到有效的实施。美国政府问责局报告②就曾指出"在自由贸易协定颁布后,美国相关机构在劳工合规的认定上鲜少或迟迟未做出努力,贸易伙伴一直缺乏对劳工问题的重视。"

从劳工争端案实例来看,美国也从未在自贸协定框架下成功使用过贸易制裁手段。迄今为止,在美国自由贸易协定下提出的近 50 起投诉中(绝大多数与《北美自由贸易协定》有关),只有危地马拉的案件进入了争端解决阶段。但即使是经过了仲裁的危地马拉案,其结果也不利于美国,对未来提出成功的劳工个案造成很大的影响,也部分印证了美国政界人士和工会代表认为劳工条款不可行的说法③。此案于 2010 年正式发起,但争端解决小组历经七年才公布调查结果。专家组认为虽然美国能够证明,危地马拉在八个不同的工作场所未执行其劳工法,但无法证明这些实例构成"一系列影响贸易的作为或不作为"。争端小组检验作为或不作为对贸易产生影响的方法是"通过持续或者反复的作为或不作为而未能有效执行该缔约方的劳动法,从而赋予从事贸易的雇主一些竞争优势"。专家组认为此案中,危地马拉的执法失败只证明了这是一种"持续或反复采取的一系列行动",并不表明是以"影响贸易的方式"而进行的,因而没有发现违反义务④。

(四) 在全球价值链扩展阶段,美欧国际经贸协定下的劳工规则虽未起到针对不公平贸易进行制裁的作用,但为当下全球经贸劳工规则的重构埋下了伏笔

上述欧盟和美国的实践都证明了此前无论是欧盟的"软法"模式还是美国的

① 这些国家分别是巴林、哥伦比亚、多米尼加共和国、危地马拉、洪都拉斯、墨西哥和秘鲁。可参见美国劳工部国际劳工事务局,Submissions under labor provisions of Free Trade agreements, https://www.dol.gov/agencies/ilab/our-work/trade/fta-submissions。

② US Government Accountability Office, Report to the Chairman, Committee on Finance, US Senate, "Four Free Trade Agreements GAO Reviewed Have Resulted in Commercial Benefits, but Challenges on Labor and Environment Remain"(July 2009) GAO-09-439, 52.

③ Celeste Drake, US Trade Policy Fails Workers, 26 June 2017, AFL-CIO, https://aflcio.org/2017/6/26/us-trade-policy-fails-workers.

④ In the matter of Guatemala-Issues Relating to the Obligations Under Article 16.2.1(a) of CAFTA-DR, Arbitral Panel Established Pursuant to Chapter Twenty, Final Report of the Panel(14 June 2017).

"强制"模式，都未能很好地解决国际贸易中的劳工/人权问题。美欧通过协定中纳入劳工条款的方式未能为在贸易伙伴领土内经营企业的工人带来更好的工作条件，或者切实提高劳工的权利水平。导致这一结果的部分原因可能是由于在全球价值链扩展阶段，相较于经济或者道德动因，劳工/人权在经贸领域中更多地承载了宣扬推广民主、人权、法治的政治作用，以此来实现对外政策目标。

美国和欧盟在人权保障方面一直处于世界前列，而劳动者权利保障是人权保障的重要组成部分。美国一致就试图推行更具强制力的劳工标准，期望通过这样的模式"促使一些国家通过法律切实保障工人自由结社甚至允许罢工，鼓励这些国家进行更深层次的体制改革"。美国认为更多国家和地区接受美国的价值理念，将"有助于确保美国所奉行的发展模式的安全"。欧盟对外经贸协定中纳入的这些劳工条款并非真正意义上的人权条款，而是被作为一个"政治条款"。欧盟理事会 2009 年的一份政策文件就披露了欧盟在与第三国签订协定中纳入"政治条款"的目的是促进构成欧盟对外关系基础的欧盟价值观和政治原则，并促进欧盟的安全利益。①

虽然在全球价值链扩展阶段，美欧所制定的国际经贸协定项下的劳工条款更多只是起到政治宣扬的作用，但是随着经济格局转变和发展需要，这些涉及劳工/人权的条款很可能会发展进化成为真正的法律政策武器。

二、劳工/人权问题成为国际经贸规则重构的重要组成部分，美欧加紧修订、制定经贸协定下的劳工相关规则，力图将劳工/人权问题落实到全球供应链和产业布局调整上

经过上述分析，可以看到此前美国模式和欧盟模式的劳工条款在实践中缺乏执行力，无法真正起到改善劳动者待遇、发展机会、人权，维护公平竞争的目的。为了完善先前模式下劳工条款的不足以及真正打击不公平贸易的行为，美国和欧盟在当下全球贸易规则重构的过程中，将劳工/人权作为可切实施展再平衡手段的着力点，通过修订原有规则或制定与劳工/人权相关的政策工具以扭转之前经济不平衡的局面。

---

① EU Council, "Reflection Paper on Political Clauses in Agreements with Third Countries", Doc 7008/09, 27 February 2009(partially derestricted).

(一)欧盟和美国都在加强劳工条款的执行力方面采取积极行动

1. 欧盟

在工会、非政府组织和欧洲议会的推动下,欧盟委员会于2017年中启动了改革进程①。在改革初期,欧委会并没有评估欧盟当前自贸协定下对欧盟和贸易伙伴的劳工及其权利产生的影响,也没有计划建立新机制来解决劳工的问题。欧委会只评估了那些计划对现有可持续发展章节机制加强的提案。欧委会否决了改革呼声很高的加强争端解决机制的做法②,其认为"美国模式就采取了强硬的争端解决机制,但同样被指责有缺陷"。③其承诺会采取一系列行动"修订TSD章节",包括与关键利益相关者建立更密切地合作和更好地沟通;确定、考虑和处理每个贸易伙伴在可持续性发展问题方面的优先事项;鼓励尽早批准核心国际协定;使民间团体能够在实施可持续发展承诺方面发挥更好的作用;并增加可用于执行可持续发展各章节的资源④。总体而言,这些改革仍建立在当前欧盟模式可持续发展各章节的机制之上。

然而,在贸易争端成为频繁的现代战争手段、WTO上诉机构解散的新背景下,欧盟保守的改革步伐已显拖沓。欧盟在面对劳工争端,甚至更大范围的贸易争端时,并不具备有防御性、威慑性的政策工具。例如欧盟于2019年启动对韩国的劳工争端案,欧盟虽获得了对其有利的专家组结论,但由于欧盟自贸协定下的劳工条款并不具备报复机制,如此的有利结论也并不能为欧盟带来有利的结果。经过对欧盟外经贸战略整体思路的调整,欧盟委员会已承诺通过开放的战略自治贸易救济模式,来强化法律工具。为了监督和执行欧盟与第三国贸易协定的环境和劳工保护义务,欧盟于2020年7月新设了首席贸易执法官一职⑤。如果一贸易伙伴违反WTO规定或者欧盟自贸协定下的劳工相关规定,该官员就可以向欧盟委员会建议对其采取报复性措施。当首席贸易执法官建议征收再平衡关税时,欧盟委员会可对不合规的贸易伙伴采取报复性措施。但是,第三国

① James Harrison, "The Labour rights agenda in free trade agreements", *Journal of World Investment and Trade* 2019(20):705—725.

② Responses to the Commission's non-paper on TSD chapters, letter from Klaus Muller, Executive Director of the Federation of German Consumer Organisations, to Sandra Gallina, Deputy Director-General, DG Trade(9 November 2017), http://trade.ec.europa.eu/doclib/docs/2017/july/tradoc_155686.pdf.

③④ European Commission, "Feedback and Way Forward on Improving the Implementation and Enforcement of Trade and Sustainable Development Chapters in EU Free Trade Agreements"(26 February 2018) Non-paper of the Commission Services, https://trade.ec.europa.eu/doclib/docs/2018/february/tradoc_156618.pdf.

⑤ 参见 https://ec.europa.eu/commission/presscorner/detail/en/IP_20_1409。

不遵守欧盟贸易协定下的可持续发展承诺，是否会使欧盟委员会(即使在首席贸易执法官员提出建议后)有权征收再平衡关税，或利用自贸协定执行机制暂停关税优惠仍是一个悬而未决的问题。

2. 美国

特朗普执政后，美国贸易政策对待劳工问题的态度就产生了很大的转变。特朗普在总统竞选期间就强调“未来的贸易协定将确保美国工人的利益”。其言论表明对于美国而言，只有在不公平竞争的情况下，国外对劳工权利的侵犯才是值得关注的，因为这种劳工权利侵犯所导致的不公平竞争损害了美国工人的利益。他执政后采取了“美国第一”的贸易政策，期待通过退出了多个贸易谈判(如TPP)并对贸易伙伴采取报复性关税的方式来破坏原有的全球经贸体系，以此将更多的投资带回美国，增加美国的工厂和制造就业机会。同时，当时政府期望通过双边贸易谈判来促进美国工业发展，保护美国工人，提高美国工资水平。

为了加强执行机制等一系列劳工问题，美国从2017年开始与加拿大和墨西哥重新谈判《北美自由贸易协定》并达成了《美国—墨西哥—加拿大协定》(USMCA)。为了降低证明违规的标准，提高胜诉的可能性，USMCA的劳工条款中加入了一项判定如何构成“影响贸易”方式的新测试方式。USMCA先假定违反劳工权益会影响贸易和投资，那么被指控违反劳工条款的一方就需要负责举证，提出相反证据。USMCA还引入新的“快速反应”争议解决程序来加强劳工执法机制，以解决特定行业的个别设施在集体谈判和结社自由方面违反劳工权益的行为。

2021年拜登上任后提出了“以工人为中心”的贸易政策①，指出“会捍卫工人的权利，解决不公平竞争问题”。新任美国贸易代表也多次表明拜登政府会致力于打击任何强迫劳动行为，会与其盟国紧密合作，以促进建立一个公平的国际贸易体系。新任政府不仅在对外经贸协定框架下采取了关于劳工的行动②，也已经在多边框架下采取了积极的行动③。

---

① 2021 Trade Policy Agenda and 2020 Annual Report OF THE PRESIDENT OF THE UNITED STATES ON THE TRADE AGREEMENTS PROGRAM, USTR, https://ustr.gov/sites/default/files/files/reports/2021/2021%20Trade%20Agenda/Online%20PDF%202021%20Trade%20Policy%20Agenda%20and%202020%20Annual%20Report.pdf.

② 2021年5月12日，通用汽车位于墨西哥的一座皮卡工厂遭控违反劳工权益，美国拜登政府周三要求墨西哥检视相关指控，https://insidetrade.com/sites/insidetrade.com/files/documents/2021/jul/wto2021_0311d.pdfh。

③ 2021年5月26日，美国向世贸组织提议，将强迫劳动问题纳入渔业补贴谈判，https://insidetrade.com/sites/insidetrade.com/files/documents/2021/may/wto2021_0249.pdf。

(二)美国率先突破原先经贸协定框架下劳工条款的内容,使劳工条款成为可落实到全球供应链和产业布局调整上的政策工具

当前的全球经贸格局下,美国和欧盟所要重建的国际经贸规则体系势必将服务于全球供应链和生产布局的调整。在将劳工条款与产业政策相结合的努力方面,美国已采取突破,率先在与贸易伙伴签署的经贸协定框架下,将劳工条款的内容扩展到供应链领域,从而通过新的劳工标准来影响产业分布的格局。美国在自贸协定框架下所采取的努力都展现了其意图不只是这些预期签署了协定的贸易伙伴,而是要通过这些劳工标准来影响这些贸易伙伴所参与到的供应链,通过对这些供应链上的劳工进行规制将可能达成其调整生产布局,重新平衡经济的目标。

美国重谈的 USMCA 中的劳工条款就打破了劳工章节中的"区隔化",部分劳工条款被纳入了"原产地规则章节"。该章第 7 条[①]规定了"在 USMCA 国家境内生产车辆的零部件需要达到工人生产的最低比例要求,工人的最低工资标准为每小时 16 美元,这样才能享受免税待遇。"美国突破了原来只在劳工章中安置劳工标准的做法,在自由贸易协定项下的产品生产技术规则中纳入了劳工的最低工资要求。不过,此规定目前只适用于汽车产业,未来是否会向其他产业扩展适用范围仍有待观察。

此外,美国在 USMCA 和《全面与进步跨太平洋伙伴关系协定》(CPTPP,美国原先领导了 TPP 的谈判,之后撤回了,有可能考虑重新加入[②])的劳工条款中都纳入了与产业相互联系的新规则。其一有关"阻止全部或者部分包括强迫童工在内的强迫劳动的产品进口,无论产品来源地是否为协定的缔约方"的义务要求。也就是说,只要协定缔约方认定某一国家(并不要求该国是 CPTPP 缔约方)具有包括强迫童工的强迫劳动情况,就应该阻止该国的相应产品进入 TPP 缔约方市场。该条款的域外效力,使得缔约方可以将其劳工标准施加于非签署国。在这样的框架下,缔约方(如果美国签署加入 CPTPP 的话)所制定的劳工标准对任何国家都将具有实际的震慑作用,无论该国是否为国际劳工组织成员,是否批准有关公约,其产品都可能踢出这两个自由贸易协定缔约方的市场,最终

---

① 根据 USMCA 第 4 章原产地规则章第 7 条劳工价值的内容第 3 款(c)项的内容,https://ustr.gov/sites/default/files/files/agreements/FTA/USMCA/Text/04%20Rules%20of%20Origin.pdf。

② 2021 年 5 月 5 日,美国参议院财政贸易小组委员会的领导人在对美国贸易代表凯瑟琳·泰的信中表示,美国应该重新审视特朗普政府 2017 年退出《跨太平洋伙伴关系协定》的"错误"和"短视"决定,要求其与亚太地区的盟友重新接触,发展多边、自由贸易伙伴关系,https://insidetrade.com/sites/insidetrade.com/files/documents/2021/may/wto2021_0210.pdf。

影响全球供应链的布局。其二有关“在出口加工区中不得降低劳工保护标准”的承诺要求。为了吸引外资，国家多在出口加工区中规定一些优惠条件，例如允许降低劳工权利的保护标准，使得出口加工区相较于国内其他区域，劳工标准整体偏低。该条款使得过去一向例外的出口加工区将同样被置于管辖之下。同时，非签署国在这些CPTPP成员国、加拿大、墨西哥所建合作区的宽松劳工标准也会被TPP劳工标准所取代，生产也将受到影响。

三、小　结

在当前全球经济再平衡的大背景下，美国和欧盟为首的西方发达经济体正紧锣密鼓地采取行动，通过重塑全球贸易规则以解决其迫切需求。劳工/人权问题因与企业运营生产，与产品价值链密不可分而再次成为焦点。本文梳理探讨了美国和欧盟在对外经贸协定中所纳入的劳工规则的基本情况新发展。在全球价值链扩展阶段，多边框架未能就劳工问题达成一致因而未在WTO规则中纳入劳工标准。为了将劳工标准的义务纳入双边/诸边贸易投资框架下，美国采取了“强制模式”而欧盟则采取了“软法模式”。由于立法初衷的区别，这两种模式也在规则层面上显现出诸多差异。然而，在国际贸易劳工争端实践中，美欧两种模式都缺乏执行力和强制力，未能起到与贸易挂钩的制裁作用。为了完善先前模式下劳工条款的不足以及真正打击不公平贸易的行为，美国和欧盟在当下全球贸易规则重构的过程中，将劳工/人权作为可切实施展再平衡手段的着力点，通过修订原有规则或制定与劳工/人权相关的政策工具以扭转之前经济不平衡的局面。欧盟和美国都在加强劳工条款的执行力方面采取积极行动，美国率先突破原先经贸协定框架下劳工条款的内容，使劳工条款成为可落实到全球供应链和产业布局调整上的政策工具。

当然，对外经贸协定只能约束到缔约国，而无法直接约束企业。在很多问题上，企业是最终决定劳工权利、劳工标准是否能够实现的行为者。事实上，“通过全球产业链规范外国企业，使其遵守劳工领域的企业社会责任，被认为是正式条约制度的替代或有效补充”。[①]2021年3月初，为确保欧盟内部以及想要进入欧盟市场的企业都在其全球产业链上遵守欧盟有关的人权、环境和良善治理的标

① 贾海龙：《欧盟对外经贸条约中的劳工条款：历史、现状以及塑造因素》，《社会科学家》2021年1月。

准，欧洲议会通过了一项立法倡议，计划又欧盟委员会推出供应链法案的提案。德国更是先于欧盟在2021年6月11日就通过了针对跨国企业的《供应链法》①。2023年起德国企业都需要对其直接供应链中的人权和环境风险情况进行常规系统性的尽职调查，并需要发布人权合规年报。违者可能会面临行政强制措施和罚金。在大洋彼岸，美国国会参议院2021年7月14日通过了《防止强迫维吾尔人劳动法》②。该法案"规定了除非得到美国当局的无强迫劳动认证，该法设立的'可反驳的推定'制度将所有新疆地区制造的产品都推定为是使用了强迫劳动的，并按照《1930年关税法》禁止进口这些产品"。通过该制度，如果美国进口企业想要从新疆进口产品，就需要举证证明该产品的生产不存在强迫劳动的行为。这些基于劳工标准而制定的针对企业的立法又将如何对全球产业，特别是特定产品的供应链布局产生影响将是值得关注和研究的另一个主题。

参考文献：

[1] 张霞、安增科：《国外劳工标准问题研究的四大争议》，《国外社会科学》2010年第4期。

[2] 边永民：《国际贸易与劳工保护的关系》，《西南民族大学学报》2006年第11期。

[3] 柯静：《试析TPP协议劳工标准的美国意图及对中国的影响》，《美国问题研究》2016年第1期。

[4] 李西霞：《欧盟自由贸易协定中的劳工标准及其启示》，《法学》2017年第1期。

[5] 李西霞：《〈美墨加协定〉劳工标准的发展动向及潜在影响》，《法学》2020年第1期。

[6] 王立武、张保芬：《欧盟自由贸易协定劳动条款的制度性供给及借鉴》，《政法论丛》2016年第1期。

[7] 陈一峰：《劳工、贸易与霸权——国际劳工组织基本劳工权利的缘起与争议》，《北大法律评论》2018年第19卷。

[8] 陈一峰：《跨国劳动法的兴起：概念、方法与展望》，《中外法学》2016年第5卷。

[9] 边永民：《以美国和欧盟为主导的自由贸易区协议中的劳工保护问题研究》，《国际商法论丛》2010年第10期。

[10] 梁嘉敏：《〈欧盟与韩国自由贸易协定〉劳工标准及启示》，《汕头大学学报》2020年第2期。

[11] SandraPolaski：《贸易与劳工标准——发展中国家的战略》，卡内基国际和平基金会

① Beschlussempfehlung und Bericht des Ausschusses für Arbeit und Soziales (11. Ausschuss), https://dserver.bundestag.de/btd/19/305/1930505.pdf.

② H. R. 6210-Uyghur Forced Labor Prevention Act, US Congress, https://www.congress.gov/bill/116th-congress/house-bill/6210?cfchljschltk=pmd6b4ff42309b638e032e85916166f2f5f26bf60c7-1627632096-0-gqNtZGzNAfijcnBszQpO.

贸易公平与发展项目部,2003 年。

[12] 贾海龙:《欧盟对外经贸条约中的劳工条款:历史、现状以及塑造因素》,《社会科学家》2021 年第 1 期。

[13] 柯静:《试析 TPP 协议劳工标准的美国意图及对中国的影响》,《美国问题研究》2016 年第 1 期。

[14] Dominican Republic—Central America—United States Free Trade Agreement Arbitral Panel Established Pursuant to Chapter Twenty, Final Report of the Panel, June 14, 2017.

[15] BARTLRY, TIM. Institutional Emergence in an Era of Globalization: The Rise of Transnational Private Regulation of Labor and Environmental Conditions. American Journal of Sociology, 2007, 113(2):298.

[16] James Harrison, "The Labour Rights Agenda in Free Trade Agreements", Journal of world investment & trade 20(2019)705—725.

欧盟碳边境调节机制(CBAM)之WTO兼容性初探

侯佩尧*

内容摘要:欧盟委员会于2021年7月14日发布了期待已久的欧盟碳边界调整机制(CBAM)提案。CBAM本质上为碳定价措施延伸适用到进口产品,欧盟未来正式实施后可能冲击我国对欧出口。本文阐释欧盟实施CBAM所欲达成之政策目的,并分析当前欧盟规划较有可能实施的方案,即针对进口产品设置专用配额。本文归纳欧盟CBAM之实施方案所可能涉及之WTO适法性疑虑,主要有GATT边境调整之国民待遇与最惠国待遇规则,以及一般例外原则。

关键词:碳边境调节机制;碳泄露;排放交易系统;WTO兼容性

Abstract: The long-awaited Proposal for an EU Carbon Border Adjustment Mechanism(CBAM) was published by the European Commission on 14 July. CBAM essentially extends the application of carbon pricing measures to imported products. After the EU's formal implementation in the future, it may impact my country's exports to Europe. This article explains the policy objectives that the EU intends to achieve in implementing CBAM, then analyzes the most likely implementation of the current EU plan, namely the establishment of special quotas for imported products. This article summarizes the WTO legality doubts that may be involved in the EU CBAM implementation plan, mainly including the national treatment and most-favored-nation treatment regulations of GATT border adjustment, and the general exception principle.

Key words: Carbon Border Adjustment Mechanism; Carbon Leakage; Emission Trading System; WTO Consistency

---

* 侯佩尧,上海WTO事务咨询中心研究部咨询师。

一、引言:欧盟碳边境调节机制(CBAM)立法进程

2019 年 12 月,欧盟委员会通过了《欧洲绿色协议》(the European Green Deal)①,规定到 2030 年末,欧盟的温室气体排放量计划在 1990 年的水平上减少 55%②。并计划于 2021 年为选定部门建立碳边界调整机制(CBAM)的提案。

欧盟委员会的准备工作包括 2020 年 3 月的启动影响评估报告(Inception Impact Assessment)③。并于 2020 年 7 月 22 日至 10 月 28 日期间进行了公众咨询。

2020 年 9 月 16 日,欧盟委员会主席乌尔苏拉·冯德莱恩宣布有关 CBAM 的立法提案将成为 2021 年的重要举措之一。

基于 2021 年工作计划,欧盟委员会计划在 2021 年第二季度提出 CBAM 和 CBAM 作为欧盟自有资源的提案。

2020 年 10 月 7 日,欧洲环境、公共卫生和食品安全委员会(ENVI)发布了一份题为"建立与 WTO 兼容的欧盟碳边界调整机制"(Towards a WTO-compatible EU carbon border adjustment mechanism)④的倡议报告。

该报告于 2021 年 2 月 5 日被 ENVI 通过,要求引入 CBAM 作为更广泛的欧盟工业战略的一部分,以减少碳泄漏的风险。此外,它还分析了与 CBAM 的设计和范围有关的方面,及其对欧盟预算筹资的可能贡献。2021 年 3 月 10 日,议会通过了关于与 WTO 兼容的 CBAM 的决议,该决议以 444 票赞成、70 票反对和 181 票弃权获得通过。

欧盟委员会于 2021 年 7 月 14 日发布了期待已久的欧盟碳边界调整机制(CBAM)提案,以及"适合 55"(Fit for 55)一揽子计划中的其他 12 项立法提案。

---

① European Commission, "A European Green Deal", https://ec.europa.eu/info/strategy/priorities-2019-2024/european-green-deal_en.

② European Commission, "Stepping up Europe's 2030 climate ambition Investing in a climate-neutral future for the benefit of our people", Sep. 2020, https://ec.europa.eu/clima/sites/clima/files/eu-climate-action/docs/com_2030_ctp_en.pdf.

③ European Commission, "Inception Impact Assessment", https://ec.europa.eu/info/law/better-regulation/have-your-say/initiatives/12228-Carbon-Border-Adjustment-Mechanism.

④ European Parliament, "Towards a WTO-compatible EU carbon border adjustment mechanism", https://www.europarl.europa.eu/doceo/document/TA-9-2021-0071_EN.pdf.

二、欧盟 CBAM 提案之重点条款探析

欧盟委员会为 CBAM 监管提出一项强有力且可行的提案,旨在开始从完全通过免费配额解决碳泄漏的系统过渡到通过碳边境调节机制解决进口碳泄漏的系统。提案文本中多次引用执行 EU ETS 的指令 2003/87/EC,包括所用术语的定义,证实 CBAM 将替代现有 EU ETS 机制,扩展至欧盟进口产品。

从本质上讲,该机制要求进口商提供有关进口到欧盟的商品的数据,并购买与这些商品中嵌入的排放量相对应的证书的义务,这些证书根据 EU ETS 配额的拍卖价格出售。此外,对 WTO 兼容性问题给予了特别关注,该提案试图确保进口产品不会受到比欧盟国内生产商待遇差的待遇。提案重点条款分析如下:

(一) 范围

首先,就覆盖产品范围而言,CBAM 适用于附件 I 第 2 条所列产品。该提案涵盖水泥、电力、化肥、钢铁和铝。欧盟委员会的目标是,首先 CBAM 将适用于最有可能发生碳泄漏的部门,其次再将该机制扩展到其他部门。然而,值得强调的是,附件 I 中包含的商品仅涵盖当前 EU ETS 官方清单中确定的 63 个被认为有碳泄漏风险的部门和分部门中的一小部分。

其次,就适用国家范围而言,该机制将涵盖所有非欧盟国家的进口。但是,CBAM 不适用于参与 ETS 或具有与欧盟相关联的排放交易系统的第三国,例外国别列于附件 II 第 1 条 A 部分。它们分别是冰岛、列支敦士登、挪威和瑞士,以及比辛根、黑尔戈兰、利维尼奥、意大利坎皮奥内、休达和梅利利亚的领土。另外,该提案还在附件 II 第 2 条 B 部分中规定,当第三国或领土通过市场耦合与欧盟内部电力市场整合的情况时,该法规可能不适用于这些国家和地区的特定电力进口。迄今为止,附件 II 第 2 条 B 部分中还没有任何国家或地区被列入此豁免项下。值得注意的是,上述两种例外情况仅在满足一定数量的累积条件时才有效。例如,对于进口电力的豁免,第三个国家或地区也需要承诺到 2050 年实现气候中和。

(二) 证书

根据 CBAM 提案,每个欧盟成员国应指定主管当局来履行 CBAM 法规规定的义务。货物进口只能由申报人设立地主管当局授权的申报人进行。任何人

都可以申请进口货物的授权，该授权将基于满足某些标准[①]（第 17 条），例如没有严重违反海关立法和税收，以及没有刑事犯罪和财务偿付能力[②]。

进口商（申报人）应在每年 5 月 31 日之前向主管当局提交一份 CBAM 申报表，说明与上一年份相关的：(i)每种进口商品的总量；(ii)进口货物的总排放量；(iii)与申报人声明要交出的进口货物的总嵌入排放量相对应的 CBAM 证书数量[③]。进口商放弃（交出）的每张证书都是有代价的。

除电力外，货物的嵌入排放量应根据实际排放量，按照附件 III 第 7 条规定的方法确定。申报人应保存根据附件 IV 的要求计算嵌入排放所需的信息记录，该记录应足够详细以便主管当局根据第 8 条和附件 V 进行核实。当无法确定实际排放或在进口电力的情况下，嵌入排放量将参照默认值固定。

对于退还证书的数量，应在因原产国支付的碳价减少并考虑到欧盟排放交易体系免费配额进行必要调整后计算[④]。CBAM 的逐步引入将确保新征税仅适用于未从 EU ETS 下的免费配额中受益的排放比例。同时，考虑到现有的 EU ETS 免费配额，调整所需证书数量的可能性符合委员会的关注，即在任何时候进口商品都不会受到比国内欧盟生产商更优惠的待遇。

同样在这方面，如预期该提案使进口商有可能根据申报排放源国已经支付的碳价格要求减少要交出的 CBAM 证书的数量[⑤]。申报人需提交信息证明碳价格已在原产国支付，并且不能享受出口退税。该机制将允许委员会考虑第三国的类似碳减排努力，该提案明确包括欧盟与第三国就此问题达成行业协议的可能性。

就碳市场本身而言，每个成员国的主管当局应向申报人出售 CBAM 证书[⑥]。CBAM 证书的拍卖和定价将严格遵循 EU ETS 机制，尽管证书与 ETS 配额不同且不能互换。每个 CBAM 证书的价格由委员会根据每个日历周在通用拍卖平台上 EU ETS 配额的平均收盘价计算。委员会将在下一个日历周的第一个工作日在其网站上公布平均价格[⑦]。

申报人也可能要求主管当局在每年交出后重新购买超出部分的 CBAM 证

---

① 参见 CBAM 提案第 17 条。
② 参见 CBAM 提案第 4 条和第 5 条。
③ 参见 CBAM 提案第 6 条。
④ 参见 CBAM 提案第 31 条。
⑤ 参见 CBAM 提案第 9 条。
⑥ 参见 CBAM 提案第 20 条。
⑦ 参见 CBAM 提案第 21 条。

书,最高限额为购买的证书总数的三分之一,与进口商支付的价格相同①。任何其他剩余的 CBAM 证书将在每年 6 月 30 日之前取消②。

销售 CBAM 证书产生的大部分收入将用于欧盟预算(解释性备忘录)。提案随附的文件中解释,收入将为 CBAM 的实施成本提供资金,并为欧盟产生新的自有资源。自有资源旨在为欧盟政策的发展做出贡献。

(三) 主管部门

根据提案,CBAM 不会由中央机构实施和执行。提案规定每个成员应指定一个主管机构来执行文本中规定的义务③。所有主管当局的名单将在官方公报上公布。每个成员的主管当局应建立国家注册,其中包含申报者、运营商和第三国设施的信息,这些信息将重新组合到委员会建立的公众可访问的中央数据库中④。

尽管没有中央当局,委员会除了协助主管当局和协调他们的活动⑤之外,还将充当中央管理员⑥,维护 CBAM 证书的独立日志。作为中央管理者,委员会还应对国家登记册中记录的交易进行基于风险的控制。

该提案还规定,CBAM 声明的审查应在提交 CBAM 声明的年份之后的第四年年底之前进行。它主要包括对主管当局收到的信息与传达给海关当局的信息进行交叉检查。申报的 CBAM 证书数量有误的,主管部门应当予以调整。如果 CBAM 证书超额交出,主管部门应退还超额证书⑦。

(四) 执法

根据 CBAM 提案,如果进口商(申报人)未能在每年 5 月 31 日之前交出与其进口货物中嵌入的排放量相对应的若干 CBAM 证书或提交虚假信息,将受到与 EU ETS 规定相同的处罚。值得注意的是,罚款的支付并不免除被授权申报人交出 CBAM 证书数量的义务⑧。除罚款之外,成员国还可以根据其国家规则对不遵守 CBAM 立法的行为实施行政或刑事制裁。

---

① 参见 CBAM 提案第 23 条。
② 参见 CBAM 提案第 24 条。
③ 参见 CBAM 提案第 11 条。
④ 参见 CBAM 提案第 14 条。
⑤ 参见 CBAM 提案第 12 条。
⑥ 参见 CBAM 提案第 15 条。
⑦ 参见 CBAM 提案第 19 条。
⑧ 参见 CBAM 提案第 26 条。

（五）过渡期

欧盟 CBAM 提案将 2023 年 1 月 1 日作为 CBAM 的开始申请日期，过渡期为三年，从 2026 年 1 月 1 日起全面实施①。在过渡期内，CBAM 应作为报告义务适用②：进口商必须在完整机制生效之前监测和报告其排放量。过渡期将使委员会能够了解市场并收集有关每个生产商碳足迹的信息。从 2026 年开始需要为进口支付碳边境调整税。在此之前，2023 年至 2025 年的报告义务将迫使公司制定方法来计算其进口的碳含量。

在过渡期结束之前，委员会应向欧洲议会和理事会提交一份报告，其中特别包括评估将法规范围扩大到其他存在碳泄漏风险的部门的可能性，包括运输服务以及价值链下游的商品③。

（六）剩余要素和未决问题

首先，该提案没有为发展中国家或最不发达国家（LDC）提供任何豁免或差别待遇。然而，在法规的影响评估中，委员会承认可以考虑针对最不发达国家的现有生产能力逐步采用 CBAM。

其次，提案中未包含的另一个要素是出口退税的可能性。出于对 WTO 兼容性的担忧，委员会似乎不愿意采用出口退税。

此外，如果原产国已经支付了碳价格，该提案允许减少进口商必须支付的 CBAM 证书的数量。同样可以在证书支付完成后根据这些条款要求赔偿。

三、欧盟 CBAM 在 WTO 之下的法律问题探析

介于欧盟 CBAM 将与 ETS 挂钩，下文先简要说明欧盟 ETS 的架构和现状，并进而说明在实施可能的 CBAM 方案时，可能涉及的若干 WTO 问题。

（一）欧盟 ETS 的框架与现状

欧盟是全球第一个国际 ETS 体系，也是全球最大碳排放交易市场。欧盟 ETS 从 2005 年开始试行，其采用“总量—交易”的基本原理，亦即受 ETS 管制

---

① 参见 CBAM 提案第 36 条。
② 参见 CBAM 提案第 32 条。
③ 参见 CBAM 提案第 30 条。

下的参与实体，其排放总量设有上限。在此上限内，企业可透过无偿配额或拍卖(交易)方式取得排放量。且欧盟 ETS 采用分四阶段逐步实施来达成减量目标，可从几个面向来观察其分阶段作法：包括逐步提高减量水准、分阶段纳入管制对象与范畴，以及免费配额在不同阶段的核配方式。

欧盟 ETS 第一阶段(2005—2007 年)的减量目标，是以《京都议定书》(Kyoto Protocol)的减量承诺为基准，由欧盟 27 个成员国各自提交实际减排规划，首先纳管对象为高耗能的钢铁厂、炼焦炉、水泥熟料、炼油厂、纸浆与玻璃等产业。ETS 第二阶段(2008—2012 年)排放水准相较于 2005 年降低 8%为基准，并新增挪威、冰岛、列支敦士登等国参与，且于 2012 年将境内航空纳入 ETS 适用范围。执行至 2020 年底的第三阶段(2013—2020 年)，则是以减少 21%排放水准为基准。在 2021 年开始的第四阶段(2021—2030 年)，为了在 2030 年达成减排 43%之目标，今年起每年开始递减 2.2%的减排水准。①

为使 ETS 机制顺利运作，自然涉及受管制对象所获得免费碳额度的发放，在第一、二阶段大多数由成员拟定各自的国家分配计划(National Allocation Plans，NAP)并进行部门与企业无偿配额核配，并以历史排放量法进行分配，而采用透过拍卖或标竿基准法(benchmarking)取得碳额度的比例极低；第三阶段则开始由欧盟统一核发部门及企业免费配额，并大幅提高需从交易市场拍卖取得碳额度的比例，特别是在电力行业、制造业等，如电力业部门，欧盟要求新加入 ETS 成员应 100%透过拍卖市场取得碳排放配额。

表 1　欧盟 ETS 四阶段实施进展与重点

	第一阶段(2005—2007 年)	第二阶段(2008—2012 年)	第三阶段(2013—2020 年)	第四阶段(2021—2030 年)
适用国家	EU 27 国	同第一阶段再加挪威、冰岛、列支敦士登	同第二阶段再加克罗地亚	同第三阶段
适用产业	发热和发电设施(年发电量＞20 兆瓦)、水泥生产、炼油厂、焦炉、钢铁厂、玻璃、石灰、砖、陶瓷、纸浆、造纸和纸板业	同第一阶段再加欧盟境内航空业	同第二阶段再加碳捕捉与储存设施、铝业、石化业、制氨业、己二酸和乙醛酸、硝酸等制造业	同第三阶段

① EU ETS Handbook，European Commission，https://ec.europa.eu/clima/sites/clima/files/docs/ets_handbook_en.pdf.

（续表）

	第一阶段（2005—2007 年）	第二阶段（2008—2012 年）	第三阶段（2013—2020 年）	第四阶段（2021—2030 年）
排放上限	依《京都议定书》减排承诺	减排 8% 排放水准	减排 21% 排放水准	自 2021 年起每年递减 2.2%，以达 2030 年降低 43%排放水准
排放分配与交易	各成员国拟定“国家分配计划”，依照历史排放量，95%为无偿配额；其余由拍卖获得	依第一阶段分配方式，但至少 90%为无偿配额。其余由拍卖获得	2013 年至少 40%的排放权由拍卖获得，且电力、制造和航空业各有不同市场拍卖规则；其余无偿分配	至少 57%的排放权由拍卖获得；其余无偿分配； 预计 2027 年取消针对碳泄漏产业的无偿分配量，即除特殊情况，否则企业均须通过拍卖取得配额

资料来源：作者整理。

（二）欧盟 CBAM 设计与 WTO 问题

欧盟 CBAM 是否符合 WTO 义务，主要在看能否满足《关税与贸易总协定》（GATT）第 1 条“最惠国待遇原则”和第 3 条“国民待遇原则”的要求，以及是否符合“一般例外”原则的适用。因为未来欧盟 CBAM 很可能会依据进口来源生产地是否有实施 ETS，或是进口货物的碳排放高低形成差别待遇。而最惠国待遇和国民待遇这两项义务的主要内涵，却是在要求应对所有本国生产与外国进口的“同类产品”，从法律上和事实上都应给予无歧视之待遇。因此欧盟 CBAM 便与 WTO 规则形成潜在的冲突问题。

1. WTO 非歧视原则下的审视

（1）GATT 最惠国待遇原则。

根据 GATT 第 1 条，最惠国待遇原则要求 WTO 任一成员在货物、服务贸易和知识产权领域给予任何其他国家（无论是否为 WTO 成员）的优惠待遇，应立即和无条件地给予其他各成员。对此，欧盟 CBAM 是否区分来自不同国家和地区的同类进口将成为讨论的重点。

就这一争议欧盟议会作出回应。首先，对于原产国已经支付碳成本的情况下，欧盟可能希望参考原产国已经支付的价格来调整进口的碳价格。如果是这样，欧盟应确保不歧视来自不同国家的“同类”产品。其次，除了根据原产国已经支付的实际或平均碳成本进行不同的碳边境调整之外，欧盟还可以根据特定国家/地区的情况豁免进口。例如，对于来自最不发达国家或巴黎协定缔约方或具有与欧盟同等气候立法的国家的进口,可以免除碳边境调整。由于这种区分是基于原产地的,因此很可能构成对 GATT 第 1 条最惠国待遇的违反。然而,就像迄今为止讨论的任何违规行为一样,它可以基于环境理由来证明是合理的。

(2) GATT 国民待遇原则。

根据 GATT 第 3 条,国民待遇是指对其他成员的产品、服务或服务提供者及知识产权所有者和持有者所提供的待遇,不低于本国相同产品、服务或服务提供者及知识产权所有者和持有人所享有的待遇。简言之,国民待遇就是要求对本国和外国的企业或产品等同对待。然而,与“同类”国内产品相比,欧盟 CBAM 下进口碳措施是否具有歧视性受到质疑。

根据欧盟议会发布的一份报告①指出,假设欧盟对盟内生产的碳措施也可以对进口产品进行调整(根据 GATT 第 2 条或第 3 条),与“同类”国内产品相比,这种调整不会对进口造成更重的负担。以钢铁为例:

首先,对从中国等进口的“同类”钢铁征收的碳成本不能超过对欧盟钢铁生产征收的碳成本。过去的 WTO 裁决根据产品在市场上的竞争性经济关系认定产品“相似”。这意味着,无论碳足迹如何,欧盟和中国的钢铁很可能会被发现“相似”。总的来说,如果中国向欧盟出口“环境不友好”的钢材,而不是“环境友好”的欧盟钢材,那么就有可能认定存在事实上的歧视,理由是从中国进口的钢材受到的打击比欧盟钢铁更严重。然而,任何此类事实上的歧视(违反 GATT 第 3 条)在下文讨论的环境例外(GATT 第 20 条)情况下仍然是合理的。

其次,避免这种事实上的歧视的一种方法是对从中国进口的钢铁征收对欧盟钢铁征收的平均碳价。通过使用欧盟组平均值,可以确保事实上的组平等。此外,可以允许个别中国出口商证明他们的排放量低于欧盟平均水平,并在此基础上支付较低的碳价格。如果是这样,那么中国进口的整体群体只会比欧盟钢铁生产商的群体平均水平更优惠。

最后,避免事实上的歧视的另一种方法是关注中间投入而非最终产品。如果欧盟对钢铁生产中使用的能源征税,则进口钢铁的调整可以参考国外使用的能源(例如中国钢铁生产中使用的煤炭)进行同等计算。这样做之后,可以说欧盟对进口钢铁中嵌入的进口能源(和排放)征税,其税率与欧盟钢铁生产中使用的“类似”能源(和排放)相同。

---

① Trade Related Aspects of a Carbon Border Adjustment Mechanism. A Legal Assessment, European Parliament, https://www.europarl.europa.eu/cmsdata/210514/EXPO_BRI(2020)603502_EN.pdf.

2. GATT“一般例外”原则可否为 CBAM 之适用解套

纵使欧盟所采取的措施违反前述各项原则性规定，但若符合 GATT 第 20 条的“一般例外”，仍可解套。欧盟 CBAM 大概率会套用 GATT 的“一般例外”原则，欧盟此举将意味着其目的必须完全是环境保护而非经济保护。如果在开发和设计 CBAM 时将竞争考虑作为特权，则在一般例外情况下，不得偏离国民待遇和最惠国原则。但是值得注意的是，通常在有关 CBAM 的讨论中，欧盟内部会提出保护国内产业竞争力的需求，然而任何出于保护本土产业的 CBAM 都易阻止例外的应用。争议由此产生，欧盟对进口的 CBAM 能否以环境为理由？

欧盟议会认为，在套用 GATT 的“一般例外”时，重要的不再是“公平竞争”的竞争力问题，而是调整是否基于碳泄漏等环境问题：

首先，欧盟应对气候变化的措施（包括 CBAM）涉及与欧盟领土有足够联系的健康或环境问题（在 GATT 第 20 条 b 和 g 款中提及）：由于温室气体会在大气中混合，各个国家所有排放都会对欧盟公民构成相同的当地风险。这将气候措施与旨在解决纯粹域外问题的措施区分开来。

其次，进口调整与其旨在解决的气候变化（例如碳泄漏）问题之间还必须有足够密切的联系。在这方面，关键问题是贸易限制较少的措施是否可以达到相同水平的气候保护。免费配额是一种选择，但由于它们根本不涉及对某些生产施加碳成本，因此该选项可能无法实现相同水平的气候保护。此外，CBAM 从不禁止进口，其只对嵌入的碳含量收取一定的价格。因此，CBAM 虽然限制了贸易，但仍然是一项相对开放的政策。

最后，与欧盟的健康或可耗尽自然资源的保护必要或充分相关的情形下（根据 GATT 第 20 条 b 或 g 款），即使对进口施行碳边境调整，只需以不构成“在相同条件下的国家之间的任意或不合理的歧视”的方式应用（根据第 20 条的开头部分）：（1）即使根据原产国已经支付的碳成本校准边界调整可能涉及某种形式的歧视，但基于环境原因，它可以说是合理的而非任意的；（2）同样，对最不发达国家（LDC）进行豁免可能具有歧视性，但可以以环境为由加以证明，即最不发达国家历来排放量远低于发达国家，而且《巴黎协定》也规定了这种区别；（3）在前面两个例子中，区别对待的国家也可以说是“条件不同”的国家，因此可以说首先没有歧视。

四、小　　结

欧盟 CBAM 性质上是欧盟内部碳定价的延伸，但又为了降低对现有 ETS

机制的运作,才产生为进口企业及产品设置专属配额与交易体系的需求。对欧盟企业而言,CBAM亦有确保公平竞争的效果。由于CBAM的背景在于许多国家并无以碳定价作为达到减少温室气体排放效果的制度,反观欧盟企业却可能因本身需购排放权或是发电业因排放权导致电价上涨等因素,面对生产成本的增加,在竞争上处于不利地位。透过CBAM的课征,可使得欧盟企业与进口产品立足点平等,从而重返公平竞争地位。

由此观点出发,各国对于CBAM的回应立场不一,例如美国认为CBAM若采取税收方式,应属于最后手段;日本则有推动WTO讨论不违反WTO规则的"碳边境税"制度倡议;中国及韩国专家则表示对欧盟CBAM的反对力道,将取决于欧盟CBAM对各国"碳定价"机制的承认与接轨程度①。

碳减排无疑已成为国际趋势,亦为我国需积极与国际接轨的重要领域。对于减排规范机制中,包含ETS在内的碳定价机制成为各国普遍实施的作法,甚至成为未来是否构成"志同道合伙伴"的重要判断要件。然而欧盟CBAM机制的实施,对出口导向的我国产业势有影响。参考中国海关统计,2020年对欧盟出口涉及CBAM法案(泄漏稿)的涵盖产品最多(以出口额计)的前5个国家分别是:俄罗斯、英国、土耳其、中国和韩国。此外,CBAM对中国出口的影响主要集中于钢铁和铝行业。2020年中国向欧盟出口相关产品总值18.78亿欧元,其中99.79%为钢铁和铝(钢铁7.06亿欧元,37.61%;铝11.68亿欧元,62.18%)。故建议我国除了加速国内减排的政策推动步骤外,也可善用WTO与APEC等场域与各国合作,争取欧盟延缓实施CBAM协调单边措施的过渡期,或以与他国共同推动多边碳定价机制为目标,作为我国产业取得更多转型的调适机会。

参考文献:

[1] European Commission, "Public Consultation on the Carbon Border Adjustment" (2020), from: https://ec.europa.eu/info/law/better-regulation/have-your-say/initiatives/12228-Carbon-Border-Adjustment-Mechanism/public-consultation.

[2] Towards a WTO-compatible EU carbon border adjustment mechanism (2020), from: https://www.europarl.europa.eu/doceo/document/A-9-2021-0019_EN.pdf.

[3] The World's First Carbon Border Tariff, Explained, from: https://www.bloomberg.com/news/articles/2021-04-09/how-to-understand-the-eu-s-carbon-import-levy.

---

① Perception of the Planned EU Carbon Border Adjustment Mechanism in Asia Pacific—An Expert Survey(2021), https://www.kas.de/documents/265079/265128/EU+Carbon+Border+Adjustment+Mechanism.pdf/fed1d5a4-4424-c450-a1b9-b7dbd3616179?version=1.1&t=1615356593906.

［4］ World Bank Carbon Pricing Dashboard，from：https://carbonpricingdashboard.worldbank.org/map_data.

［5］ EU ETS Handbook，from：https://ec.europa.eu/clima/sites/clima/files/docs/ets_handbook_en.pdf.

［6］ ECJ Case C-366/10，Air Transport Association of America and others v. Secretary of State for Energy and Climate Change(2011) ECR I-1133，paras. 142—144.

［7］ Perception of the Planned EU Carbon Border Adjustment Mechanism in Asia Pacific—An Expert Survey(2021)，from：https://www.kas.de/documents/265079/265128/EU+Carbon+Border+Adjustment+Mechanism.pdf/fed1d5a4-4424-c450-a1b9-b7dbd3616179?version=1.1&t=1615356593906.

［8］ 陈红彦:《碳关税的合法性分析——以边境税收调整的适格性为视角》,《法商研究》2013 年第 4 期。

国际经贸规则重构背景下美欧两用物出口管制制度新动向

张瑜敏*

内容摘要：美国的两用物出口管制制度十分繁杂，由"重点管制""全面管制"与"管制排除"规则明确了物项的管制范围，通过许可证制度与许可例外的形式对物项进行管制，并且通过国家清单及国家分组限制出口目的国，通过实体清单对于出口的交易对象进行管制。而欧盟的两用物出口管制法律体系呈现出监管主体的多样性，全面控制与管制清单并行以及许可证种类多的特点。在国际经贸规则重构的背景下，美欧两用物出口管制也呈现出协调单边主义的趋势，体现在两用物出口管制主要针对高新技术行业，管制范围不断扩大以及管制原因的多样化，这种趋势会对中国与美欧间的贸易活动造成影响，并对我国部分高新技术企业造成冲击。

关键词：出口管制；军民两用物；实体清单；许可证；高新技术产业

Abstract: The U.S. dual-use export control system is very complicated. The "key control", "comprehensive control" and "control exclusion" rules clarify the scope of control of the items, and control the items in the form of a license system and license exceptions. And through the country list and country grouping to restrict the export destination country, through the entity list to control the export transaction object. The EU's dual-use export control legal system shows the diversity of regulatory bodies, the parallel of comprehensive control and control lists, and the characteristics of a wide variety of licenses. In the context of the reconstruction of international economic and trade rules, the export control of dual-use products in the United States and Europe has also shown a trend of coordinated unilateralism, which is reflected

---

* 张瑜敏，上海 WTO 事务咨询中心研究部咨询师。

in the dual-use export control mainly for high-tech industries, the continuous expansion of control scope and the diversification of control reasons. This trend will have an impact on trade activities between China and the United States and Europe, as well as some high-tech enterprises in my country.

Key words: Export control; dual-use goods; entity list; license; high-tech industry

引　　言

自2018年以来,以美国为主导的西方经济体率先打破长久以来维系的国际经济秩序,新冠肺炎疫情的暴发更是对于世界经济造成了巨大的冲击。而全球经贸格局的不确定性和复杂性,加速了新一轮经贸规则的调整与大国之间的利益博弈,部分领域出现了协调单边主义的趋势,这一趋势的背后,是西方发达经济体维护和巩固其在技术与产业领域日益缩减的优势的意图。

在国际经贸规则重构的背景下,美欧的出口管制制度及实践也在发生变化,美欧正加快制定两用物出口管制新规则的步伐,步步收紧其两用物出口管制制度。相较于欧盟,美国的出口管制制度更为复杂和完善,而欧盟后续建立起的出口管制制度在很多规定上与美国相似。

美国与欧盟的两用物出口管制制度是其维护国家安全及利益的重要工具之一。近年来,美国不断升级对我国的出口管制力度,以众所周知的美国对于中兴通讯的制裁为起始,欧盟也在逐步加强出口管制的力度。因而,厘清美欧两国的两用物出口管制制度体系有重要意义。本文将梳理美国与欧盟的出口管制制度,侧重于两用物的出口管制法律体系,进而跟踪其新动向,并探究目前美欧显露出的在两用物出口管制领域的协调单边主义趋势背后的动因及影响。

一、美欧两用物出口管制制度的现状

(一) 美国两用物出口管制法律体系

美国的两用物出口管制法律体系十分繁杂,以多部门监管为特点,呈现了高度的细分化立法的状态,既针对不同国家实施不同的管制策略,也针对具体的物项，还针对特定的实体，包括企业、科研院所、政府机构等。在具体形式上，采取国家清单、实体清单与许可证制度并行的方式进行管制，由此形成了相互交错，十分复杂的两用物出口管制制度体系。

美国两用物的出口管制由美国商务部工业安全局管理并执行。目前美国现行有效的两用物出口管制的法规是1979年出台的《出口管制条例》(EAR)和2018年的《出口管制改革法案》。其中EAR为美国两用物出口管制的根本性法规，其规定了物项和目的地的许可证制度，出口商的申请程序以及商业管制清单(CCL)。

1. "重点管制""全面管制"与"管制排除"规则下的物项管制范围

在"重点管制"规则下，《出口管制条例》首先对于需重点管控的物项进行概括。其次，EAR的商业管制清单又将管制的特定商品、技术和软件分为十个类别，分别是：核材料、设施和设备；材料、有机体、微生物和毒素；材料加工；电子；计算机；电信和信息安全；激光和传感器；导航和航空电子设备；海洋和推进系统；飞行器和相关设备。每一类又按照功能进一步分为：设备和组件；试验、检验和生产设备；材料；软件；技术。根据上述类别和功能，每个受管制物品都有一个出口管制分类号(ECCN)，每个ECCN附有对物项和管制原因的说明。奥巴马政府又将美国军需品清单中的部分物项转移到商业管制清单(CCL)中，该类物项统称为600系列。除了CCL上600系列的个别物项外，几乎所有源自美国的物项都受制于《出口管制条例》，根据产品的最终用途或最终用户，这些物项的目的地可能会被限制。①

而"全面管制"是指位于美国境内；原产自美国的所有产品；非美国原产但美国技术或产品或软件的含量达到一定比例的外国产品；美国技术生产的特定产品均需受到美国商务部的管制。未在商业管制清单上的物项，如果其目的地是军事最终用途或已知从事武器扩散的某一实体，也可能会被管制。"管制排除"是指美国商务部将EAR下属于其他部门管制的物项以及不会对美国的国家安全造成威胁的物项排除在外。②

2. 许可证制度与许可例外的管制形式

《出口管制条例》出于国家安全、外交政策或供应短缺的原因对物项进行管制，并规定了两用物项和某些军用物品的许可政策，受管制物项的出口、再出口在一般情况下均需申请许可证，特殊情况下可享有许可例外。反恐原因的管制

①② Congressional Research Service Report, "The U.S. Export Control System and the Export Control Reform Initiative", 2020, https://fas.org/sgp/crs/natsec/R41916.pdf.

几乎禁止了对朝鲜和美国国务卿指定为支持恐怖主义的四个国家(古巴、伊朗、苏丹和叙利亚)的所有出口。EAR 还对加密项目和“用于开发、生产或检修商用飞机引擎、部件和系统”的热点技术施加了外交政策管制。EAR 包括对热点技术的“加强控制”,并要求“向除加拿大以外的所有目的地的出口和再出口”获得许可证。美国政府对此类技术的许可证申请进行“逐案审查,以确定拟议的出口或再出口是否符合美国的国家安全和外交政策利益”。[①]此外,由于 CCL 中包含了从军需品清单中转移至 CCL 中的 600 系列物项,因而在判断某物项是否需申请许可证时还需判断该 600 系列物项是否受 EAR 管辖。若某一物项属于 600 系列中受《国际武器贸易条例》(ITAR)管辖的物项,则无需申请许可,反之则目的地为除加拿大外的国家,均需申请许可。

美国的两用物出口管制允许适用许可例外的情况。有两大类的许可例外,一种是基于 ECCN 的许可例外,一种是基于关键情况的许可例外。基于 ECCN 的许可例外有:价值有限的物品;部分因国家安全原因控制的物品;特定国家的特定技术和软件;对某些国家的计算机出口;飞机和船只等。基于关键情况的例外包括:某些临时出口、再出口或进口,包括在美国过境的物品,如允许出口商在特定条件下随身携带某些物品;展览和展示;已出口物项的某些修理和更换零件等。[②]

3. 限制出口目的国与交易对象的出口对象管制

美国针对特定国家的出口管制有两种情况,分别是国家清单和国家分组。第一,根据国家清单,美国根据实施出口管制的原因对于不同国家实施不同的策略,其原因有国家安全;化学和生物武器;核不扩散;导弹技术;区域稳定;枪支公约;犯罪控制和反恐。若在 ECCN 编码中一个物项是明确由于国家安全被管制了,那么出口该物项就要看出口的目的国是否被实施基于国家安全的管制,若被管制,则需申请许可证(见表 1)。《出口管制条例》中明确了最终用户与最终用途的规则,即强调最终目的地为被管制国家时,需要申请许可证。

第二,根据国家分组,美国将世界各国分为 ABDE 四组,A 组为美国战略合作伙伴,B 组为较少限制国家和地区(新加坡),D 组是受关注的国家(中国),E 为支持恐怖主义的国家。美国商务部的管制国家分组是一个动态的分组,其服务于国家整体战略,根据外交进展,会及时调整相关限制。

---

① Congressional Research Service Report, “The U.S. Export Control System and the Export Control Reform Initiative”, 2020, https://fas.org/sgp/crs/natsec/R41916.pdf.

② Office of Trade Compliance, “Export of Commercial or Dual-Use items(EAR)”, https://www.trade-compliance.pitt.edu/manual-guidelines/guidance-documents/export-commercial-or-dual-use-items-ear.

表 1　国家清单(选取部分国家)

	管制原因															
国　家	化学和生物武器			核不扩散		国家安全		导弹技术	区域稳定		武器公约	犯罪控制			反恐	
	CB1	CB2	CB3	NP1	NP2	NS1	NS2	MT1	RS1	RS2	FC1	CC1	CC2	CC3	AT1	AT2
爱尔兰	X					X		X	X			X		X		
日　本	X					X		X	X							
中　国	X	X	X	X		X	X	X	X	X		X		X		
阿根廷	X					X		X	X		X	X		X		
澳大利亚	X					X		X	X							
巴　西	X	X				X	X	X	X	X	X	X		X		
伯利兹	X	X		X		X	X	X	X	X	X	X		X		
英　国	X					X		X	X							

资料来源：根据美国商务部工业安全局官网国家清单整理。

除了对于出口目的国的限制外，美国的出口管制制度还对于交易对象进行管制，主要采取实体清单的形式。美国商务部会将威胁美国国家安全的实体列入实体清单中，并且会不定期更新实体清单，向其列入实体清单的实体出口受EAR管辖的物项需申请许可证，并且其对应的许可证审查政策为针对所有受管辖物项的推定拒绝。

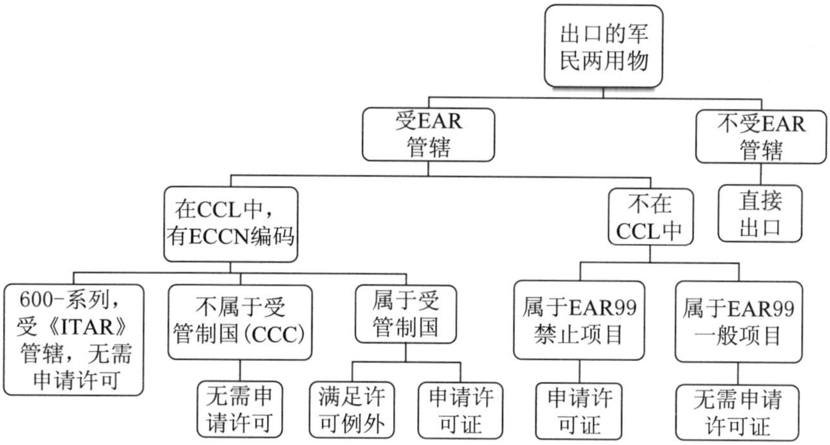

图 1　美国两用物出口管制结构图

资料来源：根据美国《出口管制条例》整理。

(二) 欧盟两用物出口管制法律体系

目前欧盟现行有效的两用物出口管制的基础性法规是2009年通过的《428/2009条例》,欧盟每年会对此条例以及欧盟管制清单进行更新。2021年5月10日,欧盟通过了《欧盟两用品出口管制条例》的最新修订,对于现有的出口管制规定进行了更新与升级,该条例将于2021年9月9日正式生效。这次修订加强了对更广泛的新兴军民两用技术的控制,也加强了欧盟成员国和欧盟委员会之间关于在整个欧盟有效执行两用物品管制的协调,并且让公司在应对两用物品可能对国际安全构成的风险方面发挥重要作用,并为生产商引入尽职调查义务,同时也希望欧盟和伙伴国之间更好的协调,通过全球层面的出口管制加强国际安全。目前,欧盟的两用物出口管制法律体系体现出了如下特点:

1. 监管主体的多样性

欧盟的《428/2009条例》和《欧盟两用物出口管制条例》为欧盟提供了统一的原则性制度规范,但欧盟由27个成员国组成,各成员国在经济、科技以及政治方面都存在些许差异,因而欧盟在出口管制措施的具体执行方面给予了其成员国一定的自由裁量权,以更好地维护自身利益。此外,成员国还可以公共安全或人权因素禁止出口条例的附录一外的两用物项,或设定许可条件。欧盟成员国间在出口管制的程序上也存在差异。但总体来看,欧盟各成员国的出口管制机制差异并不大。

新通过的《欧盟两用品出口管制条例》也保留了成员国的出口管制执法权力。条例对于某些概念并未进行明确的定义或定义较为宽泛,依然为成员国的执行提供了较大的自由裁量权,但该条例要求欧盟成员国间加强合作,相互配合,以确保出口管制的执法效率,同时也要求欧盟成员国建立执法信息沟通渠道,包括对于两用物的许可证情况、出口管制执法的具体实践等方面。

2. 全面控制与管制清单并行

欧盟通过管制清单以及全面控制的形式对于两用物进行出口管制。在欧盟现行的两用物出口管制法律框架下,欧盟将受到重点管制的物项列入其管制清单中,欧盟对成员国外出口管制清单中将两用物项分为十个类别,每个类别下又细分为五个类型,向目标国出口这些受管制的物品需获得许可证。对物项采用了与美国ECCN编码类似的五位物项分类编码,每个ECCN编码包含物项分类编码以及对于物项的描述。而对于欧盟成员间的两用物的交易,428/2009条例规定原则上两用物品可以在欧盟国家之间自由流通,但出口428/2009条例附件IV中列出的物品须获得事先许可。①

① Council Regulation(EC) No.428/2009, 2009.

而欧盟的全面控制条款允许各成员国在某些情况下对清单外的两用物项采取出口管制措施。包括三方面：一是如果政府告知出口商非清单中的两用物项用于或可能用于与大规模杀伤性武器相关的活动，那么出口商要申请许可证。二是如果意识到特定的非表列两用物项出口用于或可能用于与大规模杀伤性武器相关的活动，出口商要通知当局。三有理由怀疑问题产品可能用于与大规模杀伤性武器相关的活动，则要申请许可证。①

3. 许可证制度

另外，欧盟在两用物出口管制中也采用了许可证制度，但比起美国，欧盟许可证的种类更为丰富，其具体的执行程序也由成员国各自落实，由各成员国各自负责出口许可的审查并发放许可，欧盟并没有统一的出口许可机构。向欧盟外出口欧盟的许可证有如下四种类别：

表 2　欧盟出口管制体系中的许可证分类表

许可证种类	特　　点
欧盟通用出口许可	实践中满足相应条件要求即可，需向成员国主管部门登记出口信息。成员国若有合理理由怀疑出口商未遵守许可证合规要求，可禁止其使用欧盟通用许可
成员国通用出口许可	由成员国立法定义，针对该成员国内所有出口经营者；对特定物项不可发放该许可
个别出口许可	成员国向一个出口商签发，涉及对一个最终用户的出口
全球出口许可	成员国向一个出口商签发，涉及一种或多种输往一个或多个国家或最终用户的产品

资料来源：根据《欧盟两用品出口管制条例》整理。

二、美欧在出口管制领域的实践及新动向

(一) 出口管制的范围不断扩大

观察近年来美国与欧盟新修订的两用物出口管制法规，可以发现很明显的共性是美欧均不断扩大其两用物项的范围。②2018 年 11 月公开的美国出口管制框架中将管制领域扩大到了基础技术与新兴技术领域，在人工智能和生物技术

① Council Regulation(EC) No.428/2009, 2009.

② 傅翠晓、庄珺：《美国出口管制现状及其对我国科技创新的影响》，《创新科技》2021 年第 4 期。

等14大类“代表技术”下确定45种样本技术。此外，2020年4月28日，美国商务部工业安全局(BIS)宣布修订EAR，增补第744.21部分补编2中受军方最终用途和最终用户许可要求约束的项目清单，将总计九大类物品增加到出口管制分类编码ECCN中，进一步扩大了出口管制的范围。2020年6月，BIS又公布了三套新的ECCN编码，涵盖了与化学和生物武器、人类和动物病原体和毒素以及相关设备有关的24项物品，作为第一批“新兴技术”。[①]8月，BIS发布关于“基础技术”的拟议规则制定预先通知，就定义和确定对美国国家安全至关重要的基础技术寻求公众评议。根据《出口管制改革法案》，尽管目前美国政府尚未对“基础技术”与“新兴技术”做出明确的定义，但其一系列动作表明美国两用物出口管制的领域正在不断扩大。

而欧盟也在新修订的《欧盟两用品出口管制条例》中扩大了管制物项的范围。原本欧盟管制的两用物项涵盖高性能计算机、无人机和某些化学药品等双重用途商品、软件和技术，在管制清单中囊括了十大类物项，而此次的欧盟的出口管制新规将网络监控技术也归为两用技术，涵盖的技术类型包括入侵和拦截软件、深度数据包检测和生物识别监控，并且对网络监控技术实行严格的管制。另外，欧盟每年会对于欧盟技术出口管制清单进行更新，在最近的一次更新中，欧盟主要对于五个领域的物项进行更新，包含网络安全控制，加密项目，电子产品和制药，新增了24类化学品。[②]

(二) 管制的原因更为多样化

美国近年来频繁将我国实体列入实体清单，实施出口管制措施。自2018年将中兴通讯纳入实体清单拉开了频繁对我国出口管制的序幕。2019年5月又将华为及其非美国附属机构纳入“实体清单”，其理由都是国家安全及美国政策利益。直至2020年7月，宣布将11个中国实体列入“实体清单”，其理由变为“与新疆侵犯人权”有关。而在2020年9月，国务院发布了美国公司尽职调查指南，要求美国企业对于出口的产品进行尽职调查，以避免向侵犯人权的国家出口具有监控功能的产品或服务。但是目前，美国仅仅将一些先进监控技术公司因为人权和国家安全的原因被列入实体名单，除此之外，尚未对这一类别进行额外的管控。[③]而在

---

① 陈波、张晓洁:《美国两用物项出口管制:最新进展与可能影响》,《国际商务》2020年第10期。

② European Commission, “Dual-use Trade Controls”, https://ec.europa.eu/trade/import-and-export-rules/export-from-eu/dual-use-controls/.

③ M. Kanetake, “The EU's dual-use export control and human rights risks: the case of cyber surveillance technology”, *Europe and the World: A law review*, 2019, 3(1).

2021 年 6 月 24 日，美国 BIS 将 5 家中国新疆企业纳入实体清单，理由是这些企业实施强迫劳动、侵犯人权、违反美国外交利益。美国的出口管制理由的愈发多样化体现了其不断通过其自由裁量权扩大触发美国出口管制制度的事由。

与此同时，在大西洋另一边的欧盟也在《欧盟两用品出口管制条例》中增加了与人权相关的规定，将侵犯人权作为出口管制的明确理由。其规定“如果出口经营者怀疑所出口的物项将被接受方用于侵犯人权的电子监控物项，出口经营者都应当向各成员国的出口管制主管机关报告，并由主管机关确认有关出口是否需要获得许可证。”①

（三）出口管制的主要对象为高新技术行业

近年来，美国十分关注对华高新技术行业的出口管制，屡屡将中国高新技术企业基于各种不同原因纳入实体清单中。其中最严厉的属对于华为的出口管制。2020 年 5 月，BIS 修改了外国生产直接产品规则，以限制华为采购某些美国软件和技术的直接产品，要求对实体名单中标有脚注 1（华为关联企业）的指定实体出口 16 个物项时适用直接产品规则。8 月 17 日完善外国生产直接产品规则，明确针对 5G，包括半成品。同时对纳入实体清单中实体补充许可要求，明确对交易的购买方、中间收货人、最终收货人或最终用户实施最终用户管制。②与原先的直接产品规则相比，更新后的直接产品规则针对华为及其子公司，以及其所有上下游供应商，包括在生产，销售等任一环节中涉及的实体。另外，2021 年 4 月，美国又将我国 7 个超算实体列入实体清单。

欧盟也十分关注对于高新技术企业的出口管制，从制度层面来看，在欧盟出口管制新规中，欧盟引入了“人类安全”的维度，以应对新兴的两用技术，尤其是网络监视技术带来的挑战。③从实践层面来看，欧盟现阶段对于中国的新兴技术管制较美国更为“温和”，目前并没有大规模地对于中国特定实体实施出口管制措施，只是对于其管制清单中的物项进行出口管制。

---

① The European Parliament and the Council of the European Union, Regulation(EU) 2021 of the European Parliament and of the Council of setting up a Union regime for the control of exports, brokering, technical assistance, transit and transfer of dual-use items, April 2021.

② BIS, “General Prohibition No.3: Foreign-Produced Direct Product Rule”, https://www.bis.doc.gov/index.php/licensing/reexports-and-offshore-transactions/direct-public-guidelines.

③ M. Kanetake, “The EU's dual-use export control and human rights risks: the case of cyber surveillance technology”, *Europe and the World: A law review*, 2019, 3(1).

三、美欧两用物出口管制制度的协调单边主义趋势的动因及影响

在国际经贸规则重构的背景下，美国与欧盟的两用物出口管制制度开始变革，并且美欧间的两用物出口管制制度呈现出协调单边主义的趋势。美国曾多次官方表示希望加强与欧盟在出口管制领域的合作。2020年11月18日，美国会参议院外交关系委员会共和党议员发布名为“美欧：跨大西洋合作对抗中国的具体议程”报告，称美国和欧盟应通过改革WTO、重启跨大西洋贸易谈判，并在出口管制方面展开合作，以确保这些措施的实施不会阻碍发达经济体的竞争，还强调随着中国出口管制法案的出台，美欧间出口管制措施的协调变的更为紧迫。[①]此外，美国在今年出台的《2021年战略竞争法案》中也提到希望联合欧盟共同加强出口管制执法，并根据《瓦森纳协定》将更多的两用物项纳入管制范围，限制对中国的出口。[②]

(一) 美欧两用物出口管制制度出现协调单边主义趋势的原因

从政治层面来看，跨大西洋联盟存在修复的迹象。在20世纪下半叶的冷战时期，北美与西欧通过构建北大西洋公约组织构建了美欧跨大西洋联盟。自冷战之后，美欧间的关系围绕美欧在跨大西洋联盟中的地位等分歧而发生变化。而特朗普上任后奉行的“美国优先”政策对于美欧关系又造成了极大的冲击。其不仅搁置了《跨大西洋贸易与投资伙伴关系协定》(TPP)的谈判，还调整了对欧盟的经贸政策，先后对欧盟的钢铝产品、汽车及零配件等产品加征关税。在2020年7月，特朗普政府又由于与法国数字服务税的分歧，对价值13亿美元的法国商品征收关税。而拜登则希望能与欧洲各国采取协同行动，在其竞选纲领中强调，“美国的外交政策议程将把美国放在首位，但必须与盟国和合作伙伴一道针对全球威胁采取集体行动。”[③]拜登上任后的一系列举措也体现出拜登政府同欧盟一起共同应对传统以及非传统领域的国家安全的挑战。例如，美国政府

---

① 孙成昊：《跨大西洋关系的变化与前景》，《现代国际关系》2021年第3期。

② 刁大明、马嘉帅：《美国对华战略的“全政府”方式：概念、逻辑与现实》，《当代美国评论》2021年第5期。

③ 叶江：《拜登执政后美欧关系走向浅析》，《大国关系》2021年第3期。

宣布将重新加入联合国人权理事会，关注人权问题；重返《巴黎协定》，对此，欧盟委员会主席称“美国重返《巴黎协定》将是我们重新合作的起点”；并且宣布美国将不退出世界卫生组织，希望采取合作共同应对新冠疫情。[①]从目前的形式来看，拜登政府采取了与特朗普政府不同的对欧盟的政策，其希望领导欧盟以共同应对有关国家安全的挑战，而出口管制是美国与欧盟维护其国家安全及政策利益的重要工具之一。

从经济层面来看，这一趋势出现的根本原因是国际经济格局的变化。冷战时期，世界形成了美国与苏联争霸的两极格局，随着苏联解体，冷战结束，美国开始了称霸世界的时期。在冷战刚结束时，中国经济总量的世界占比还很小，1992年中国 GDP 在世界上占 1.68%，然而经过近 30 年的稳步发展，2020 年中国 GDP 的世界占比超过了 17%。[②]在此期间，中美间的力量对比带来了新的格局变化。随之而来的是特朗普执政时期的贸易政策，推动世界经济格局产生了巨大变化。国际经济格局的重大变化也加速了经贸规则的重构。美欧两用物出口管制制度也在这样的背景下开始调整。

另外一方面，近年来我国高新技术企业发展迅猛，包括互联网、信息通讯技术、生物工程等领域，高新技术产业已逐渐成为国民经济的支柱产业。据统计，在 2017 年世界互联网发展指数排名中，美国排名第一，中国排名第二。[③]在此过程中，有许多高新技术企业做出了杰出贡献，以华为为例，华为近年来发展迅猛，加速创新，截至 2020 年，华为在全球共持有十万多个有效专利，其中 90%以上专利为发明专利。[④]在此背景下，美国与欧盟国家对于非西方的准则通过新兴技术扩散的可能感到担忧。2019 年，美国将华为列入出口管制实体清单中。2019 年 5 月，荷兰政府在《中国战略》中明确指出，在间谍活动、网络攻击和非自愿知识转移等问题上，许多问题都可直接归咎于中国。[⑤]此外，新冠肺炎疫情的爆发及蔓延加速了全球化供应链带来的安全问题，美欧等发达经济体对于其供应链布局也从全球化逐渐转向本土化和区域化。

---

① 陈沁涵：《拜登宣布重返〈巴黎协定〉，美国准备好做出自己的贡献了吗？》，参见 https://www.thepaper.cn/newsDetail_forward_10884766。

② 国家统计局：《中华人民共和国 2020 年国民经济和社会发展统计公报》2021 年 2 月。

③ 符正平、叶泽樱：《大国博弈下全球供应链的中断风险与“备胎”管理——基于华为公司的案例》，《江苏社会科学》2021 年第 3 期。

④ 参见 https://www.huawei.com/cn/corporate-information。

⑤ Brigitte Dekker, Maaike Okano-Heijman, “The US-China Trade-tech Stand-off and the Need for EU Action on Export Control”, Clingendael Report, August 2019.

(二) 可能对我国的影响

一是中国可能会继续成为美欧两用物出口管制的重点关注对象，对中国与美欧间的贸易活动造成影响。长久以来，中国一直是美国和欧盟较大的贸易伙伴。2020 年，美国向中国出口总额达 1 231 亿美元，比上年增长约 18%。在 2020 年美国对华出口贸易的前三位产品中，半导体及零部件出口总额为 120 亿美元。而欧盟 2020 年向中国出口商品总额达 2 025 亿欧元。[①]在如此巨大的交易量面前，若美欧实行更为严厉的出口管制措施，必然会对中国与美欧间的贸易往来造成不利影响。

另外，美国先行修改两用物出口管制制度，从制度层面将管制的范围扩大，并且从其实践中可以看出中国一直以来都是美国两用物出口管制的重点关注对象。首先，从制度层面来看，可以发现在美国《出口管制改革法案》中提及的受出口管制的美国技术和产品在很大程度上反映了《中国制造 2025》产业政策中提及要大力发展的产业部门，比如信息技术、航空航天等。[②]另外一方面，美国还向其盟友施压，要求其在与中国的技术贸易对峙中提供支持，比如限制华为提供 5G 基础设施的呼吁。并且，在特朗普政府时期，美国就向荷兰政府施压，出于国家安全的目的限制荷兰 ASML 公司向中国出口用于制造芯片的光刻机。[③]拜登上台后，美国依然保持这一立场。自中国向荷兰采购光刻机受阻后，我国半导体企业在大力推进芯片的研发，中芯国际已研发出 7 nm 的芯片，但由于缺乏先进的光刻机，该芯片无法被生产，因而光刻机已成为制约我国半导体芯片发展的难题。

二是可能对我国高新技术企业带来冲击，对于较大依赖美国供应链的跨国企业造成困难。由于其技术上的优势，美国一直以来都是许多跨国公司全球供应链的上游，也一直是出口高新技术类产品及技术的大国。自 20 世纪七八十年代，美国制造的芯片超过六成都出口至其他国家。2018 年，美国芯片公司在全球市场中占比超过百分之五十。而在软件方面，自智能手机普及以来，苹果公司的 ios 系统以及谷歌的安卓系统就占据了市场的主要地位。[④]因而，中国有很大一部分的高新技术企业较大程度的依赖美国的技术或芯片，美国的两用物出口

---

① European Commission, "EU and China", https://ec.europa.eu/trade/policy/countries-and-regions/countries/china/.

② 国务院:《中国制造 2025》，国发〔2015〕28 号。

③ Brigitte Dekker, Maaike Okano-Heijman, "The US-China Trade-tech Stand-off and the Need for EU Action on Export Control", Clingendael Report, August 2019.

④ 符正平、叶泽樱:《大国博弈下全球供应链的中断风险与"备胎"管理——基于华为公司的案例》，《江苏社会科学》2021 年第 3 期。

管制措施将会对其造成负面影响。由于在全球供应链中，每个环节的企业都相互影响，因此出口管制措施还会接连影响到该企业的上游供应商以及下游客户。以华为公司为例，美国此前将华为列入实体清单，对其实施出口管制后，华为的大部分零部件在短期内难以找到替代的厂家，导致公司遭受一系列损失，如推迟新款 Matebook 笔记本的发售，后续华为子公司又裁员 600 余人。

尽管一些欧盟国家对于对华出口管制持怀疑态度，其认为美国的出台的《出口管制改革法案》范围太过宽泛，且其出口管制改革有明显针对中国的迹象，同时一些欧盟国家也担心出口管制会抑制创新并破坏价值链，从而对于本土的企业和行业造成自我伤害。然而欧盟不可避免的受了美国出口管制实践的影响。在美国的影响下，一些国家开始采取行动，比较典型的例子是荷兰，由于荷兰在高新技术行业发展突出，拥有半导体、光子学和量子技术等新兴技术中的领先企业，其高度关注高科技行业的技术及产品的出口。在 2018 年 9 月，荷兰政府以隐私和人权保护为由，停止向一家对中国出口敏感监控设备和技术产品的公司发放许可证。①

四、结　　语

美国与欧盟一直以来都是中国最大的贸易伙伴，在国际经贸规则重构的背景下，美国与欧盟对于其两用物出口法规近年来正不断调整其两用物出口管制法规，从制度层面收紧两用物出口管制，扩大管制物项清单，并且在实践中也体现出管制范围扩大、出口管制理由多样化以及主要针对高新技术产业的共同趋势。随着拜登上台后体现出的美国与欧盟协同使用出口管制这一工具的协调单边主义趋势，我国的高新技术企业将不可避免的受到影响。对此，我国应当提升自主研制相关核心技术产品的能力，最大程度降低外部因素对我国相关产业的影响。

参考文献：

[1] 符正平、叶泽樱：《大国博弈下全球供应链的中断风险与“备胎”管理——基于华为公司的案例》，《江苏社会科学》2021 年第 3 期。

① Brigitte Dekker, Maaike Okano-Heijman, “The US-China Trade-tech Stand-off and the Need for EU Action on Export Control”, Clingendael Report, August 2019.

［2］叶江:《拜登执政后美欧关系走向浅析》,《大国关系》2021 年第 3 期。

［3］傅翠晓、庄珺:《美国出口管制现状及其对我国科技创新的影响》,《创新科技》2021 年第 4 期。

［4］Ian F. Fergusson, Paul K. Kerr, "The U.S. Export Control System and the Export Control Reform Initiative", 2018.

［5］Congressional Research Service Report, "The U.S. Export Control System and the Export Control Reform Initiative".

［6］U.S.-China Economic and Security Review Commission, "Unfinished Business: Export Control and Foreign Investment Reforms", https://www.uscc.gov/research/unfinished-business-export-control-and-foreign-investment-reforms.

［7］Hamed Alavi, Tatsiana Khamichonak, "EU and US Export Control Regimes for Dual Use Goods: An Overview of Existing Frameworks", Romanian Journal of European Affairs, (2017) Vol.17.

［8］Noah Barkin, "Export Controls and the US-China Tech War"(2020), https://merics.org/en/report/export-controls-and-us-china-tech-war.

［9］The European Parliament and the Council of the European Union, Regulation(EU) 2021 of the European Parliament and of the Council of setting up a Union regime for the control of exports, brokering, technical assistance, transit and transfer of dual-use items, April 2021.

［10］M.Kanetake, "The EU's dual-use export control and human rights risks: the case of cyber surveillance technology", Europe and the World: A law review, (2019) 3(1):3.

［11］The European Parliament and the Council of the European Union, Regulation(EU) 2021 of the European Parliament and of the Council of setting up a Union regime for the control of exports, brokering, technical assistance, transit and transfer of dual-use items, April 2021.

浅析近期美欧外资国家安全审查范围的扩展趋势

阮淑慧*

内容摘要: 近年来,美欧主要经济体出台了一系列限制性和监管性外资安全审查措施。在公共卫生安全领域,美欧主要经济体将与应对疫情直接相关的医疗健康行业纳入了外资安审的重点领域;另外,美欧认识到了疫情间接导致的战略性资产价值低估,因此加强了对各行业投机性收购的审查,避免具有战略竞争意义的资产流失。此外,美欧主要经济体对关键技术和行业的审查重点表现出了高度趋同性,技术安全领域的协调单边主义日渐显著。最后,主要美欧经济体针对外国政府的控制性投资和非控制性影响都加强了审查力度,极大地提高了外资安审对外国政府因素的敏感度,对中国的各类海外投资将产生重要影响。

关键词: 国家安全;外资审查;公共卫生安全;技术安全;外国政府

Abstract: In recent years, main economies in North America and Europe have adopted a series of restrictive and regulatory investment measures. In the area of public health, these economies have included healthcare industry directly related to COVID-19 into their focus of FDI screening. Besides, they have realized that the value of many strategic assets was underestimated due to the pandemic, which made these assets easily subject to opportunistic mergers and acquisitions(M & As). In this regard, they have also reinforced FDI review on opportunistic(M & As) in all areas to avoid the loss of strategically important assets. In addition, they have manifested high conformity in the national security review on critical technologies and industries. Their coordinated unilateralism can be easily recognized in the field of technology security. Finally, they have enhanced screening on the "controlling" investment and

* 阮淑慧,上海 WTO 事务咨询中心研究部咨询师。

"non-controlling" influence of foreign governments, making their FDI regime more sensitive to the involvement of foreign governments. This will generate important impact on outbound investment by all categories of Chinese investors.

Key words: National security; foreign investment review; public health security; technology security; foreign governments

引 言

2008年全球金融危机以来,世界经济走势持续疲软,刺激了贸易和投资保护主义的抬头,国际投资长期处于低迷态势。2020年一场席卷全球的新冠肺炎疫情更是让世界经济雪上加霜,国际贸易和投资往来严重受阻,众多国家(尤其是发达经济体)认识到供应链全球化导致了国内经济和公共安全的外部依赖性和脆弱性,纷纷推出保护主义经济政策,以邻为壑,筑起贸易和投资的重重壁垒。与此同时,各国也在抓紧抢占第四次工业革命的产业高地,人工智能、先进机器人等高新技术行业的竞争日益激烈,具有先发优势的发达经济体加紧出台了一系列针对敏感技术的外商投资与出口管制措施。根据联合国贸易与发展会议(UNCTAD)最新发布的《2021年世界投资报告》,2020年各国出台的投资措施数量比上一年度上涨42%,其中限制性和监管性投资政策共50项,上涨至总体政策的41%,达到历史最高值。以发达经济体为主的34个国家建立了外资审查制度,占全球外商直接投资(FDI)流量的50%和FDI存量的60%①。

当前主要外资审查制度可分为三类:一是市场准入审查,主要国家通常采用"负面清单"管理模式,对外资进入本国特定产业做出限制性或禁止性规定,其他产业则给予国民性待遇;二是反垄断审查,即基于维护市场公平竞争秩序的考量,审查外资在本国的投资行为是否会产生排除、限制竞争的效果;三是国家安全审查,即基于维护国家安全的理由,审查外国投资行为对本国国家安全的潜在影响。在2020年,由国家安全引发的外资审查,尤其是为应对新冠疫情采取的投资政策,成为推高本轮外资审查浪潮的重要因素。②

"国家安全"这一概念具有历史性、多维性(包括政治、经济、军事、外交等多

①② UNCTAD, World Investment Report 2021, Chapter III Recent Policy Development and Key Issues, June 2021.

个维度)、相对性(因时间、地点、对象、条件而异)、二元性(含有主客观两方面)[①],因此,各国在制定国家安全审查制度时,并不直接对“国家安全”进行定义,而通常仅列举需要考虑的审查范围,即“外资安审范围”。本文认为,“外资安审范围”可从横向和纵向两个维度进行界定:横向而言,外资安审范围由所涉及的关键领域来界定,例如国防安全、关键基础设施安全、技术安全、信息安全等;纵向而言,外资安审范围由其所涉及的交易类型来界定,例如达到特定股权比例的控制性交易以及国有投资、提供融资和补贴等其他非控制性交易行为。

本文将重点研究近期北美和欧洲主要经济体(以下简称“美欧主要经济体”或“美欧”)外资国家安全审查范围的扩展趋势。首先,本文将结合新冠肺炎疫情的影响,分析美欧的国家安全外资审查在公共卫生安全这一领域的新发展;此外,本文将研究美欧对敏感技术行业的投资审查情况,尝试阐释美欧在维护技术安全方面的协调单边主义;最后,本文还将结合外资安审从“控制性”投资向“非控制性”行为的延伸,剖析美欧针对外国政府影响因素的审查动向。

一、公共卫生安全成为外资安审的重要因素

新冠肺炎疫情的全球大流行造成了 2020 年全球投资急剧下降。全球外商直接投资(FDI)流量从 2019 年的 1.5 万亿美元下降至 1 万亿美元,减少了 35%;其中发达经济体的降幅尤为显著,为 58%。[②]疫情带来的市场不确定性和国际旅行障碍纵然是导致发达经济体外资流入量骤减的重要客观因素,然而,美欧主要经济体面对疫情主动采取的强化审查措施也是不容忽视的主观因素。根据经济与合作组织(OECD)2020 年 6 月发布的报告[③],主要 OECD 成员自 2020 年 3 月以来进行了一系列政策调整,关键医疗设施将在 20 个 OECD 国家受到外资安全审查,尤其是对生物技术和医疗设备公司的收购,而在疫情前仅有 11 个 OECD 国家有外资安全审查制度。因此,本部分将结合美欧主要经济体针对公共卫生安全危机采取的外资审查措施,简要分析外资安审在此领域的新发展。

---

① 孙晋平:《国际关系理论中的国家安全理论》,《国际关系学院学报》2000 年第 4 期。

② UNCTAD, World Investment Report 2021, Chapter III Recent Policy Development and Key Issues, June 2021.

③ OECD, “Investment screening in times of COVID-19 and beyond”, June 23, 2020.

(一) 北美主要经济体

1. 加拿大

2020 年 4 月,加拿大政府发布《与外资审查和新冠疫情相关的政策说明》(以下简称《政策说明》)。[①]在全球性新冠疫情持续蔓延的情况下,加政府将根据《加拿大投资法》加强对外国投资的审查,以稳定国内经济,并确保外国投资不会给加拿大人的健康和安全带来新的风险。该《政策说明》指出,加拿大与其他主要经济体一样,国内众多企业受疫情影响估值大幅下降,极易受到投机收购。因此,加政府在疫情中和疫情后将加强外资审查,不仅将继续根据每项投资的具体情况对其进行审查,保证外资流入不会对加拿大的经济和国家安全造成新风险,还将特别注意审查与公共卫生有关,或涉及向加拿大提供关键商品和服务的外商投资,且此类的投资审查不设金额门槛,并包括任何控制性或非控制性交易行为。此项强化审查将延续至国内经济从新冠疫情的影响中完全恢复。

2. 美国

美国虽未针对疫情出台专项投资审查措施,但拜登上任后,开始对半导体、药品、关键矿物质和大容量电池等四类关键产品供应链风险开展评估,并于 2021 年 6 月 8 日发布评估报告[②],详细阐述了拜登政府对建立具有韧性的供应链的政策构想,指出新冠肺炎疫情及其导致的经济混乱进一步暴露出美国供应链长期存在的脆弱性,建立更加安全和具有韧性的供应链对美国国家安全、经济安全和技术领导力至关重要。该报告指出要增强美国及其盟友的药品制造与分销可持续性,特别强调了美国的药品制造竞争力常受到中国和印度仿制药的威胁,因此需要强化药品原材料供应商的多样性和灵活性。报告要求美国外国投资委员会(CFIUS)加强对影响国家安全的投资交易的审查,特别是涉及关键供应链的交易。

(二) 欧洲主要经济体

2020 年 3 月,欧盟理事会发布《欧盟第 2019/452 号条例(〈外商直接投资审查条例〉)实施前有关外商直接投资和第三国资金在欧盟范围内自由流动以及保

---

① The Investment Review Division of Innovation, Science and Economic Development Canada. *Policy Statement on Foreign Investment Review and COVID-19*. April 18, 2020.

② Building Resilient Supply Chains, Revitalizing American Manufacturing, And Fostering Broad-Based Growth 100-Day Reviews Under Executive Order 14017, June 2021.

护欧洲战略性资产的指南》①,该指南特别提醒成员国注意“在新冠肺炎疫情暴发的形势下,外国投资者通过直接投资收购医疗卫生服务(例如生产医疗和防护设备的企业)或研究机构(如疫苗开发)等相关业务的风险可能会增加。各成员国需要提高警惕,确保上述外商直接投资不会对欧盟应对公民医疗卫生需求的能力产生负面影响。”因此,《指南》要求各成员国利用其 FDI 审查机制,充分考虑外资对关键医疗卫生基础设施、关键物资供应以及欧盟法律框架内其他关键行业可能产生的风险。此外,《指南》还特别注意到,欧盟资本市场的波动或低估值可能会加剧更多战略性行业面临的风险,而战略性资产对于欧盟的安全至关重要,是欧盟经济的支柱,更是实现欧盟快速复苏的关键所在,因此要加强防范因关键资产被收购而给欧盟带来的风险。

该《指南》发布时,《外商直接投资审查条例》(以下简称“《条例》”)尚未实施,审查外商投资的责任由各成员国承担。《条例》于 2020 年 10 月全面实施,在外资审查的考虑因素中明确将关键卫生基础设施和关键物资供应的风险纳入外资安审因素。此外,《条例》适用于所有行业,并且不在欧盟层面设置任何门槛限制,一项交易的审查必要性可能完全独立于交易本身的价值。例如,小型初创企业可能相对估值较低,但可能在研发和技术方面具有重要战略意义。

在此背景下,包括法国、德国和西班牙在内的众多欧盟国家都将与应对新冠肺炎疫情相关的生物技术和医疗健康行业资产纳入了外资安全审查的重点关注领域。例如,法国于 2020 年 4 月 29 日发布应对疫情强化外资审查的紧急措施②,将生物技术(Biotechnology)永久纳入特定行业审查清单;此外,对上市公司的收购审查门槛也将临时从 25%降低至 10%,这项临时措施适用于欧洲经济区(EEA)以外的投资者,有效期至 2020 年 12 月 31 日。德国于 2020 年 5 月 20 日通过了《对外贸易与支付条例》(Außenwirtschaftsverordnung, AWV)的第 15 修正案,明确将医疗健康行业纳入外资审查范围,且对于来自 EEA 以外的医疗产品和设备投资,例如个人防护物品(PPE)、药品和疫苗等,其审查门槛设定为 10%。西班牙于 2020 年 3 月 17 日颁布了《第 8/2020 号西班牙皇家法令》(以下简称“《法令》”),针对新冠肺炎疫情 COVID-19 对经济和社会的影响采取紧急特别措施。该《法令》以《欧盟外商直接投资审查条例》为蓝本,几乎复制了《欧盟

① Communication from the Commission Guidance to the Member States concerning foreign direct investment and free movement of capital from third countries, and the protection of Europe's strategic assets, ahead of the application of Regulation(EU) 2019/452(FDI Screening Regulation) 2020/C 99 I/01C/2020/1981, OJ C 99I, 26.3.2020, pp.1—5.

② Arrêté du 27 avril 2020 relatif aux investissements étrangers en France. NOR: ECOT2010256A.

外商直接投资审查条例》的大部分规定。《法令》在前言部分特别强调，西班牙政府出台这项制度的起因是新冠肺炎疫情暴发后西班牙公司大幅贬值，存在被外国投资者收购的重大威胁。

（三）公共卫生危机对外资安审产生的直接与间接影响

通过研究上述美欧经济体针对新冠疫情所采取的外资安审新举措，我们可以观察到外资安全审查在公共卫生安全领域的发展主要呈现以下两个特点。**一是与应对疫情直接相关的医疗健康行业被纳入外资安审的重点领域。**美欧主要经济体明确将关键医疗设施作为国家关键基础设施，通过强化对个人防护物品、药品、呼吸机等医疗物资和设备的外资安全审查，保证应对公共卫生危机所需的关键医疗物资供应链具有可持续性。**二是由疫情间接导致的战略性资产价值低估引发外资安审对投机性收购的强化审查。**在新冠肺炎疫情带来的经济波动尚未平息时，很多战略性资产可能会受市场波动而造成价值低估，从而被外国投资者趁机抄底，使得具有重要战略意义的资产流入他国手中，导致疫情后的经济复苏更为艰难，本国的长期战略竞争力大打折扣。因此，主要美欧经济体进一步降低了审查门槛，对各行业的战略性资产都强化了外资审查力度。

二、技术安全领域的协调单边主义日趋显著

综合国力竞争的关键之一就是技术竞争力。自 2018 年伊始的中美争端表面上是贸易摩擦，实质上是所谓守成大国和新兴大国的关系构建，是综合实力的竞争，其内核是核心技术的比拼。[①]中国早在 2015 年提出的《中国制造 2025》中就明确提出，“新一轮科技革命和产业革命与我国加快经济发展方式形成历史性交汇，国际产业分工格局正在重塑……必须紧紧抓住第四次工业革命的契机……建设成为引领世界制造业发展的制造强国”。[②]而“中国制造 2025”正是美国“特别 301 报告”所针对的重点[③]，是美国发动贸易战、展开科技封锁的矛头所

① 罗振男、孙凤：《科技实力是贸易平衡的根本——社会学视角看中美贸易摩擦》，《科学管理研究》2019 年第 5 期。

② 国务院关于印发《中国制造 2025》的通知，国发〔2015〕28 号，2015 年 5 月 8 日。

③ USTR, “Findings of the Investigation Into China’s Acts, Policies, And Practices Related To Technology Transfer, Intellectual Property, And Innovation Under Section 301 Of The Trade Act Of 1974”. March 18, 2018.

向。如果说在之前特朗普政府主导的“美国优先”原则指引下，美国主要采取单兵作战的策略与中国进行“技术脱钩”，那么拜登上台后，则与其西方盟友合纵连横，共同助长了本轮外资安全审查的立法浪潮，技术安全领域的协调单边主义已显露无遗。

因此，本部分将结合美欧主要经济体在外资安全审查中的相关立法进展，交叉对比美加英德四个国家制定的敏感技术和行业审查清单，尝试寻找美欧主要经济体在新兴和基础性技术领域开展外资审查的趋同性，探究其技术安全领域的协调单边主义。

(一) 北美主要经济体

1. 美国

2018年8月，美国国会通过《外国投资风险审查现代化法案》(以下简称“FIRRMA”)，旨在扩大CFIUS交易审查范围，以更加有效地解决对国家安全的担忧。FIRRMA重点新增了对投资美国新兴的、基础性先进技术领域的监管。与FIRRMA同步发布的还有《出口管制改革法》(以下简称“ECRA”)。实施这两项法案的关键环节是确定一份“新兴和基础性”技术清单，以明确改革外国直接投资和获取美国敏感技术的审查范围，以及出口管控的范围。2018年10月，在美国政府努力制定实施FIRRMA的最终实施规则时，启动了一项试点计划，作为审查交易的临时机制，该计划将对27个行业的特定交易纳入强制申报，即CFIUS所认定的“关键技术”(critical technologies)。

为落实FIRRMA相关规定，CFIUS还制定了最终实施细则。2020年2月13日，《CFIUS关于FIRMMA的最终实施细则》(以下简称“FIRRMA实施细则”)正式生效[①]，将CFIUS对外国投资的审查范围扩大至涉及关键技术、关键基础设施或敏感个人数据的美国企业相关交易(TID business)。为了适应不断变化和出现的技术，FIRMMA实施细则的正式版本没有列明关键技术的完整清单，而是根据商务部的出口管制技术清单来定义关键技术的范围，被包含的关键技术包括：(1)美国军需品清单(USML)，(2)商业管制清单(CCL)[②]以及(3)ECRA识别和管制的新兴与基础技术等。同时条例也将2018年FIRRMA关键技术试点计划中提到的27个敏感行业作为附录列出。

---

① Chapter VIII of title 31 of the Code of Federal Regulations(C.F.R.).

② 由于USML和CCL这两项清单属于美国既有的出口管制规制措施，虽清单时有更新，并不属于本文所讨论的新增关键技术清单范畴，本文对美国外资安审新增敏感审查行业清单的重点研究范围为FIRRMA试点计划和ECRA项下的新兴与基础技术清单。

值得注意的是，美国商务部仍未出台 ECRA 项下的“新兴和基础性”技术的最终清单，因此仍难确定有多少项技术的相关交易会落入 CFIUS 审查范围。① 此前，ECRA 要求美国商务部工业安全局（BIS）拟定“新兴及基础技术”清单。为此，BIS 于 2018 年 11 月 19 日发布了《拟议规则制定事先通知》（以下简称“ANPRM”），列出了拟管制的 14 项涉及国家安全和前沿科技的技术出口，包括生物技术、人工智能、数据分析、量子计算、机器人、脑机接口等在内的前沿技术。

2. 加拿大

继 2020 年 4 月发布《政策说明》后，加拿大政府于 2021 年 3 月依据《加拿大投资法》更新了《国家安全投资审查指南》（以下简称《2021 指南》）②，明确将涉及关键矿产控制权的收购交易、对从事敏感个人数据业务公司的收购以及国有或受政府影响投资者的拟议投资，列入国家安全审查范围。《2021 指南》列出了 11 项与国家安全相关的因素，涉及国防安全、关键矿产安全、敏感数据和技术安全等领域，并在附件中列出了 15 个敏感技术领域，包括：先进材料与制造、先进海洋技术、先进的传感与监控、先进武器、航天、人工智能、生物技术、能源生产存储和传输、医疗技术、神经技术与人机融合、下一代计算和数字基础架构、位置导航和授时（PNT）、量子科学、机器人与自治系统、航空技术。

（二）欧洲主要经济体

1. 英国

2020 年 11 月 11 日，英国公布了《国家安全和投资法》（National Security and Investment Bill，以下简称“NSI 法”），首次建立起基于国家安全的独立审查制度。NSI 法从三个维度审查相关交易的国家安全风险，包括“标的风险”“触发事件风险”“投资者风险”。其中“标的风险”主要关注 17 个特定敏感行业，包括：先进材料、先进机器人、人工智能、民用核能、通信、计算机硬件、政府关键供应商、应急服务关键供应商、加密认证、数据基础设施、国防、能源、军用或军民两用技术、量子技术、卫星和空间技术、合成生物学、运输，与法案同步发布的还有对 17 个行业长达 111 页的详细定义与解释文件，并保留了未来通过次级立法更新清单的可能性③。针对这 17 个特定敏感行业，NSI 法设定了强制申报制度。在

① U.S.-China Economic and Security Review Commission, “Unfinished Business: Export Control and Foreign Investment Reforms”. June 1, 2021.

② Guidelines on the National Security Review of Investments. March 23, 2021.

③ Department for Business, Energy & Industrial Strategy, “National Security and Investment: Sectors in Scope of the Mandatory Regime”. March 2021.

这些行业中，如果投资者获得或增加投资标的权益和投票权，并达到15%、25%、50%、75%的门槛；或投资者在投资标的单一股份类别的投票获得否决权时，将触发强制申报义务，且在政府批准前不得进行交割。即使未触及这些行业的强制申报门槛，例如投资比例低于15%且不构成单一股份类别的投票否决权，也可能由于投资者获得"重大影响"而落入自愿申报制度和政府主动审查（call-in）权限的范畴。

2. 德国

基于欧盟《建立外国直接投资监管框架条例》，德国于2021年1月22日提出了《对外贸易与支付条例》（AWV）第17次修正案，加强了对特定关键领域的外商投资国家安全审查，从原先的国防安全和关键基础设施（例如水、能源、交通、医疗）等11个领域扩大到27个领域，新增的领域主要集中在高新技术产业，如卫星系统、AI、自动驾驶、机器人、半导体、计算机安全、飞行器、关键原材料、无线数据网络等，且所有外国直接投资审查前提也由当前的"实际损害"扩大至"前瞻性损害"。

（三）美欧主要经济体的技术安全领域协调单边主义——以其新增外资审查重点行业清单为例

通过对比美加英德四国目前新增的外资审查重点行业清单[①]（详见附录），我们可以看到，虽然立法技术存在差异，这四国新增的外资审查行业清单或针对具体技术，或针对相关行业，其定义的颗粒度大小不一，措辞上有所不同，比如"关键""新兴和基础性"和"敏感"等修饰词常交替使用，但整体方向具有高度趋同性。

这四个国家新增的重点审查方向集中于先进材料、核电技术、先进机器人、人工智能、量子计算、数字基础设施、国防及军民两用技术。而这些领域也正是我国《中国制造2025》以及《军民融合发展战略纲要》所重点发展的领域。由此可见，主要美欧经济体通过新增一系列重点审查的技术和行业清单，必将加剧中国与主要美欧经济体在上述高新技术行业的竞争与脱钩。鉴于上述清单出台的时间尚短，目前的相关案例信息和数据仍较为匮乏，实践效果仍有待检验。但可以肯定的是，美欧主要经济体在技术安全领域显示出了高度趋同性，协调单边主义日渐显著。逐步收紧的技术投资管控必定带来寒蝉效应，新兴和基础性技术领域的国际投资在未来相当一段时间内将持续处于低迷状态，中国必须加快发

① 截至2021年7月30日，CIFIUS审查范围因ECRA管制清单未定而具有不确定性。

展自身技术力量，突破“卡脖子技术”。

三、外国政府的“非控制性”影响落入外资安审重点范围

在前两部分的研究中，本文主要探讨了外资安审范围在横向领域的扩展情况，即公共卫生安全和技术安全领域的扩展。与外资安审范围的横向扩展同步发生的，还有外资安审范围的纵向延伸，即从审查“控制性”交易到审查“非控制性”交易，尤其是有外国政府影响的交易。本部分将结合主要美欧经济体对外资安审交易类型的调整，研究其外资安审的神经末梢是如何变得更加敏感，尤其是针对有外国政府“非控制性”影响的交易。

（一）北美主要经济体

1. 美国

美国于 2020 年 2 月公布的《FIRRMA 实施细则》对外国政府享有“重大利益（substantial interest）”的交易规定了强制申报制度。如果外国投资者在美国企业持有 25%或以上的表决权，且外国政府持有该外国投资者 49%或以上的表决权，则交易双方必须向 CFIUS 申报相关交易。由于上述要求包括直接和间接持有的权益，上述规则将广泛影响涉及国有企业、主权财富基金等类似实体的各项投资。而另一方面，《FIRRMA 实施细则》又规定了“豁免外国国家”以及与外国国家有足够关联的“豁免投资者”。包括澳大利亚、加拿大和英国因与美国建立了“健全的情报共享和国防工业基地一体化机制”，而成为首批“豁免外国国家”。而这三国都属于“五眼联盟”国家，美国对于盟友和非盟友国家的外资国家安全审查差别待遇可见一斑。

2. 加拿大

加拿大在其 2020 年 4 月发布的《政策说明》①中指出，外国政府国有企业在加所作投资可能并非出于商业考虑，或将对加拿大的经济和国家安全造成损害。因此将对外国国有企业所作的任何投资，无论其金额大小，都进行国家安全审查。此外，这项强化审查也适用于与外国政府联系紧密或受外国政府影响的私营企业。在这类审查中，相关部门可能会要求企业提供额外信息，并延长审查周

① The Investment Review Division of Innovation, Science and Economic Development Canada. *Policy Statement on Foreign Investment Review and COVID-19*. April 18, 2020.

期。后续发布的《2021 指南》也再次强调了对涉及国有或受政府影响投资者的关注。

(二) 欧洲主要经济体

欧盟《建立外国直接投资监管框架条例》要求成员国在进行外资审查立法时重点考虑三种特殊的投资者情形,包括:(1)第三国政府直接或间接控制的投资者因素,例如通过所有权、提供融资和补贴等非产权方式;(2)投资者参与影响安全和公共秩序活动的情况;(3)投资者是否有从事违法或犯罪行为的重大风险。

在此背景下,德国在 AMV 第 17 修正案中提出了外资安审的政府影响"累计控制"原则,即如果针对同一目标实体的两个或数个投资者为同一个国家的国有企业,则该类投资者将被推定为受同一国"控制",因此将合并计算此类投资的审查门槛。法国于 2019 年 12 月 31 日发布了《与在法外国投资相关的法令》① 和《与在法外国投资相关的部长令》②,扩大了法国外商投资管控制度的管辖范围,并对申报要求进行了澄清,要求申报人提供投资者与欧盟以外的外国政府或公共机构之间的资本和财务关联关系,法国经济部长有权根据投资者与外国政府或公共机构之间的关联关系禁止相关投资。

欧盟不仅通过外资监管政策对外国政府的影响因素予以了关注,还计划修订相关反补贴规则,对接受政府补贴的外国投资予以规制。2021 年 5 月,欧盟委员会发布了《针对扭曲内部市场的外国政府补贴的条例建议稿》(以下简称"《建议稿》"),根据该《建议稿》,若收购欧盟公司的交易或公共采购投标是由第三国政府补贴支持且达到相关申报门槛,则需要申报至欧委会进行反补贴审查。该反补贴审查将成为继欧盟反垄断审查、外商投资国家安全审查后,中国企业在欧盟进行投资的一项新障碍。

(三) 外国政府在跨境投资中的"非控制性"影响因素更易触动外资安审日渐敏感的神经末梢

通过上述研究我们可以看到,主要美欧经济体针对有外国政府影响因素的投资都加强了审查力度,或是通过大幅降低审查门槛(如加拿大、德国),或是对不同国家政府参与投资的行为给予区别对待(如美国),或是在审查过程中增加

① Arrêté du 31 décembre 2019 relatif aux investissements étrangers en France. NOR: ECOT1937237A.

② Décret n° 2019-1590 du 31 décembre 2019 relatif aux investissements étrangers en France. NOR: ECOT1932857D.

对政府或公共机构参与投资情况的信息申报要求(如欧盟和法国)。各经济体采取的手段或有差异,但殊途同归,都极大提高了外资审查对外国政府直接或间接参与投资的敏感度。

我国因自身经济体制的特殊性,国有资本在国民经济运行中发挥着重要作用,国有企业是中国对外投资的重要力量。根据《2019 年度中国对外直接投资统计公报》,在 2019 年中国对外非金融类直接投资中,公有经济控股企业当年对外直接投资 580.9 亿美元,同比增长 27%,占当年对外非金融类直接投资总额的 49.7%,接近五成,非公有经济控股对外投资 588.3 亿美元,同比下降 22.2%,占比 50.3%。[①]而在很多私营企业的出海投资中,"一带一路"专项贷款、丝路基金和各类政府专项投资基金都发挥了重要作用,这些投资也可能因受到政府的"非控制性"影响而落入美欧相关经济体的外资安全审查范围。

四、结　　语

在这一轮外资安全审查的浪潮中,大西洋两岸的主要经济体轮番打出了相似的组合拳。首先,在公共卫生安全领域,美欧主要经济体都将与应对疫情直接相关的医疗健康行业纳入外资安审的重点领域,以求保证应对公共卫生危机所需的关键医疗物资供应链具有可持续性;其次,美欧主要经济体都认识到了疫情间接导致的战略性资产价值低估,因此加强了对各行业投机性收购的审查,避免让外国投资者抄底,造成具有战略竞争意义的资产流失。此外,美欧主要经济体在技术安全领域表现出了高度趋同性,近期美欧主要经济体新增的外资安审重点方向集中于先进材料、核电技术、先进机器人、人工智能、量子计算、数字基础设施、国防及军民两用技术等第四次工业革命的重要领域,美欧主要经济体在技术安全领域的协调单边主义日渐显著,将加剧中国与美欧在上述高新技术行业的竞争与脱钩。最后,主要美欧经济体针对外国政府的控制性投资和非控制性影响都加强了审查力度,将对中国的各类海外投资都产生重要影响。

在美欧主要经济体不断收紧外资安全审查的趋势下,中国作为全球第一大外国直接投资流出国,同时也是全球第二大外国直接投资流入国[②],应积极做好应对措施,在维护好本国公共卫生安全和推进投资便利化自由化间寻找适当平

① 中国商务部、国家统计局、国家外汇管理局:《2019 年度中国对外直接投资统计公报》。

② UNCTAD, World Investment Report 2021, Chapter III Recent Policy Development and Key Issues, June 2021.

衡;加快发展自身技术力量,突破“卡脖子技术”;同时做好各类所有制经济出海投资的风险防范。

参考文献:

[1] 孙晋平:《国际关系理论中的国家安全理论》,《国际关系学院学报》2000 年第 4 期。

[2] 罗振男、孙凤:《科技实力是贸易平衡的根本——社会学视角看中美贸易摩擦》,《科学管理研究》2019 年第 5 期。

[3] 项松林、田容至:《发达国家外资国家安全审查政策的影响》,《开放导报》2020 年第 5 期。

[4] 张举胜:《美国外资并购国家安全审查制度研究》,《中国政法大学》2011 年。

[5] 苗中泉:《论近年来各国对外资明显收紧的国家安全审查制度》,《世界政治研究》2020 年第 2 期。

[6] 王东光:《国家安全审查:政治法律化与法律政治化》,《中外法学》2016 年第 5 期。

[7] 王东光:《外国投资国家安全审查制度研究》,北京大学出版社 2018 年版。

[8] 国务院关于印发《中国制造 2025》的通知,国发〔2015〕28 号,2015 年 5 月 8 日。

[9] 中国商务部、国家统计局、国家外汇管理局:《2019 年度中国对外直接投资统计公报》。

[10] USTR, “Findings of The Investigation into China’s Acts, Policies, And Practices Related To Technology Transfer, Intellectual Property, And Innovation Under Section 301 of The Trade Act of 1974”, March 18, 2018.

[11] UNCTAD, “World Investment Report 2021, Chapter III Recent Policy Development and Key Issues”, June 2021.

[12] OECD, “Investment screening in times of COVID-19 and beyond”, June 23, 2020.

[13] The Investment Review Division of Innovation, Science and Economic Development Canada. Policy Statement on Foreign Investment Review and COVID-19, April 18, 2020.

[14] U. S.-China Economic and Security Review Commission. Unfinished Business: Export Control and Foreign Investment Reforms, June 1, 2021.

[15] Department for Business, “Energy & Industrial Strategy. National Security and Investment: Sectors in Scope of the Mandatory Regime”, March 2021.

[16] Building Resilient Supply Chains, Revitalizing American Manufacturing, And Fostering Broad-Based Growth 100-Day Reviews Under Executive Order 14017, June 2021.

[17] Communication from the Commission Guidance to the Member States concerning foreign direct investment and free movement of capital from third countries, and the protection of Europe’s strategic assets, ahead of the application of Regulation(EU) 2019/452 (FDI Screening Regulation) 2020/C 99 I/01C/2020/1981, OJ C 99I, 26.3.2020, pp.1—5.

[18] Guidelines on the National Security Review of Investments, March 23, 2021.

［19］ Arrêté du 27 avril 2020 relatif aux investissements étrangers en France. NOR：ECOT2010256A.

［20］ Arrêté du 31 décembre 2019 relatif aux investissements étrangers en France. NOR：ECOT1937237A.

［21］ Décret n° 2019-1590 du 31 décembre 2019 relatif aux investissements étrangers en France. NOR：ECOT1932857D.

附录：

<table>
<tr><th colspan="5">美欧主要经济体新增外资审查敏感行业清单对比</th></tr>
<tr><th></th><th>美国“试点计划(PP)”
及 ANPRM
拟管制技术</th><th>加拿大《2021 指南》
新增敏感技术</th><th>英国 NSI 法
强制申报行业</th><th>德国 AMV
第 17 修正案强制
申报行业</th></tr>
<tr><td>1</td><td>飞机制造(PP)</td><td rowspan="3">航天/航空技术</td><td rowspan="4">运输</td><td rowspan="2">自动驾驶汽车或无人驾驶飞行器(包括无人机)和基本组件或软件</td></tr>
<tr><td>2</td><td>飞机发动机及零部件制造(PP)</td></tr>
<tr><td>3</td><td>高超音速空气动力学(ANPRM)</td><td rowspan="2">第（EC）1008/2008号条例定义的航空公司、研发或制造特定军民两用货物或拟用于航空航天或用于空间基础设施系统的货物或技术的航空航天公司(也属于国防范畴)</td></tr>
<tr><td>4</td><td>物流技术(ANPRM)</td><td></td></tr>
<tr><td>5</td><td>氧化铝精炼和初级铝生产(PP)</td><td rowspan="7">先进材料</td><td rowspan="7">先进材料</td><td></td></tr>
<tr><td>6</td><td>铝的二次冶炼和合金(PP)</td><td></td></tr>
<tr><td>7</td><td>粉末冶金部分制(PP)</td><td></td></tr>
<tr><td>8</td><td>纳米技术的研究与发展(PP)</td><td></td></tr>
<tr><td>9</td><td>半导体及相关设备制造(PP)</td><td rowspan="2">特定半导体，如基板上的集成电路、分立半导体和光电器件</td></tr>
<tr><td>10</td><td>半导体机械制造(PP)</td></tr>
<tr><td>11</td><td>增材制造(ANPRM)</td><td>增材制造</td></tr>
</table>

（续表）

<table>
<tr><th></th><th>美国“试点计划(PP)”及 ANPRM 拟管制技术</th><th>加拿大《2021 指南》新增敏感技术</th><th>英国 NSI 法强制申报行业</th><th>德国 AMV 第 17 修正案强制申报行业</th></tr>
<tr><td>12</td><td>计算机存储设备制造(PP)</td><td></td><td rowspan="2">计算机硬件</td><td></td></tr>
<tr><td>13</td><td>电子计算机制造(PP)</td><td></td><td></td></tr>
<tr><td>14</td><td>制导导弹和空间飞行器制造(PP)</td><td rowspan="4">先进武器</td><td rowspan="4">国防</td><td></td></tr>
<tr><td>15</td><td>制导导弹和空间飞行器推进装置及推进装置零件制造(PP)</td><td></td></tr>
<tr><td>16</td><td>军用装甲车、坦克和坦克部件制造(PP)</td><td></td></tr>
<tr><td>17</td><td>其他制导导弹和航天飞行器零部件及辅助设备制造(PP)</td><td></td></tr>
<tr><td>18</td><td>核电发电(PP)</td><td></td><td>民用核电</td><td>核技术</td></tr>
<tr><td>19</td><td>光学仪器和镜头制造(PP)</td><td></td><td rowspan="3">军用或军民两用技术</td><td></td></tr>
<tr><td>20</td><td>其他基本无机化学品制造(PP)</td><td></td><td></td></tr>
<tr><td>21</td><td>先进监控技术(ANPRM)</td><td>先进的传感与监控</td><td></td></tr>
<tr><td>22</td><td>石化制造(PP)</td><td rowspan="4">能源生产
存储和传输</td><td rowspan="4">能源</td><td></td></tr>
<tr><td>23</td><td>电源、配电和专业变压器制造(PP)</td><td></td></tr>
<tr><td>24</td><td>原电池制造(PP)</td><td></td></tr>
<tr><td>25</td><td>存储电池制造(PP)</td><td></td></tr>
<tr><td>26</td><td>生物技术研究与发展(纳米生物技术除外)(PP)/生物技术(ANPRM)</td><td>生物技术</td><td>合成生物学</td><td></td></tr>
<tr><td>27</td><td>搜索、检测、导航、制导、航空、航海系统和仪器制(PP)/定位、导航和定时技术(ANPRM)</td><td>先进海洋技术</td><td>卫星和空间技术</td><td>高质量地球遥感系统</td></tr>
</table>

（续表）

	美国"试点计划(PP)"及ANPRM拟管制技术	加拿大《2021指南》新增敏感技术	英国NSI法强制申报行业	德国AMV第17修正案强制申报行业
28	广播电视广播无线通信设备制(PP)			用于保护IT系统、防范网络攻击的IT产品和组件，以及执法机构用于调查刑事犯罪和留存证据的IT技术
29	电话设备制造(PP)		通信技术	网络技术，尤其是5G网络领域
30	微处理器技术			为德国提供的信息通信技术领域的重要服务，如数字无线电领域
31	机器人(ANPRM)	机器人与自治系统	先进机器人	工业机器人，包括软件、技术或特定的IT服务
32	人工智能和机器学习(ANPRM)	人工智能	人工智能	可能被滥用的人工智能技术
33	量子信息和传感技术(ANPRM)	量子科学	量子技术	量子技术
34	数据分析(ANPRM)	下一代计算和数字基础架构	数据基础设施	
35	脑机接口(ANPRM)	神经技术与人机融合		
36	涡轮和涡轮发电机组装置制造(PP)			
37	球和滚筒轴承制造(PP)			
38		医疗技术		
39			政府关键供应商	欧盟关键原材料清单详细列明的原材料生产商、加工商和精炼商
40				作为秘密专利被依法保护的货物
41				粮食安全，即直接或间接管理1万公顷以上农业用地的企业
42			应急服务关键供应商	

化工行业全球供应链布局变化

——基于贸易流量的分析

邹家阳　张　颖*

内容摘要：自 2019 年起，中美贸易摩擦逐步升级，跨国公司对全球供应链生产布局做出调整，2020 年新冠肺炎疫情的暴发对国际分工体系造成更为剧烈的扰动，全球经济步入再平衡阶段。化工产品需要拥有创新技术及劳动力的国家分工协作生产，因此具有较强的任务贸易特征，观测该行业中间品贸易流量的变化可以为分析跨国公司在经济再平衡背景下的供应链布局战略提供有力参考，也可以从侧面观察各国供应链保护政策的影响效果。

关键词：经济再平衡；跨国公司；供应链生产布局；化工中间品

Abstract: The trade friction between China and the United States has been steadily escalating since 2019. Multinational companies have made adjustments to the production layout of the global supply chain. In 2020, the outbreak of COVID-19 caused a more severe disturbance to the international division system, and the global economy stepped into a stage of re-balance. The production of chemical products require the collaboration of between countries which have innovative technology and labor force, so it has a strong characteristics of task trade. Observing the change of the trade flow of intermediate goods in this industry can provide us a powerful reference for analyzing the supply chain layout strategy of multinational companies in the context of economic re-balance, and can also help us observe the effect of supply chain protection policies of various countries indirectly.

Key words: Economic rebalance; Multinational corporations; Supply chain

* 邹家阳，上海 WTO 事务咨询中心统计分析部咨询师；张颖，上海 WTO 事务咨询中心统计分析部咨询师。

production layout; Chemical intermediates.

一、引　　言

2019 年以来，中美贸易摩擦和新冠肺炎疫情使得包括化工行业①在内的全球供应链进入再平衡阶段。化工行业以中间品贸易为主②，中间品占行业总贸易规模的比重长期保持在 75%左右的较高水平(图 1)。在北美、亚洲和欧洲这三个全球价值链重点区域③中，中国和美国分别是亚洲和北美地区中间品的最大进口国，2020 年占全球化工中间品进口比重分别为 12.2%和 10.7%(图 2)。因此，本文重点关注三大全球价值链区域，以及在全球供应链调整中处于重要地位的中国和美国的化工中间品进口区域结构调整，观测化工行业全球供应链的变化。

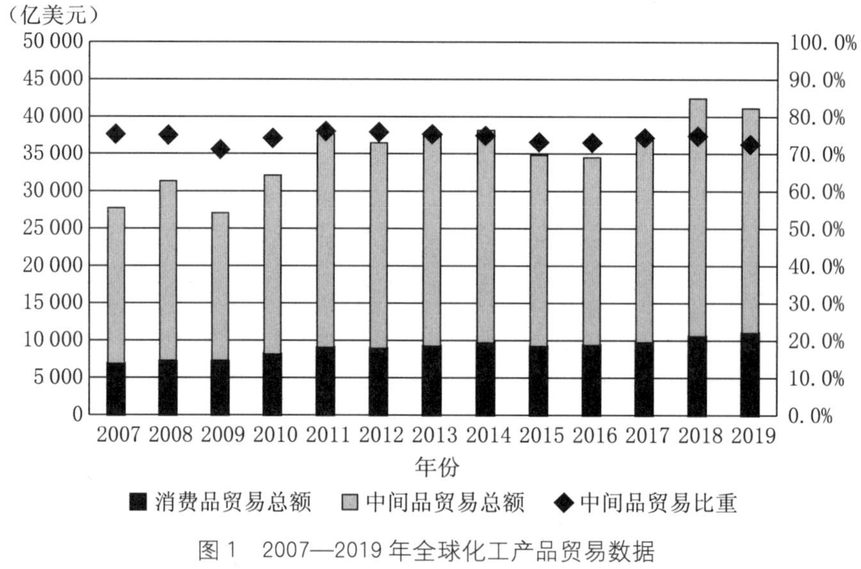

图 1　2007—2019 年全球化工产品贸易数据

数据来源：根据 IHS Markit GTA 数据库计算整理。

① “化工行业”包含 ISIC 产品分类的“化学品及化学制品的制造”类下所有税号。

② “中间品”和“消费品”根据联合国 BEC 分类所对应国民核算体系 SNA 中的基本货物类别“资本货物”“中间货物”及“消费品”进行分类得出。化工行业根据 BEC 分类仅包含中间品和消费品两类。

③ 亚洲地区为中国、日本、韩国、印度和东盟；北美地区为美国、加拿大和墨西哥；欧洲地区为欧盟和英国。

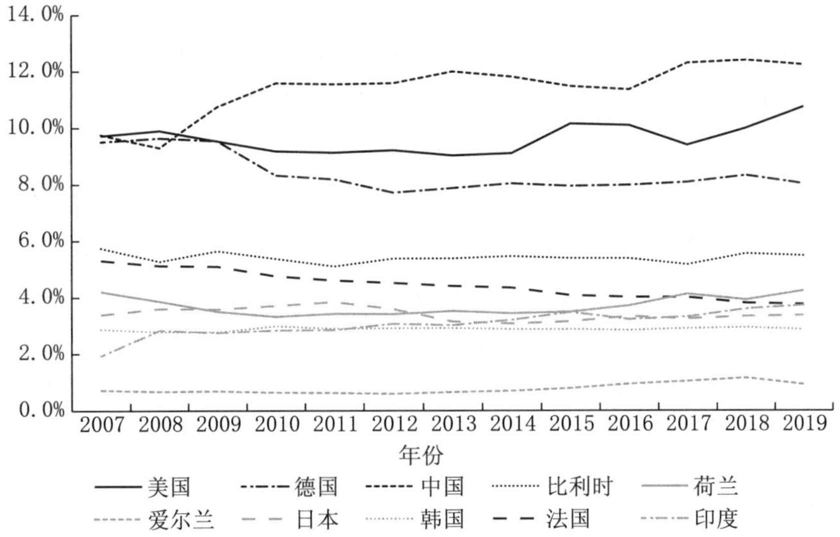

图 2　2007—2019 年主要国家(地区)的化工中间品进口额占全球份额

数据来源:根据 IHS Markit GTA 数据库计算整理。

二、文 献 综 述

中间品贸易规模随着各国和地区参与全球化分工程度的不断加深而迅速扩大,可以反映出经济体参与全球价值链后受到的影响。因此,诸多文献选取中间品为主要研究对象,分析各经济体的中间品贸易对其经济、贸易及技术创新等方面的作用,展现中间品贸易的重要性。

许多学者分析了中间品进口对经济增长的作用。戴枫、工盛媛和柴嘉悦(2020)建立空间杜宾模型对 2000 年至 2014 年 42 个国家制造业的进口对经济增长的直接和间接影响进行实证分析发现,制造业进口对于经济增长有显著的国内和国家间溢出效应①。其中,中间品进口对本国的直接效应明显大于最终品进口,对本国经济增长具有拉动作用。此外,贾净雪(2015)亦以进口中间品为研究对象,利用 1995 年至 2011 年世界投入产出表,对进口中间品对我国制造业行业的增长效应进行实证研究,发现进口中间品对制造业行业产出存在显著的正向作用,且进口中间品对资本技术密集型制造业的产出效应,大于其对劳动资

① 戴枫、王盛媛、柴嘉悦:《制造业进口与经济增长:基于国际空间关联的视角》,《郑州大学学报(哲学社会科学版)》2020 年第 4 期。

源密集型制造业的产出效应①。

除中间品进口对本国经济增长和行业发展的促进作用外，还有许多学者关注其对本国企业出口产品的影响。许家云、毛其淋和胡鞍钢(2017)基于2000年至2007年中国工业企业微观数据和海关贸易数据，深入考察了中间品进口对中国制造业企业出口产品质量的影响②。结果表明，中间品进口通过“中间产品质量效应”“产品种类效应”与“技术溢出效应”三个可能的渠道显著促进了企业出口产品质量提升。亦有其他学者认为中间品进口对企业出口产品质量具有显著的促进作用(马述忠和吴国杰，2016)③。

中间品进口在提升本国企业出口产品质量的同时还可能促进企业技术创新和产业升级。王磊、王琼和庞莹(2019)对中间品进口影响制造业企业技术创新模式选择的内在机理进行了分析，并用2012年世界银行中国企业营商环境调查数据进行实证检验④。研究结果表明，从总体上来看，中间品进口有利于中国制造业企业技术创新模式高端化。异质性分析表明，企业规模越大，面临的市场竞争程度越大，中间品进口促进企业技术创新模式高端化的作用越明显。此外，纪月清，程圆圆和张兵兵(2018)从微观企业视角，对进口中间品通过技术溢出效应影响企业出口产品创新的内在机理进行了实证检验，结果发现，进口中间品的水平和垂直技术溢出效应均会对企业出口产品创新具有显著的正向影响⑤。

从上述文献可以看出，较多学者认为中间品进口可以促进经济体的经济增长、提升出口质量及鼓励出口产品创新，对全球价值链中的各经济体都有不可或缺的作用。这些文献从学术角度论证了观测各经济体中间品进口额对了解全球价值链生产布局变化的重要性。基于上述分析，本文以化工中间品为观测对象，重点分析转移方和承接方的进口贸易流量变化特征。

---

① 贾净雪：《我国中间品进口结构及其行业增长效应研究》，《国际贸易问题》2015年第5期。

② 许家云、毛其淋、胡鞍钢：《中间品进口与企业出口产品质量升级：基于中国证据的研究》，《世界经济》2017年第3期。

③ 马述忠、吴国杰：《中间品进口、贸易类型与企业出口产品质量——基于中国企业微观数据的研究》，《数量经济技术经济研究》2016年第11期。

④ 王磊、王琼、庞莹：《中间品进口与制造业企业技术创新模式的选择——基于世界银行调查数据的实证分析》，《世界经济与政治论坛》2019年第6期。

⑤ 纪月清、程圆圆、张兵兵：《进口中间品、技术溢出与企业出口产品创新》，《产业经济研究》2018年第5期。

三、经济再平衡背景下全球化工行业供应链布局变化

2019年发布的麦肯锡报告《转型中的经济全球化：贸易和价值链的未来》基于海关分类和工业分类的行业层面确定了用于解释国家参与和贸易模式的六个“全球价值链原型行业”①。其中的“全球创新”“劳动密集型商品”“区域加工商品”及“资源密集型商品”四种行业与货物贸易直接相关，化工行业则属于其中的“全球创新”行业，具有明显的任务贸易特征，其**产品制造通常需要拥有创新技术及劳动力的国家分工协作完成。** 2018年以来，中美两国互相实施关税加征措施对依赖国际分工体系生产的产品供应链造成显著冲击，化工行业的跨国公司受此影响也开始调整加工业务的全球布局，观测化工中间品贸易的变化可以为了解该行业的供应链布局调整趋势提供参考。

（一）北美和亚洲对欧洲化工加工业务依赖持续提高，其中北美的进口需求增长高度集中于美国，亚洲则有多个国家依赖出现增加

2020年，北美和亚洲对区域内化工中间品的进口依赖持续减少，自区域内进口化工中间品分别为532.4亿美元和2 191.6亿美元，较2018年减少20.0%和12.3%，占两个区域自全球进口该类产品金额的比重分别为23.9%和50.8%，较2018年分别减少了4.8和0.6个百分点（表1）。

表1 北美和亚洲地区自区域内进口化工中间品占自全球进口份额

		2017年	2018年	2019年	2020年
亚 洲	进口额（亿美元）	2 141.5	2 499.7	2 340.9	2 191.6
	进口份额	50.8%	51.5%	51.0%	50.8%
北 美	进口额（亿美元）	616.6	665.5	576.3	532.4
	进口份额	31.1%	28.7%	26.3%	23.9%

数据来源：根据IHS Markit GTA数据库计算整理。

同时，北美和亚洲对化工中间品的进口持续向欧洲转移，北美和亚洲自欧洲进口化工中间品分别为985.9亿美元和704.9亿美元，占两个区域自全球进口该

① McKinsey Global Institute, “Globalization in Transition: The Future of Trade And Value Chains”, 16 January 2019.

类产品金额的比重分别为44.3%和16.3%，较2018年增长8.5和2.2个百分点。其中，亚洲地区多个国家对欧洲的进口依赖增加——新加坡、日本、中国、印度、马来西亚及越南6国2020年自欧洲进口化工中间品占各自进口该类产品总额的比重均连续两年保持增长。北美地区中，仅美国自欧洲进口化工中间品占进口该类产品总额的份额自2018年以来持续上升，2020年份额为44.3%，较2017年提高了10.1个百分点(表2)。

表2　北美和亚洲地区自欧洲进口化工中间品占自全球进口份额

		2017年	2018年	2019年	2020年
亚　洲	进口额(亿美元)	619.1	688.0	700.1	704.9
	份额	14.7%	14.2%	15.3%	16.3%
北　美	进口额(亿美元)	676.1	828.7	892.9	985.9
	份额	34.1%	35.8%	40.7%	44.3%

数据来源：根据IHS Markit GTA数据库计算整理。

(二) 美国对外化工加工业务需求保持增长，其中对医药相关产品需求占比较高

美国从全球进口化工中间品的贸易额不断延续增长态势，从2009年的933亿美元增长至2020的1 706亿美元(图3)。虽然中美经贸摩擦发生以后美国化工中间品进口额增速有所趋缓，但美国进口化工中间品贸易额占全球的比重仍然延续了2017年以来快速上升的趋势，与排名第一的中国之间的差距逐年减少。从这些数据可知，经济再平衡阶段美国对其他国家的化工产品加工业务需求仍继续增长。

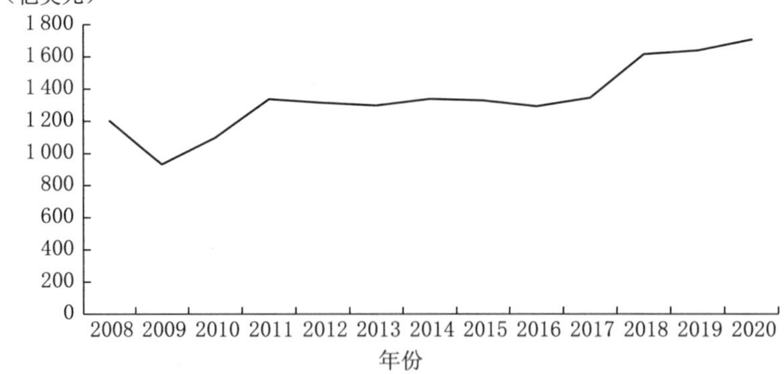

图3　美国自全球进口化工中间品贸易额

数据来源：根据IHS Markit GTA数据库计算整理。

从具体产品来看，美国进口的化工中间品中，与医疗产品或药品直接相关的产品占比较高。2020 年，已衡量剂量的免疫产品(HS 300215)、人用疫苗(HS 300220)、抗血清和其他血液成分(HS 300212)及未衡量剂量的免疫产品(HS 300214)等八类产品占美国进口化工中间品总额比重最高，合计达 40.6%，而这八类中间品均与医疗产品或药品存在密切联系。其中已衡量剂量的免疫产品(HS 300215)在美国进口化工中间品中所占份额增速最快，从 2017 年的 5.9%连年增长至 2020 年的 16.6%，值得重点关注。

(三) 中国进口化工中间品的贸易额转而减少，医药及塑料相关产品在全球进口中占比较高

中国从全球进口化工中间品的贸易额多年来保持增长态势，从 2009 年的 1 052 亿美元增长至 2018 年的 2 004 亿美元(图 4)。同时，中国进口化工中间品贸易额占全球化工中间品进口额的比重则在较高水平稳步增长。多年来，中国对化工产品始终具有较高的需求。然而，中美经贸摩擦发生以后，中国从全球进口化工中间品的贸易额连年减少至 2020 年的 1 786 亿美元，中国占全球化工中间品进口额的比重也转而减少。由此可见，中国对化工中间品的需求受经济再平衡的影响出现下降。

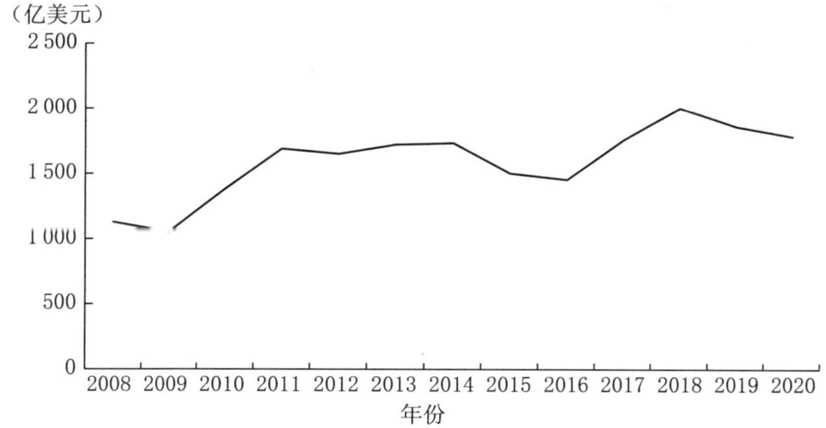

图 4 中国自全球进口化工中间品贸易额

数据来源：根据 IHS Markit GTA 数据库计算整理。

从具体产品来看，不同于美国，中国作为制造业大国，其进口的化工中间品中占据较高比重的不仅包括医药相关产品，还包括塑料及其制品。在 2020 年，对二甲苯(HS 290243)、比重在 0.94 及以上的初级形状的聚乙烯(HS 390120)

及已衡量剂量的免疫产品(HS 300215)等九类产品占中国进口化工中间品总额比重最高，合计达 31.9%。其中，对二甲苯(HS 290243)、已衡量剂量的免疫产品(HS 300215)及 1，2-乙二醇(HS 290531)均属于医药相关产品，比重在 0.94 及以上的初级形状的聚乙烯(HS 390120)、乙烯和 α-烯烃共聚物(HS 390140)及初级形状的聚丙烯(HS 390210)等则属于塑料及其制品。

(四) 中美两国对区域内化工加工业务依赖减少，向欧洲集中化的趋势进一步增强，美欧之间较中欧建立更紧密的贸易联系

2020 年，中国和美国自全球进口化工中间品分别达 1 786.3 亿美元和 1 706.3 亿美元，占亚洲和北美自全球进口化工中间品的 41.4%和 76.7%，是这两个地区化工中间品的最大进口国。中美两国自 2018 年起持续减少对区域内化工中间品的进口依赖。与 2018 年相比，美国自北美地区内部进口化工中间品金额下降 13.2%，占自全球进口比重减少 2.4 个百分点，中国自亚洲内部进口化工中间品减少 11.9%，占自全球进口比重下滑 0.6 个百分点(表 3)。

表 3 中国和美国自各区域进口化工中间品占自全球进口份额

国别	区域	2018 年	2019 年	2020 年	2018 年至 2019 年	2019 年至 2020 年
美国	北美	14.0%	12.9%	11.5%	−1.0	−1.4
	欧洲	43.8%	48.8%	52.6%	5.0	3.8
	亚洲	28.4%	25.0%	23.9%	−3.4	−1.1
	其他	13.8%	13.2%	12.0%	−0.6	−1.2
	全球	100.0%	100.0%	100.0%	—	—
中国	北美	11.2%	10.5%	11.6%	−0.7	1.0
	欧洲	14.2%	15.9%	17.0%	1.7	1.1
	亚洲	46.6%	46.3%	46.1%	−0.4	−0.2
	其他	28.0%	27.3%	25.3%	−0.7	−2.0
	全球	100.0%	100.0%	100.0%	—	—

数据来源：根据 IHS Markit GTA 数据库计算整理。

此外，中美两国进一步增加自欧洲的化工中间品的进口。2020 年美国和中国自欧洲进口分别达 897.3 亿美元和 304.1 亿美元，较 2018 年分别增长 26.8%和 7.2%，延续自 2018 年起，美国和中国自欧洲进口化工中间品贸易额保持增

长，占自全球进口比重也持续上升，2020 年较 2018 年分别上升 8.8 和 2.9 个百分点。从具体国别来看，德国和爱尔兰是中美两国自欧洲进口增长最快的国家。与 2018 年相比，美国自德国和爱尔兰进口化工中间品分别增长 35.3%和 15.6%，占自全球进口比重提高 2.7 和 1.6 个百分点，中国自德国和爱尔兰进口化工中间品分别增长 5.5%和 36.7%，占自全球进口比重提高 1.0 和 0.8 个百分点(表 4)。

表 4　中国和美国自德国和爱尔兰进口化工中间品贸易额及占自全球进口比重

报告国	伙伴国	2018 年	2019 年	2020 年	2018 年	2019 年	2020 年	2018 年至 2020 年
美国	德　国	154	177	209	9.6%	10.8%	12.3%	2.7%
	爱尔兰	278	301	322	17.2%	18.4%	18.8%	1.6%
中国	德　国	108	107	114	5.4%	5.8%	6.4%	1.0%
	爱尔兰	29	42	40	1.4%	2.3%	2.2%	0.8%

数据来源：根据 IHS Markit GTA 数据库计算整理。

除此以外，在中美两国自 2018 年起均增加对欧洲进口的情况下，欧盟与美国之间建立的贸易联系更为紧密。与 2018 年相比，2020 年欧盟对美国和中国出口化工中间品分别增长 24.9%和 10.3%，占向全球出口份额提高 5.5 和 0.6 个百分点(表 5)，显示美欧之间在化工行业进一步加强了产业联系。

表 5　欧盟向中国及美国出口化工中间品贸易额及占向全球出口份额

报告国	伙伴国	2018 年	2019 年	2020 年	2018 年	2019 年	2020 年	2018 年至 2020 年
欧盟	中国	182	182	200	6.9%	6.9%	7.5%	0.6%
	美国	643	724	803	24.6%	27.5%	30.1%	5.5%

数据来源：根据 IHS Markit GTA 数据库计算整理。

四、新冠肺炎疫情影响下全球药品及抗疫产品供应链布局调整

2020 年新冠肺炎疫情的暴发使全球感染人数激增，各国医疗系统均承受巨大的压力。在此背景下，各国对药品及抗疫产品的需求均显著增长，此类产品的供应链安全上升至国家安全高度。跟踪三大价值链区域的药品及抗疫产品的贸

易流向变化有助于分析跨国公司对此类产品的供应链调整趋势，定位供应链中可能存在问题的环节，对供应链风险进行长期观测和监控。

(一) 在疫情影响下，中美两国对欧洲药品[①]加工业务的需求进一步增长，但进口来源在欧洲内部发生转移

药品中间品是中美两国进口的主要化工中间产品，2020 年分别占两国化工中间品进口的 64.9%和 33.2%。2018 年至 2020 年，美国进口药品中间品贸易额保持增长，中国进口药品中间品贸易额则逐年减少。受到疫情带来的需求增长影响，美国和中国自欧洲进口药品中间品占自全球进口比重持续增长，较 2018 年分别上升 9.8 和 8.7 个百分点。由于欧洲内部对于该类产品的需求也出现增长，中美两国在欧洲内部的进口来源发生转移。2017 年至 2019 年间，爱尔兰一直是中美两国人用疫苗进口的三大主要来源之一，但由于疫情后爱尔兰向欧洲内部供应快速增长，2020 年同比增长 34.3%，同比数值上升 38.0 个百分点，美国及中国自爱尔兰进口人用疫苗占自全球进口比重较上一年分别下滑 28.3 和 2.3 个百分点。而比利时对中美两国的人用疫苗出口供给稳步扩大，美国和中国自比利时进口人用疫苗在两国进口中所占比重分别较 2018 年上升了 52.6 和 17.1 个百分点。

(二) 美国的药品加工供应链对疫情冲击的反应相较于其他化工产品更为显著

2020 年 1 月至 7 月，美国自全球化工中间品进口总体呈下降趋势，从 1 月的 153.1 亿美元降至 7 月的 128.0 亿美元(图 5)。2020 年 2 月，受到中国春节和疫情的叠加影响，美国从全球进口化工中间品的贸易额大幅下跌，尽管 3 月回升至原有水平，但在此后几月中，随着新冠肺炎疫情的不断扩散，贸易额逐渐回落。

2020 年 1 月至 7 月，美国进口药品中间品亦呈整体下滑趋势，由 1 月的 104.7 亿美元降至 7 月的 79.0 亿美元，且下滑趋势与化工中间品整体类似，而非药品化工中间品贸易额虽在 3 月至 5 月明显高于其他月份，但整体波动不超过 10 亿美元(图 6，图 7)。由此可见，2020 年美国对药品中间品的贸易额下滑带动化工中间品贸易同步下降，该类产品在新冠肺炎疫情冲击下的反应较其他产品更为显著。

---

① “药品”选取“化工行业”类下所有属于第 29 和 30 章的产品税号。

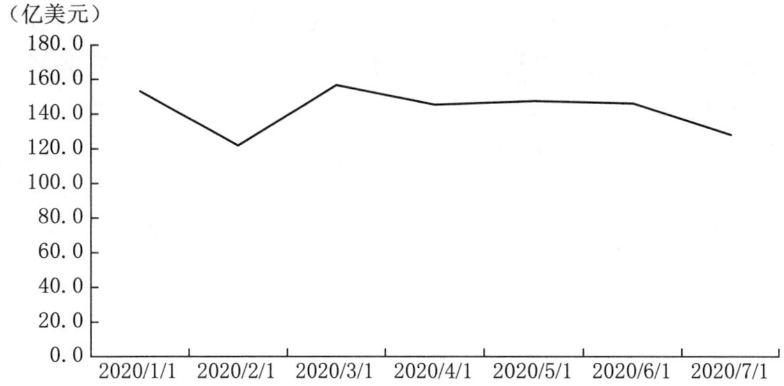

图 5　美国进口全球化工中间品贸易额

数据来源：根据 IHS Markit GTA 数据库计算整理。

图 6　美国自全球进口药品中间品贸易额

数据来源：根据 IHS Markit GTA 数据库计算整理。

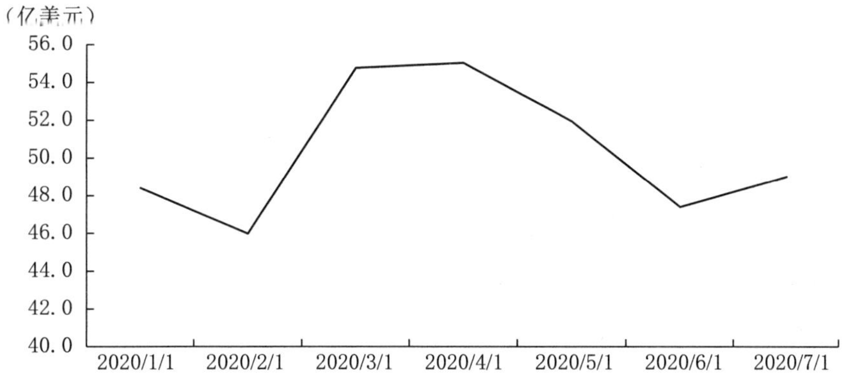

图 7　美国自全球进口非药品化工中间品贸易额

数据来源：根据 IHS Markit GTA 数据库计算整理。

与往年类似，美国进口的化工中间品中，药品中间品占据的比重较高。美国进口的药品中间品占化工中间品的比重于 2020 年 1 月至 7 月在 60%～70%间波动，占比最低的 7 月亦达到 61.7%，高于 2019 年平均水平，可认为是延续了 2014 年以来的药品中间品占化工中间品比重连年增长态势。从区域来看，美国自欧洲地区的进口比重始终处于最高水平，但 2020 年 1 月至 7 月整体略有下降。而美国自亚洲地区的进口比重则与往年相比，略低于全球平均水平。此外，美国自北美地区的进口药品中间品占化工中间品的比例仍显著低于其他两个地区，2020 年 7 月占比仅为 23.2%。

（三）中国的药品加工供应链在疫情冲击下与其他化工产品做出一致调整

2020 年 1 月至 7 月，中国自全球进口化工中间品贸易额波动剧烈，但整体呈增长态势，从 1 月的 130.4 亿美元①增至 7 月的 155.9 亿美元(图 8)。其中，由于受到疫情影响，进口贸易额在 3 月大幅增长，此后在 4 月至 5 月又逐渐回落，但在 6 月又再次大幅增长，7 月进口额继续增长，但增幅明显放缓。

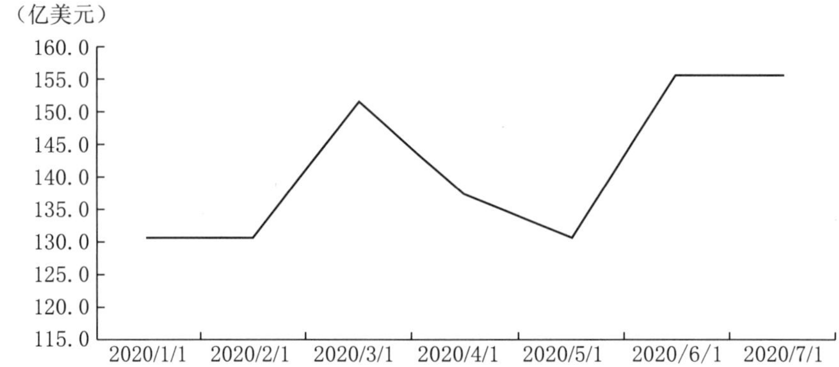

图 8　中国进口全球化工中间品贸易额

数据来源：根据 IHS Markit GTA 数据库计算整理。

如图 9 所示，2020 年 1 月至 7 月间中国进口药品中间品亦有波动，但整体较为平稳，而进口非药品化工中间品整体上升(图 10)，由 1 月的 81.8 亿美元增至 7 月的 104.9 亿美元，延续了往年的增长趋势。由此可见，2020 年间中国对非药品化工中间品进口贸易额的提升，是中国化工中间品贸易增长的主要原因。

---

① 中国海关公布的 2020 年 1、2 月贸易额为 1—2 月份平均数字，下同。

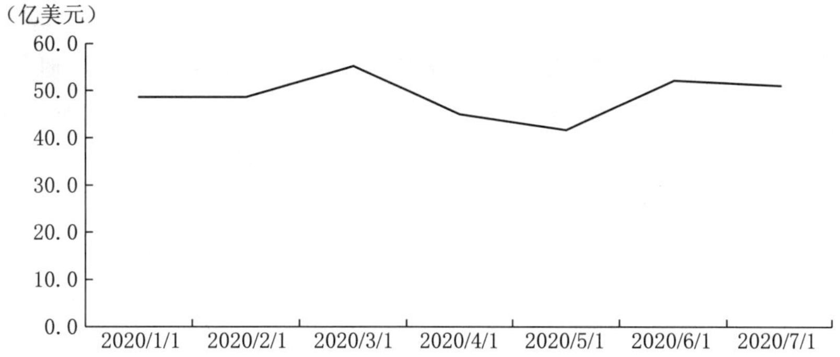

图 9 中国自全球进口药品中间品贸易额

数据来源：根据 IHS Markit GTA 数据库计算整理。

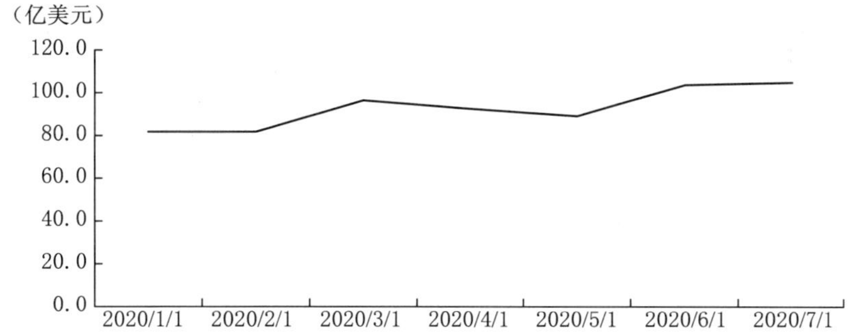

图 10 中国自全球进口非药品化工中间品贸易额

数据来源：根据 IHS Markit GTA 数据库计算整理。

医药中间品在中国进口的化工中间品中占据的比重相较美国处于较低水平。中国进口的药品中间品占化工中间品的比重在 2020 年 1 月至 7 月呈下滑态势，由 1 月的 37.3%降至 7 月的 32.7%。从区域来看，中国自亚洲进口药品中间品在进口化工中间品中所占比重延续了往年的下滑态势，2020 年 7 月相比 1 月下降 6.2 个百分点；而自欧洲和北美进口则相对平稳，其中自欧洲进口的药品中间品的比重最高，达到自其进口化工中间品的近一半，而北美则超过三分之一。

（四）中美两国进口抗疫中间产品[①]同样受到需求影响出现激增，但进口来源发生调整

与整体化工中间品对欧洲进口依赖度增加的情况相反，2020 年，美国和中

① “抗疫中间产品”是化工中间品中，属于世界卫生组织和世界海关组织共同编写的《Covid-19 医疗用品的协调制度（HS）分类参考》的 8 个 6 位税号产品。

国自欧洲进口抗疫相关化工中间品占全球份额均出现下滑，较上一年分别减少3.0和1.3个百分点。其中，爱尔兰作为中美两国免疫产品（包含新冠肺炎病毒检测试剂盒）的主要进口来源，在疫情暴发后其向欧洲内部供应大幅增加，同比增长89.4%，但向美国出口同比增长17.6%，向中国出口同比减少21.4%，同比数值均下滑50个百分点水平。受此影响，美国及中国自爱尔兰进口抗疫相关化工中间品占全球份额分别下滑4.2和6.4个百分点。在此情况下，中国和美国的进口向德国发生转移，同比增长17.3%和54.6%，德国在两国抗疫相关化工中间品进口中所占份额分别较2019年上升3.8和3.7个百分点。此外，美国进口诊断试剂在疫情影响下同比增长33.7%，增幅较上一年扩大了30.7个百分点，尤其自中国和韩国进口增长178.2%和268.0%，带动其自亚洲进口抗疫化工产品占自全球进口份额上升2.5个百分点。此外，部分与抗疫有间接关联的中间品在疫情影响下也出现需求的提高。例如，中国自美国进口初级形状的聚乙烯增长尤为显著，同比提高236.2%，占自全球进口该产品比重较2019年上升3.6个百分点，该类产品广泛应用于口罩、医用防护服等产品的生产，显示中国在疫情发生后对医疗防护用品需求增长带来的供应链变化。

新冠肺炎疫情对原本就已处在调整中的全球供应链造成了巨大的冲击，各国纷纷出台各类政策措施，确保未来本国关键供应链在遇到冲击时具有抵御风险的韧性。化工行业中，药品和抗疫相关产品等民生用品的供应链安全问题成为各国关注焦点。已被作为关键供应链列入各国调整计划之中。美国总统拜登于2021年2月24日签署《保护美国的关键供应链行政令》①，要求联邦机构立即进行为期100天的审查，以解决包括药品和原料药（API）在内的关键产品供应链中存在的漏洞。欧盟于2020年11月25日启动《欧洲制药战略》②，其目标之一是减少对非欧盟国家原材料的直接依赖，与非欧盟国家协调建立全球通用的国际药品质量安全国际标准，帮助欧洲制药企业获得平等竞争的机会。这些政策出台后将对药品及抗疫产品所在的化工供应链产生重大影响，进而使该产业和生产布局做出调整，未来发展有待持续观测。

五、结　　论

2018年起，中美贸易摩擦及新冠疫情先后对全球供应链产生了巨大的冲

① 参见 https://joebiden.com/supplychains/。

② 参见 Pharmaceutical strategy for Europe，https://ec.europa.eu/health/human-use/strategy_en。

击,化工行业跨国公司依托全球供应链进行生产,其生产布局在此情况下也做出明显的改变。在全球经济再平衡阶段,北美和亚洲对欧洲的化工加工业务依赖不断增长,其中中美两国均为需求增长的重要来源,美欧之间建立的贸易联系较中欧更为紧密,中国对其他国家的化工加工业务需求在冲击下扭转了此前的增长态势。新冠肺炎疫情暴发后,爱尔兰的药品及抗疫产品中间品出口贸易呈现明显的"近岸化"趋势,中美两国对药品及抗疫产品加工业务的需求均分别转向德国和比利时,短期内缓解了爱尔兰供给减少带来的供应链风险。中美两国对欧洲药品及抗疫产品加工业务的依赖在长期的变化趋势则需要结合贸易流量数据及各国供应链安全保障政策的实施情况继续进行跟踪与监控。

参考文献:

[1] 戴枫、王盛媛、柴嘉悦:《制造业进口与经济增长:基于国际空间关联的视角》,《郑州大学学报(哲学社会科学版)》2020 年第 4 期。

[2] 纪月清、程圆圆、张兵兵:《进口中间品、技术溢出与企业出口产品创新》,《产业经济研究》2018 年第 5 期。

[3] 贾净雪:《我国中间品进口结构及其行业增长效应研究》,《国际贸易问题》2015 年第 5 期。

[4] 马述忠、吴国杰:《中间品进口、贸易类型与企业出口产品质量——基于中国企业微观数据的研究》,《数量经济技术经济研究》2016 年第 11 期。

[5] 钱学锋、王备:《中间投入品进口、产品转换与企业要素禀赋结构升级》,《经济研究》2017 年第 1 期。

[6] 王磊、王琼、庞莹:《中间品进口与制造业企业技术创新模式的选择——基于世界银行调查数据的实证分析》,《世界经济与政治论坛》2019 年第 6 期。

[7] 许家云、毛其淋、胡鞍钢:《中间品进口与企业出口产品质量升级:基于中国证据的研究》,《世界经济》2017 年第 3 期。

[8] McKinsey Global Institute, "Globalization In Transition: The Future Of Trade And Value Chains", 16 January 2019.

我国的碳关税研究：缘起、趋势与启示
——基于2009—2020年的文献计量分析

石少卿*

内容摘要：近年来，气候议题呈现从单纯的全球公共问题向多领域研究相结合的趋势，贸易问题是其核心议题之一。鉴于碳关税议题在国际经贸领域的争端愈演愈烈，本文尝试基于我国研究对其发展历程展开总结分析和深入探讨。在内涵界定和理论分析的基础上，本研究采用文献计量方法对我国2009—2020年以碳关税为主题的405篇核心期刊文献数据展开分析。研究发现，我国的碳关税研究经历了以2014年为界限的“争议探讨”和“模拟探索”两个阶段，且呈现出由小到大、从微观到宏观、从消极到积极的多元化发展历程。本文认为，通过以我国在宏观、中观和微观三个视角的绿色转型升级，可以有效地缓解碳关税的国际压力，形成国内国外的“碳双循环”。研究最后给出了研究启示和局限性。

关键词：碳关税；WTO；气候变化；国际贸易；碳泄漏；文献计量

Abstract: In recent years, climate issues have shown a trend from simple global public issues to multi-field research, and international trade is one of its core issues. In view of the increasingly fierce disputes over the topic of carbon tariffs in the field of international economics and trade, this paper attempts to summarize, analyze and discuss in depth based on the development of China's research. On the basis of connotation definition and theoretical analysis, this study uses bibliometric methods to analyze the data of 405 journal papers in China with the theme of carbon tariffs from 2009 to 2020. The study found that the carbon tariff research of China has gone through two stages of "controversial discussion" and "simulation exploration" with 2014 as the boundary. Moreover, China's carbon tariff research has shown a diversified development

* 石少卿，管理学博士，上海WTO事务咨询中心博士后科研工作站与上海社会科学院理论经济学博士后科研流动站联合培养博士后。

process from small to large, micro to macro, and negative to positive. We believe that the green transformation from the three perspectives of macro, meso, and micro can effectively alleviate the international pressure of carbon tariffs and form a "carbon dual cycle". The research implications and limitations are given at the end.

Key words: Carbon Tariff; WTO; Climate Change; International Trade; Carbon Leakage; Bibliometrics

一、引　　言

以人类活动产出的二氧化碳(CO_2)为主的大量温室气体排放被认为是全球气候变化的罪魁祸首,由此产生的全球气温上升和极端天气等现象成为全球可持续发展的重大威胁之一。因此,积极地通过各种措施抑制碳排放的产生开始成为全球各国和人类社会的共识。随着发展中国家在全球贸易占比中的快速增长,以及由"限排国家"对国内企业征收碳税导致国际竞争力下降的担忧,如何将进口贸易中隐含碳排放纳入监管范围开始得到众多发达国家和学界的关注。由此,以碳关税为代表的单边贸易政策和边境调节机制应运而生。基于上述背景,本文尝试对我国碳关税研究进行系统性的文献回顾,并在总结碳关税研究趋势的基础上给出相应政策建议。

二、碳关税的内涵与理论依据

(一) 碳关税的提出与界定

气候变化给人类社会与经济可持续发展带来的严重影响,自 20 世纪 60 年代以来已经得到了公众的持续关注以及学界的深刻探讨。如何以全球化的方式和人类集体行动的视角来切实控制温室气体的排放、缓解生态环境的持续恶化,开始成为世界各国的共识。1992 年签署的《联合国气候变化框架公约》(下称《公约》)为解决上述问题迈出了坚实的一步,其中"共同但有区别"的二氧化碳减排责任也在一定程度上地考虑了各国社会和经济发展的阶段性差异。为加强《公约》的法律约束力,各缔约方于 1997 年签署了《京都议定书》作为补充协议:即附录 1 缔约方(Annex I)在初期阶段的总体温室气体排放降幅不应低于 5%,

而其他国家在当前阶段并不需要承担减排责任。以欧盟为主的工业化国家尝试通过税收制度（包括碳税和能源税等）和碳交易制度（包括碳减排交易制度和限量与交易制度等）来实现上述减排目标，但与此同时也造成了限排国的"竞争力损失"和潜在的"碳泄漏"（Carbon Leakage）等问题。为了弥补全球单边碳减排机制存在的缺陷，以碳关税为代表的"边境调整措施"（Border Tax Adjustment，BTA）被尝试采用。

碳关税（Carbon Tariffs），被定义为对高耗能的进口产品征收特别的 CO_2 排放关税，但其并不局限于关税形式，也可能以国内税费、配额以及许可证等新的关税表现形式出现。自 2007 年"碳关税"措施被法国最早提出以来产生了巨大争议，随后在 2009 年《美国清洁能源和安全法案》提出具体落实步骤后得到国际社会的广泛重视。时至今日，欧盟于 2021 年 7 月推出了碳边界调整机制（CBAM）等一揽子计划和提案，旨在以征税的财政方式推动更环保的生产过程，但距离其真正落地仍存在一定的"实践距离"①。然而，就国际趋势而言，以环保之名的贸易调整措施（绿色壁垒）将会在可预见的长期实践和谈判中逐步达成。

（二）碳关税的理论依据与战略逻辑

尽管碳关税的命名具有一定的新颖性，但从理论视角来说，碳关税及其相似措施的出现是必然的。自工业革命以来，因大量温室气体排放所积累的环境问题在近几十年间急剧爆发。依据外部性理论，由于生态环境存在外部性，一国排放温室气体造成环境破坏的成本往往由全球各国共同承担。因此，如何认定治理全球环境问题的历史责任和义务，便成为全球"碳问题"的根本。依据"共同但有区别"的减排责任，以美欧为代表的发达国家（附录 1 缔约方）不得不采用碳税或能源税等针对国内企业征收的碳调节措施来实现其相应的国际减排承诺。由竞争优势理论可知，这种将"外部成本内在化"的方式无疑提高了国内企业的生产成本，继而降低了其市场竞争力和份额，即"竞争力损失"问题。依据"污染避难所假说"（Pollution Haven Hypothesis），为了避免上述问题的出现，高排放型企业会转移到环境规制程度低于本国的其他地区进行"避难"，从而造成了"碳泄漏"的可能。上述两个问题对"限排国家"的财政收入、产业竞争力和国内就业等社会福利方面均产生了重要影响。因此，一种"纠正措施"亟待出现和实践。

① 2021 年 7 月 14 日，欧盟委员会正式提出了"碳边境税"征收计划，拟对进口的水泥、钢铁、铝、化肥、电等碳密集型产品征税。"碳边境税"拟从 2026 年开始实施，2023 年至 2025 年为"碳边境税"实施过渡期。相关征税方案将与世界贸易组织的贸易规则兼容。（https://www.163.com/dy/article/GFRP2KFM0543OQXW.html）

因承担"有区别"的减排责任而蒙受损失的国家希望通过"碳关税"的提出来突出自身为全球可持续发展做出的牺牲,并以此表明"共同"减排责任的急迫性和必要性。与此同时,这也有利于其塑造自身倡导"气候道义"的大国形象,为进一步转移碳排放历史责任话题并将其合理地均摊给全球各国提供了帮助。碳关税通过调整成本偏差有效地起到了"夷平竞技场效应"(Leveling the Playing Field),从而再次将全球竞争者拉回到同一"成本"的起跑线上。值得一提的是,基于"波特假说"(Porter Hypothesis)的视角,碳关税的提出也确实有据可依。波特驳斥了以往的主流观点:即环境保护会通过环境规制的方式增加企业的成本并削弱企业的竞争力。他认为,更加严格但设计恰当的环境规制(特别是基于市场的环境政策如税收、污染排放许可等)能够激励创新并能部分甚至完全抵消遵循环境规制的成本,使厂商在国际市场上更具竞争优势。这也成为"限排国"提出碳关税政策的理论依据之一。

除了一定的理论基础,碳关税政策的提出也有其特殊的战略意图。整体来看,碳关税的实施方可以通过该措施有效达到以下四个目的:(1)通过碳关税所得税收反哺国内,为解决财政赤字、居民就业、基础建设等问题提供基础;(2)通过清洁技术优势形成技术压制(或技术歧视),从而进一步通过技术出口和专利转让等措施成为相关标准的制定者;(3)进一步促进本国低碳产业发展,提前布局低碳经济建设,掌握未来全球可持续发展的领导权;(4)通过低碳产业和清洁技术的发展,摆脱对传统化石能源的依赖,进一步对中东国家和俄罗斯等能源输出国造成打击(或形成间接制裁)。上述理论基础和战略逻辑都决定了碳关税及其相似措施出现的必然性,这为我们认清未来全球发展趋势提供了理论依据。

三、碳关税的研究进展和主要学科领域

(一) 研究方法与数据描述

在理论分析的基础上,本文进一步尝试探索我国碳关税研究的整体发展脉络和趋势,继而形成系统性的综述性分析结论,为后续研究的开展提供基础。本文基于文献计量软件 CiteSpace(5.8.R1)对我国 2009—2020 年间[①]以"碳关税"为主题的核心期刊论文进行文献回顾和分析。其中,文献的数据库来源为"中国

① 此处使用 2009 年为起始年份的原因是由于文献检索结果中最早发表文章的年份为 2009 年。

知网(CNKI)”,检索方式设置为以“主题=碳关税”的方式①,期刊论文的选择范围设置为以“北大核心”“CSSCI”以及“CSCD”三种期刊类型。我们在 2021 年 7 月 21 日以上述方式和参数设置进行检索,最终共获得 405 篇有效文献样本,具体检索信息见表 1 所示。

表 1 碳关税主题分析的数据检索信息

检索设置	检索结果
数据库	中国知网(CNKI)
检索方式	主题=“碳关税”
文献类型	期刊论文(=北大核心+CSSCI+CSCD)
发表时间范围	2009—2020(12 年)
检索时间	2021.07.21
文献数量	405

本研究首先对上述 405 篇期刊论文在 2009—2020 年间的年度发表趋势开展分析,具体见图 1 所示。由图 1 可得,我国碳关税相关研究的年度发表呈现出“先升后降”的趋势。其中,2013—2014 年度成为我国碳关税相关研究的一个分水岭。从 2009 年开始,以《美国清洁能源安全法案》为代表的国际“碳边境调节”观点促使碳关税相关研究迅速在国内学界成为热点话题,尤其以 2010 年和 2011 年为主,其年度发表均达到 100 篇左右。持续到 2012—2013 年间,碳关税相关话题依然保持着较高的关注度和发表量(50 篇/年左右)。在该阶段,学者

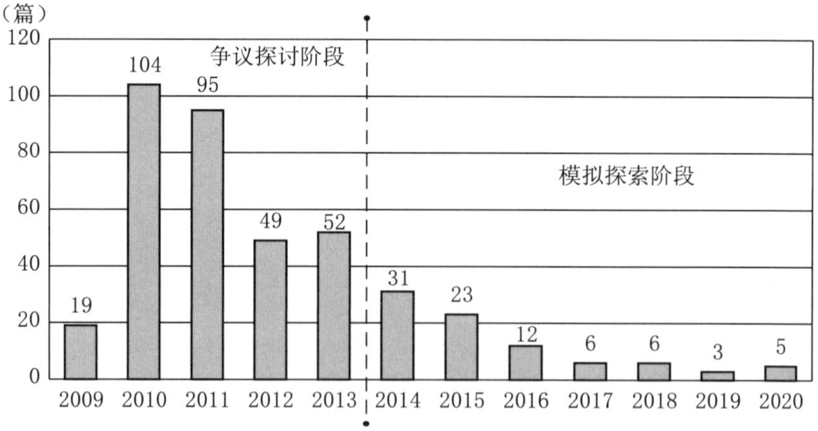

图 1 2009—2020 年碳关税主题期刊论文的发表趋势

① 此处使用“主题”方式检索的目的在于最大化地获取碳关税相关研究的文献数据。

们针对“碳关税”的界定、影响、合规性以及应对措施等方面开展了详细的研究。基于此，我们将 2009—2013 年成为我国碳关税相关研究的“争议探讨阶段”。自 2014 年之后，我国碳关税研究的年度发文量开始呈现明显的下降过程。究其原因，一方面是该话题的热度退却带来的直接后果；另一方面，以美国和欧盟为代表的碳关税“实施方”均计划于 2020 年之后将其付诸实践，而 2020 年之前的“空档期”无法为学者们提供实践背景和现实依据，因此该阶段文献的研究范式受限于“模拟”和“模型推导”等方式，其年度发文量也随之下降。基于该阶段已发表文献的特点，我们将其称之为“模拟探索阶段”。

其次，我们归纳了 2009—2020 年间高被引前十位的碳关税主题期刊论文，如表 2 所示。这十篇论文发表时间处于 2009—2014 年之间，而仅 2010 年就占据了其中 8 篇，由此可见碳关税研究在 2010 年的热点程度。这些高被引文章的引用量处于 75—271 之间，其中前五位均达到 100 次被引用以上。尤其是，排名第一位的文章具有 271 次引用，而其作者（沈可挺）的另一篇论文则占据了榜单的第二名。另外，通过这十篇论文的研究主题和比例也可以看出，这与图 1 中提出的两个阶段划分比较相符。

表 2　2009—2020 年 Top10 高被引碳关税主题期刊论文

序号	标　题	作　者	期　刊	发表时间	被引
1	碳关税对中国工业品出口的影响——基于可计算一般均衡模型的评估	沈可挺；李钢	财贸经济	2010-01-10	271
2	碳关税争端及其对中国制造业的影响	沈可挺	中国工业经济	2010-01-17	184
3	碳关税、低碳经济和中美贸易再平衡	夏先良	国际贸易	2009-11-20	145
4	美国征收碳关税对中国的影响：基于可计算一般均衡模型的分析	鲍勤；汤铃；杨列勋	管理评论	2010-06-25	138
5	“碳关税”与 WTO 规则相符性研究	李晓玲；陈雨松	国际经济合作	2010-03-20	121
6	气候变化对中国的影响利弊	吴绍洪；黄季焜；刘燕华；高江波；杨军	中国人口·资源与环境	2014-01-10	94
7	“碳关税”壁垒对我国高碳产业的影响及应对策略	黄晓凤	经济纵横	2010-03-25	93

（续表）

序号	标　　题	作　者	期　刊	发表时间	被引
8	碳关税问题研究：背景、征收标准及应对措施	李平；李淑云；沈得芳	国际金融研究	2010-09-12	86
9	关于我国开征碳税的思考	崔军	税务研究	2010-01-01	81
10	《美国清洁能源与安全法案》的影响及意义	王谋；潘家华；陈迎	气候变化研究进展	2010-07-15	75

注：本表为作者基于中国知网的检索结果自行整理所得。

（二）基于关键词共现网络和聚类分析的碳关税研究

在文献样本描述性分析的基础上，本文进一步基于 CiteSpace 软件对我国碳关税研究进行关键词共现网络分析。首先，我们列出了我国碳关税研究高频关键词的前十位，如表 3 所示。"碳关税"作为本研究的主题词汇成为最高频的关键词（249 次），其首次出现于 2009 年并持续至今。关键词"碳关税"同时具有最高的中介中心性（1.24），代表其在关键词共现网络中具有最强的"桥梁"作用，这也表现在"碳关税"的节点大小和红色外圈①上（见图 2）。同样首次出现于 2009 年的关键词"低碳经济"（70）和"气候变化"（31）成为频次仅次于"碳关税"的关键词，二者同样具有较高的中介中心性。随后出现的如出口贸易、碳泄露和 WTO 等关键词（均首次出现于 2010 年），一定程度上体现了"碳关税"相关议题的发展趋势和热点话题。

表 3　2009—2020 年 Top10 高频碳关税主题关键词

序号	关键词	出现年份	频　次	中介中心性
1	碳关税	2009	249	1.24
2	低碳经济	2009	70	0.25
3	气候变化	2009	31	0.11
4	国际贸易	2009	28	0.02
5	出口贸易	2010	20	0.03
6	碳泄漏	2010	20	0.06
7	碳减排	2009	18	0.06

①　在共现网络中，节点越大代表频次越高，而当节点的中介中心性大于 0.1 时，其才会具有红色外圈。中介中心性测量的是一个点在多大程度上位于图中其他"点对"的"中间"。

（续表）

序号	关键词	出现年份	频　次	中介中心性
8	碳排放	2009	17	0.05
9	碳泄漏	2009	17	0.02
10	WTO	2010	16	0.06

进一步地，我们基于度①（Degree）、频次（Frequency）和中介中心性（Betweenness Centrality）三种指标分析了碳关税关键词的共现网络，如图 2 所示。在图 2 中，每一个节点均对应一个关键词，其颜色代表着关键词首次出现的年份，颜色越浅（黄色）越趋近 2020 年。由图可见，碳关税关键词网络呈现出放射形，且不同区域的聚集度存在显著差异。我们进一步基于“度＞30”“频次＞6”以及“中介中心性＞0.1”三个指标深入分析共现网络②，见图 2 中的三个局部图所示。需要指出的是，将度和频次的阈值分别设置为 30 和 6 是出于对节点布局和标签可见性的综合考虑。通过局部图中的关键词标签可以发现，我国碳关税相关研究的主题相对集中在“碳关税”“碳排放”“碳泄漏”“碳交易”以及“低碳经济”等与“碳”紧密相关的话题上。这也说明碳关税相关议题是已有贸易

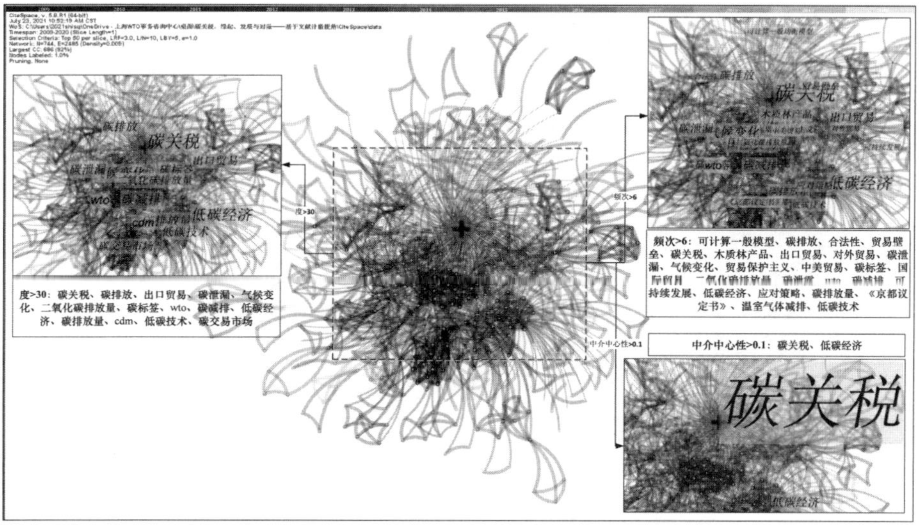

图 2　基于度、频次和中介中心性三种指标的碳关税关键词共现网络

① 度（Degree）指一个点与其相邻节点规模的一种数值测度，即该节点与其他节点连线的数量。

② 在图 2 的三个局部图中，节点标签越大代表其相应指标越大。例如，在中介中心性局部图中，由于“碳关税”关键词的中介中心性为 1.24 远大于其他节点，因此其标签十分巨大。

问题与气候变化相结合的新表现形式，具有一定的学科交叉性。因此，在后续的研究中应该考虑更多研究方法和工具的介入，进而实现对交叉学科的匹配性分析。

为了更加突出我国碳关税研究的主题类别和发展趋势，我们采用聚类分析的方法对碳关税关键词共现网络开展研究，如图 3 所示。分析结果显示，碳关税关键词共现网络被汇聚成 19 个聚类，聚类总体平均值（Silhouette＝0.882 6）和各聚类的 Silhouette 值均大于 0.7，说明聚类效果较好[①]（见表 4）。聚类的 M 值为 0.612 4（Modularity＝0.612 4），该值代表着模型的聚类效果，且 M 值越大代表聚类效果越好（见图 3 左上）。一般认为，当 M＞0.3 时，聚类效果显著。进一步地，我们使用对数极大似然法（LLR）提取聚类的标签，并给出了得分排名前三位的标签形成对比。

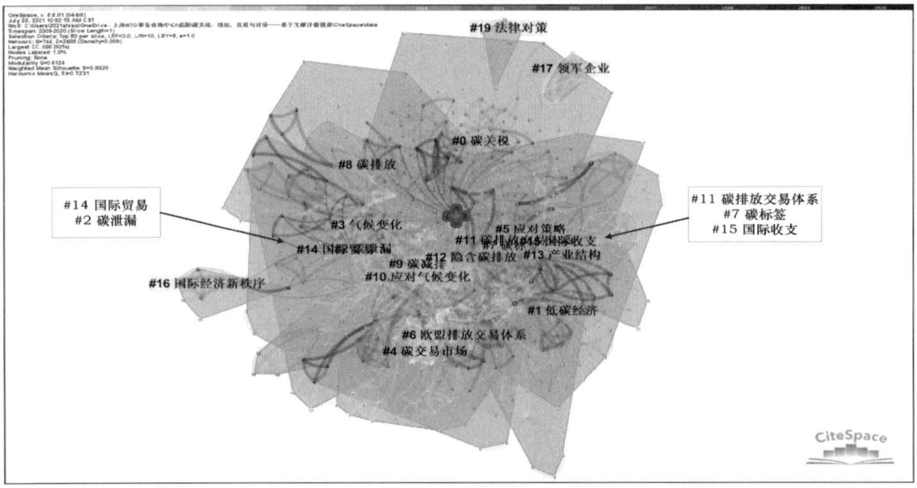

图 3　碳关税主题关键词共现网络的聚类分析结果

表 4　碳关税主题关键词的聚类信息

聚类 ID	规模	Silhouette	平均年份	Top3 聚类标签（LLR）
♯0　碳关税	120	0.843	2012	碳关税；贸易壁垒；贸易保护主义
♯1　低碳经济	69	0.898	2011	低碳经济；可持续发展；河北省
♯2　碳泄漏	66	0.866	2012	碳泄漏；wto；环境保护

① Silhouette 值反映了聚类的效果，当 Silhouette 大于 0.7 时，聚类的信度达到较高标准。

（续表）

聚类 ID	规模	Silhouette	平均年份	Top3 聚类标签(LLR)
＃3 气候变化	49	0.789	2011	气候变化；合法性；贸易措施
＃4 碳交易市场	45	0.918	2010	碳交易市场；cdm；清洁能源
＃5 应对策略	42	0.892	2011	应对策略；出口贸易；技术性贸易壁垒
＃6 欧盟排放交易体系	39	0.872	2011	欧盟排放交易体系；碳金融；低碳技术
＃7 碳标签	39	0.865	2013	碳标签；出口结构；出口额
＃8 碳排放	37	0.896	2011	碳排放；可计算一般均衡模型；全球变暖
＃9 碳减排	36	0.910	2010	碳减排；二氧化碳排放量；高耗能产品
＃10 应对气候变化	31	0.886	2010	应对气候变化；哥本哈根协议；气候谈判
＃11 碳排放交易体系	30	0.908	2010	碳排放交易体系；应对之策；参议院
＃12 隐含碳排放	26	0.917	2012	隐含碳排放；中美贸易；碳关税政策
＃13 产业结构	17	0.978	2012	产业结构；新贸易保护主义；碳标签收入差距
＃14 国际贸易	14	0.942	2011	国际贸易；政策选择；环境税
＃15 国际收支	8	0.975	2010	国际收支；加工贸易；外国直接投资
＃16 国际经济新秩序	7	0.996	2013	国际经济新秩序；碳排放权；气候资本主义
＃17 领军企业	6	0.999	2009	领军企业；反倾销税；国际服务外包
＃19 法律对策	5	0.999	2011	法律对策；中国企业；海外并购

由于聚类的主题相关性、出现年份等因素的作用，各聚类呈现出“散中有聚”的状态。整体来看，聚类可以分为三个部分：第一，以碳关税（＃0）为代表的第一部分，共包含 5 个聚类（＃0、＃2、＃3、＃8、＃14）；第二，以低碳经济（＃1）为代表的第二部分，共包含 11 个聚类（＃1、＃4-＃7、＃9-＃13、＃15），这也是图中最大的聚类群；最后，是由＃16（国际经济新秩序）、＃17（领军企业）和＃19（法律对策）等三个聚类构成的边缘话题聚类群。在第一部分中，由碳排放带来的全球气候变化给国际贸易带来了种种影响，其中碳关税和碳泄漏成为核心议题。

相对来说，第二部分主要关注如何通过碳减排手段来应对气候变化，这些措施包括发展低碳经济、构建碳交易市场、使用碳标签、监控隐含碳排放、调整产业结构以及保持国际收支平衡等。最后，是由上述两个核心问题带来的其他讨论，如碳关税对国际经济新秩序的影响和推动、一些领军企业面临的碳关税压力以及对碳关税议题在法律层面的探讨等。上述三个视角构成了 2009—2020 年我国学者探究碳关税议题的主要研究点，这为后续研究的开展和创新提供了理论基础。

另外，聚类分析的结果也为探究我国碳关税研究的发展趋势提供了可能。通过聚类出现的平均年份，我们可以在一定程度上观测到我国碳关税研究的演进趋势，见表 4 所示。出现最早的聚类平均年份为 2009 年，"领军企业"(＃17)聚类关注于反倾销税、国际服务外包以及领军企业面临的国际压力等话题。这意味着，因气候变化产生的碳关税、贸易保护等现象逐渐开始对我国企业"走出去"产生重大影响。随后，2010 年的相关讨论开始呈现多元化趋势，从对我国企业的重点关注拓展到碳交易市场(＃4)、碳减排(＃9)、应对气候变化(＃10)以及碳排放交易体系(＃11)等议题上来。我国的碳关税研究在 2011 年呈现爆发趋势，研究进一步延伸到低碳经济(＃1)、应对策略(＃5)、欧盟排放交易体系(＃6)、国际贸易(＃14)以及法律对策(＃19)等问题上来。随后，碳泄漏(＃2)和隐含碳排放(＃12)等贸易行为实践中面临的操作问题在 2012 年左右开始得到关注和探讨，WTO 规则下的公平合理和中美贸易得到重点关注。进一步地，如碳标签(＃7)和国际经济新秩序(＃16)等碳关税的操作机制等问题在后续得到了充分的探究，出口结构和"气候资本主义"等问题开始出现。基于上述分析可以看出，我国的碳关税研究经历了由小到大、从微观到宏观、从消极到积极的多元化发展历程。

四、研究启示及我国对策

以欧美发达国家为代表的"限排国"所实施的碳关税，对我国来说是一次"降维打击"，这里的"维"是由国家发展的代差所致。发达国家自工业革命以来近两百年的工业化历程，在我国近几十年的高速发展中快速迭代。相对于早已进入"后工业化时代"的发达国家而言，我国仍处于工业化后期的产业调整阶段，该发展模式决定了大量污染和碳排放的产生。因此，发达国家以一种"过来人"的视角对我国进行"排放歧视"是不公平、不客观、也是忽视历史排放责任的。结合近期国际发展态势，我国在芯片、光刻机、航空发动机等一批"卡脖子"技术被限制之后，绿色经济和清洁技术等“卡‘碳’脖子”的问题也悄然而至，且愈演愈烈。由此可见，我国在部分关键领域仍处于近代“落后就要挨打”的延续阶段，只有秉持“打铁还须自身硬”的态度才能独立自主、攻坚克难。因此，在低碳经济的国际大背景下，我国应该积极地应对诸如碳关税等相关政策的出现。整体来看，我们应该分别在宏观、中观和微观三个层面做出积极的应对措施。

首先，在宏观层面，国家政策和市场手段要同步进行。尽管已有较多学者从合理性和合规性视角反复论证了碳关税政策与WTO现行规则的冲突所在，但其对阻止碳边境调节措施的实践并未起到决定性的作用。无论基于国际大势或是政策实践，我们都不应该寄希望于他国主动取消碳关税政策的实施，而应该时刻保持“做最坏打算”的心态。因此，我们应努力在国际舞台上对碳关税政策的不合理性据理力争，与此同时，积极地参与相应规则的制订，力争有利于我国长期发展的国际标准和主导权。在此基础上，对后续可能的环境政策和贸易规则进行预警和前瞻性评估。另一方面，我国应基于经济手段（如碳税和碳交易市场等）大力推动国内企业进行节能减排和转型升级，以“碳的内循环”有效地调节“碳的外循环”，进而形成节能减排的国内外“双循环”。

其次，大力发展低碳经济，促进产业结构升级和供应链绿色转型。我国应进一步提升低碳经济、循环经济等可持续发展方式在国家战略中的重要性，继而为我国实现产业绿色转型升级以及协调人、财、物等战略资源提供基础。而作为碳关税的目标，化工、冶金、石化等高碳产业首当其冲，原因就在于其单位能耗和碳排放量较高。因此，我国应该大力推动高碳产业向绿色、低碳和清洁生产方向结构调整，继而有效降低其单位能耗和碳排放。同时，产业的绿色转型是一个系统性工程，需要以企业为核心的上下供应链协同配合来实现。因此，我国应该大力对以高碳产业为终端的产业链进行绿色化转型升级，进而通过“以点带面”构建绿色供应链和生产布局调整。

最后，不应忽视个体层面和情景因素的作用。除了“自上而下”的政策因素，我们还应该重视“自下而上”的个体/社区和社会情境因素。作为消费终端，居民的低碳消费可以极大地倒逼企业开展绿色生产，继而带动其供应链的绿色转型。而且，低碳消费模式和行为习惯也带动了一大批新兴企业和商业模式的形成，例如共享出行模式和大量资源回收企业的出现。另外，需要注意的是，个体间的社会互动和社交网络也发挥了极大的传播和带动作用。以家庭和社区为单位形成的低碳文化和价值观可以极大地影响个体的低碳选择和行为倾向，继而为其实践低碳行为提供了基础。综上所述，只有通过宏、中、微三个层面的协同调整，我国才能有效地构建低碳发展模式，继而以“国内带动国际”的方式缓解碳关税等政策对我国国际贸易和产业发展带来的不利影响。

尽管本文以大量文献为样本数据对我国碳关税研究做出了系统性的梳理，但在研究方法中仍存在一定的局限性，主要体现在数据获取的两个方面：(1)我国学者的部分成果发表于外文期刊，而未被纳入统计范围；(2)部分研究成果不属于北大核心、CSSCI 以及 CSCD 等期刊目录范围之内，而未被纳入统计范围。因此，本研究的数据获取上存在一定的局限性，后续的研究应该进一步拓展数据获取范围，包括国内外数据库以及书籍章节、会议论文、工作论文、年度报告、新闻报道等多种形式的文献数据。另外，在后续开展的研究中，我们应该更加关注碳关税的前沿热点并及时跟踪最新的研究成果。

参考文献：

[1] IPCC, "Climate Change 2013: The Physical Science Basis", *Contribution of Working*, 2013, 43(22).

[2] B HRINGER C, CARBONE J C, RUTHERFORD T F. Embodied carbon tariffs [J]. The Scandinavian Journal of Economics, 2018, 120(1).

[3] B HRINGER C, SCHNEIDER J, ASANE-OTOO E., "Trade in Carbon and Carbon Tariffs", *Environmental and Resource Economics*, 2021, 78(4).

[4] 俞海山：《碳关税：研究综述与展望》，《国际经贸探索》，2013 年第 3 期。

[5] 李平、李淑云、沈得芳：《碳关税问题研究：背景，征收标准及应对措施》，《国际金融研究》，2010 年第 9 期。

[6] 黄文旭：《碳关税相关概念辨析》，《岭南学刊》，2011 年第 1 期。

[7] PORTER M E, VAN DER LINDE C., "Toward a new conception of the environment-competitiveness relationship", *Journal of economic perspectives*, 1995, 9(4).

[8] CHEN C., "Science Mapping: A Systematic Review of the Literature", *Journal of Data Information Science*, 2017, 2(2).

[9] 边永民、蒋硕：《一类新型的贸易壁垒措施——碳壁垒》，《中国对外贸易》，2009 年第 10 期。

[10] 黄凌云、李星：《美国拟征收碳关税对我国经济的影响——基于 GTAP 模型的实证分析》，《国际贸易问题》，2010 年第 11 期。

[11] 林伯强、李爱军：《碳关税的合理性何在？》，《经济研究》，2012 年第 11 期。

[12] 徐斌、李彦江、吴千羽：《碳关税对中国高耗能商品及能源市场影响——基于可计算一般均衡模型分析》，《产业经济研究》，2015 年第 2 期。

[13] 沈可挺、李钢：《碳关税对中国工业品出口的影响——基于可计算一般均衡模型的评估》，《财贸经济》，2010 年第 1 期。

[14] 沈可挺：《碳关税争端及其对中国制造业的影响》，《中国工业经济》，2010 年第 1 期。

[15] CHEN C, IBEKWESANJUAN F, HOU J., "The Structure and Dynamics of Co Citation Clusters: A Multiple Perspective Co-Citation Analysis", *Journal of the Association for Information Science Technology*, 2010, 61(7).

中美科技"脱钩"背景下我国高新技术产品贸易的影响因素分析

——基于20个国家和地区贸易数据的引力模型

刘 慧*

内容摘要:近年来,中美关系收紧,美对华科技领域的遏制行为愈演愈烈。美国不仅对华高技术出口采取一系列的管制措施,还对自中国进口的高新技术产品做加征关税的限制。基于此,本文对我国高新技术产品的进出口贸易特征做了深入研究,研究结果发现,我国高新技术产品的进出口结构比较单一;就贸易伙伴国而言,我国在高新技术产品的进口来源上有一定的选择余地,但在高新技术产品的出口上对美国有较强的依赖性,美对华加征关税会对高新技术产品的出口产生不利影响。在主要伙伴国进出口贸易数据的基础上,文章还利用引力模型对影响我国高新技术产品进出口的因素做了进一步的实证研究,结果显示,国家创新力和对外开放度的提升对高新技术产品的出口均具有促进作用。且增加高新技术产品的出口有助于改变我国在外贸上大而不强的现状,提升其在全球价值链中的地位。

关键词:高新技术产品;引力模型;全球价值链

Abstract: With the continuous escalation of Sino-US trade frictions, the crackdown of the United States in the field of science and technology against China is becoming more and more serious. The United States not only takes export control measures on high-tech exports to China, but also imposes tariff restrictions on high-tech products imported from China. So we have made an in-depth study on the import and export trade characteristics of China's high-tech products. The results show that the import and export structure of China's high-tech products is relatively single. From the perspective of trade

---

* 刘慧,上海WTO事务咨询中心信息部咨询师。

partner countries, China has a large choice in the import of high-tech products, but has a strong dependence on the U.S in the export of high-tech products. We also use the trade gravity model to make an empirical analysis of the factors that affect the import and export of high-tech products in China. The results show that the improvement of national innovation and opening-up can promote the export of high-tech products. Increasing the export of high-tech products will help to change the status quo that China is large but not strong in foreign trade and enhance its position in the global value chain.

Key words: Sino-US trade friction; high-tech products; gravity model; global value chain

一、引　　言

2018年,美国贸易代表办公室根据"301条款"公布了涉华2 500亿美元出口商品的征税清单,其涉及领域覆盖航空航天、电气设备、医药和机械等高新技术行业,对我国高新技术产品出口的限制开始成为中美经贸摩擦的主要内容。之后,美国政府以国家安全威胁为由,进一步禁止美国公司七年内向中兴出售芯片、软件和技术等,使中国认识到美开始对我高新技术产品的进口进行限制。2021年,拜登政府以"应对中国军工企业威胁"为由签署行政命令,把59家中国高科技企业列入投资"黑名单",禁止美国人与名单所列公司进行投资交易。美国政府针对中美科技交流采取的一系列限制措施,试图对中国采取"脱钩"策略。

美国政府从进口端和出口端采取"组合拳"措施对中国高新技术产业进行限制和打压,其目的主要在于市场和技术两个方面:一方面,通过中美贸易摩擦限制我国高新技术产品出口,以此对我国高新技术产业政策施加压力;另一方面,以国家安全和知识产权保护为由,阻碍我国对高新技术的引进、应用和研发。在此背景下,对我国高新技术产品进出口的贸易伙伴国进行研究,寻找除美国外的其他替代国;通过实证分析发现影响我国高新技术产品进出口贸易的影响因素,并基于此提出扩大我国高新技术产品出口的应对策略,具有重要的决策意义和现实意义。

二、文 献 综 述

(一) 中美科技脱钩的相关研究

中美贸易摩擦由来已久，国家间贸易摩擦产生的一个重要原因是，在科学技术的发展与变革中，技术后发国利用对技术的引进、学习和再创新，逐渐增强经济实力并赶超原有的技术领先国，动摇了其在世界经济格局中的地位，技术领先国为了维护自身利益会对技术后发国采取技术限制和封锁的做法，从而导致双边贸易摩擦的发生(杜莉，2010)。代表性的理论解释是(Brezis 和 Krugman，1993)“蛙跳模型”，该模型认为技术先发国与后发国的地位并不是一成不变的，后发国更愿意采用高投入但潜力巨大的新技术，因此更可能通过新技术的潜在优势赶超先发国。

2018 年以来，美国发起的贸易摩擦已不仅仅限于经济贸易领域而是转向技术领域，从最开始的 301 调查，到中兴的屡遭罚款，再到全面禁售华为，美国对华的技术封锁一直在不断升级。国内外学者普遍担心的一个问题是，中美之间经济上原有的相互依赖关系，是否会发生“经贸脱钩”“科技脱钩”，从而对全球价值链分工和生产布局造成巨大冲击。随后，国内外学者，从两个方面进行了研究。一是探讨本轮科技脱钩的起因和发展趋势。张杰(2019)认为美国实质上谋求的是美国对中国的“不对称”市场开放优势，即强制中国对美国高科技产品和优势农产品进一步开放市场，而严格限制中国高端产品和投资进入美国市场的权力，谋求的更是美国和中国之间的“科技创新脱钩”，以维持在高科技创新领域美国相对中国的绝对领先优势，从而遏制中国自主创新体系能力的提升和创新型国家的建设。而李峥(2020)则认为美国试图对中国采取“脱钩”策略的原因是多方面的，首先，中国在前沿技术的快速发展对美国安全产生威胁，其次，美国希望推动科技产业链“回流”。“脱钩”是美国采取的竞争策略之一，其目的是使美国在国家创新体系竞争中占据有利地位，但是，“脱钩”策略本身存在局限性，未必能够让美国得偿所愿。刁大明等(2020)指出在结构性原因和政策性原因的交互影响下，中美两国“脱钩”虽然具有辐射性、演变性以及一定不可控性，但仍处于“部分脱钩”阶段，且这种状态将长期存在，但难以实现“全面脱钩”，中美“脱钩”的进程最终要取决于两国的政策选择与相互塑造。

二是中美科技脱钩对经济的影响及中国的政策启示。刘如(2020)指出作为全球最重要的两大经济体，中美之间在科技领域的交流与合作，对于全球科技发展具有举足轻重的作用。随着美国通过保护主义措施削弱中国的科技创新能力，已经严重扰乱了正常的国际贸易秩序和全球化进程，加剧了全球局势的不确定性。聂世坤等(2021)基于对拜登政府“部分脱钩”的判断，分析了美中科技“脱钩”对中国高新技术产品出口的影响，指出该影响更多地体现在东部地区ICT产业的对外发展上，尤其是民营企业对发达经济体的ICT出口贸易可能面临更大挑战。除了定性分析，国内外学者对于中美贸易摩擦可能产生的影响也做了定量评估。姜鸿(2021)的研究也指出美国对中国采取的一系列科技限制措施将影响两国的经济，通过连锁反应，进而影响世界其他经济体。并通过量化研究发现，受中美科技脱钩的间接影响，世界主要经济体总产出均下降，其中美国总产出受损最大。

上述研究基本证明中美科技脱钩会对中美两国经济和世界经济产生不良影响，从表面上看美国发动对中国高新技术产品的制裁是为了缓解中美贸易不平衡问题，其战略上的真实用意是以贸易逆差和知识产权问题为借口，打击中国的高端制造领域，遏制中国在技术和经济上的追赶。

(二) 高新技术产品贸易的影响因素与量化评估方法研究

从目前检索到的文献来看，对于高新技术产品贸易影响因素的研究，多集中于生产要素如何对高新技术产品的出口产生影响。王宇楠(2013)的研究结果发现，技术创新力对中国高新技术产品出口的促进大致为87%，且中国高新技术产品的出口种类比较单一，主要集中在计算机通信技术与电子类产品。莱曼·埃尔达尔(Leman Erdal, 2015)对1996—2013年亚洲10个发展中国家的外国直接投资(FDI)和研发投入对经济的影响做了回归分析，结果发现FDI给样本国家带来更多高技术含量产品的生产能力，他们通过生产高技术和高附加值的产品，将知识和技术内化后成功地出口，实现其高新技术产品出口和经济的高速增长。陈黎(2020)则通过构建高新技术产业发展预警模型对广州高新技术产业发展的影响因素进行了研究，结果发现专利产品的数量增加、高额的研发投入以及企业劳动生产效率的提高，对于提升高新技术产业经济效率具有显著的正向促进作用。

在贸易流量影响因素的量化评估方法上，国内外研究者大多采用贸易引力模型。如王术华等(2014)基于2002—2011年中国和其他30个国家林化产品出口的贸易数据，利用贸易引力模型对影响林化产品出口的因素做了回归分析，结果显示贸易双方的经济规模、共同边界等因素对中国林化产品出口有正向影响，而贸易双方的地理距离、汇率等因素有负向影响。不仅适用于出口贸易的分析，对于进口贸易的影响因素研究，学者们也会采用引力模型，吴丹(2008)通过建立东亚贸易引力模型，利用 1995—2004 年的数据对东亚 10 个主要经济体进口贸易流量的影响因素做了面板回归分析，研究发现，贸易双方的经济规模、中国—东盟自由贸易区、外国直接投资和国家间的地理距离都是样本国家双边进口贸易流量的主要影响因素。普拉托等(Prato 和 Nepelski，2013)使用贸易引力模型对中国和其他国家之间的技术贸易模式和驱动因素进行了研究，研究发现外商直接投资和专利申请量是影响国家间技术转移的主要因素，且中美关系主导着中国与世界上其他国家或地区的技术往来。

上述国内外研究成果虽对中美贸易摩擦和高新技术产品贸易做了相关研究，但仍有一定的不足之处。本文在借鉴已有研究的基础上，针对其不足在以下三个方面做出改进：(1)尽管大部分学者认识到中美贸易摩擦的用意在于打击我国高新技术产业，但并没有对我国当前的高新技术产业贸易特征做深入研究；本文将对我国高新技术产品的主要贸易伙伴国、进出口产品结构进行研究。(2)现有研究多是针对高新技术产品出口的影响因素分析，而对于进口的研究多是集中在美国对华出口管制问题上；本文将对高新技术产品进口、出口的影响因素分别做研究分析。(3)在应对策略上，与以往的研究多是针对如何绕开美对华的高新技术出口管制不同，本文将对如何拓展新的贸易伙伴国和增强高新技术产品出口的对策研究。

三、样本的选择与模型构建

(一) 样本的选择

由于高新技术产品细分种类较多，本文中我们依据海关 6 位代码进行分析，有关高新技术产品贸易的数据①来源于全球贸易观察数据库(GTF)。对于贸易伙伴国的选取，我们以与中国高新技术产品贸易额中占比较高的国家(地区)为主，样本国家主要包括 20 个国家和地区，具体为：美国、中国香港、日本、韩国、荷兰、印度、德国、越南、中国台湾、新加坡、墨西哥、马来西亚、泰国、法国、爱尔兰、澳大利亚、俄罗斯、加拿大、意大利、英国。这 20 个国家和地区近三年来与中国的高新技术产品进出口额占高新技术产品进出口总额的比重均在 85%以上，因此，能较好地代表我国高新技术产品的贸易伙伴国(地区)，基本满足我们的研究需要。

① 数据范围不包括中国香港、澳门和台湾地区，仅指中国大陆地区。

为了保证数据的可获得性与连续性，样本时间上我们选取了2010—2019年。

(二) 模型的构建

目前尚未有一个全面的理论模型来解释国家间高新技术产品贸易的形成。借鉴国内外学者对于国家间贸易流量影响因素的研究，本文中我们选择引力模型对跨境高新技术产品贸易进行实证分析。该模型的理论基础源于牛顿的万有引力定律，最早被著名经济计量学家J.伯根(Jan Tinbergen, 1962)和德国经济学家波贺农(Poyhonen, 1963)用于研究双边贸易流量问题，二人的研究得出了相同的结论：两个国家之间的贸易规模与他们的经济规模成正比，与两国之间的地理距离成反比。贸易引力模型的基本公式表示为：

$$T_{ij}=A\frac{GDP_i * GDP_j}{D_{ij}} \tag{1}$$

其中 T_{ij} 表示国家 i 和国家 j 之间的贸易总额，A 表示比例常数，GDP_i 表示国家 i 的GDP，GDP_j 表示国家 j 的GDP，D_{ij} 表示国家 i 和国家 j 之间的距离(通常指两国经济中心或主要港口之间的距离)。

我们将用该引力模型对中国的高新技术产品贸易流动进行研究分析，影响国家间高新技术产品贸易的因素有很多，除了国内生产总值和国家间距离，还包括对外国投资的开放度、国家创新力等。因此，根据本文的研究需要，我们对贸易引力模型进行了扩展，在模型中引入了外国直接投资和国家创新力两个解释变量，进而分析这些因素对我国技术产品贸易的影响方向和影响大小。与我国进行贸易往来的国家有很多，由于高新技术产品多涉及附加值高的行业，因此在模型中引入一个有关国家经济发展水平的虚拟变量。

为了便于回归，将方程(1)转化为对数线性形式，并对模型进行相应的扩展，从而可以得到中国的高新技术产品进口函数，即其他国家对中国的技术产品出口函数为：

$$\begin{aligned}\ln IMP_{cjt}=&\alpha_0+\alpha_1\ln(GDP_{ct})+\alpha_2\ln(GDP_{jt})+\alpha_3\ln(Dis_{cj})+\alpha_4\ln(FDI_{ct})\\&+\alpha_5\ln(FDI_{jt})+\alpha_6\ln(Inv_{ct})+\alpha_7\ln(Inv_{jt})+Develop_j+\varepsilon_{ijt}\end{aligned} \tag{2}$$

同样的我们可以得到中国的高新技术产品出口函数：

$$\begin{aligned}\ln EXP_{cjt}=&\beta_0+\beta_1\ln(GDP_{ct})+\beta_2\ln(GDP_{jt})+\beta_3\ln(Dis_{cj})+\beta_4\ln(FDI_{ct})\\&+\beta_5\ln(FDI_{jt})+\beta_6\ln(Inv_{ct})+\beta_7\ln(Inv_{jt})+Develop_j+\varepsilon_{ijt}\end{aligned} \tag{3}$$

其中 IMP_{cjt} 和 EXP_{cjt} 分别表示中国对 j 国的高新技术产品进口额与出口额，

GDP_{ct} 和 GDP_{jt} 分别代表中国和 j 国的国家富裕程度，Dis_{cj} 表示中国到伙伴国 j 国的地理距离，FDI_{ct} 和 FDI_{jt} 分别代表中国和 j 国的国家开放度，Inv_{ct} 和 Inv_{jt} 分别代表中国和 j 国的国家创新力。当 j 国为发展中国家时，$Develop_j=0$，为发达国家时 $Develop_j=1$，ε_{ijt} 表示误差项。

在以往的研究中，贸易引力模型多被学者用于研究国家层面的贸易流量影响，若将该模型用于研究某一具体产品的进出口贸易时可能会出现一个问题，并不是所有的解释变量都会对产品的进出口贸易产生显著影响(潘安等 2013)。

(三) 变量的说明

本研究中我们选取的样本时间范围为 2010—2019 年，对于模型中涉及的变量及其数据来源做如下说明：中国对样本国家的高新技术产品(HS6 位码)进口贸易和出口贸易贸易数据均来自全球贸易观察数据库(GTF)。

样本国家的 GDP 我们采用人均 GDP，其数据来自世界银行的世界经济发展指标统计数据库(World Bank World Development Indicator Database)，为与进出口贸易数据的统计口径保持一致，采用现价美元下的数据。

距离变量的数据，我们参考 CEPII 数据库选取了适合贸易引力模型的变量 distwces 对应的值。

对于国家开放度的衡量，本文中我们用外资利用情况净 *FDI* 来表示(即当年引进 *FDI* 的流量额与当年流出的 *FDI* 流量额之差)，其中各国(地区)的 *FDI* 流入和流出数据均来自联合国贸易和发展会议统计数据库(UNCTAD Statistics)。

对一国创新能力的衡量，我们选用各国通过《专利合作条约》(PCT)提交的国际技术专利申请作为度量指标，该技术专利根据发明人所在国以及最早优先权日进行来源国和申请时间的统计。数据主要来源于 OECD① 统计数据库，其中越南的数据来源于世界知识产权局数据中心②。变量的描述性统计分析结果见表 1。

表 1　变量的描述性统计

变　量	均　值	标准差	最小值	最大值
IMP_{cj}	211.089	305.637	2.377	1 335.874
EXP_{cj}	276.649	419.410	7.268	2 139.644
Dis	43.309	29.635	4.064	120.833

① 参见 https://stats.oecd.org/Index.aspx#。

② 参见 https://www3.wipo.int/ipstats/index.html。

（续表）

变　量	均　值	标准差	最小值	最大值
GDP	3.349	2.018	0.132	7.941
PCT	0.940	0.593	0.001	6.433
FDI	4.832	4.721	−2.809	47.179

四、数据分析与实证研究

本部分我们以海关 6 位代码下的高新技术产品为研究对象，进一步分析中国与世界上其他国家和地区在这些产品上的贸易往来情况。首先，我们分析了 2018 年美国对中国 2 500 亿美元产品加征关税前后，中国的高新技术产品贸易状况，即哪些国家（地区）是中国高新技术产品进口的主要来源国（地区），哪些国家（地区）是中国高新技术产品的主要出口国（地区）。其次，我们分析了我国高新技术产品进出口结构；最后，我们利用相关统计数据对高新技术产品贸易流量的引力模型进行了回归，以发现影响高新技术产品贸易的变量之间的相关性。

（一）中国高新技术产品的贸易现状及其主要伙伴国

为了对中国高新技术产品的贸易现状有所了解，我们首先考察了中国从世界其他国家和地区的进口情况。表 2 显示了，2017—2019 年期间中国在高新技术产品进口方面的主要伙伴国及进口规模。可以看出，在 2018 年前后进口伙伴国和进口规模并没有发生明显变化，中国台湾（地区）、韩国、日本在中国高新技术产品的进口来源上处于领先地位，来自这三个地区的进口额占高新技术产品进口总额的比重超过 40%。

表 2　中国与其他国家（地区）的高新技术产品进口排名

中国进口									
	2017 年			2018 年			2019 年		
排名	来源国/地区	金额（亿美元）	占比	来源国/地区	金额（亿美元）	占比	来源国/地区	金额（亿美元）	占比
1	中国台湾	1 140	19%	中国台湾	1 322	20%	中国台湾	1 336	21%
2	韩　国	1 040	18%	韩　国	1 213	18%	韩　国	971	15%

(续表)

中国进口									
	2017 年			2018 年			2019 年		
排名	来源国/地区	金额(亿美元)	占比	来源国/地区	金额(亿美元)	占比	来源国/地区	金额(亿美元)	占比
3	日　本	541	9%	日　本	589	9%	日　本	551	9%
4	美　国	480	8%	美　国	551	8%	美　国	467	7%
5	马来西亚	318	5%	马来西亚	346	5%	马来西亚	397	6%
6	德　国	269	5%	越　南	322	5%	越　南	331	5%
7	越　南	218	4%	德　国	282	4%	德　国	299	5%
8	泰　国	133	2%	泰　国	147	2%	泰　国	169	3%
9	菲律宾	126	2%	法　国	145	2%	法　国	137	2%
10	新加坡	125	2%	新加坡	137	2%	新加坡	133	2%
	全　球	5 886	100%	全　球	6 757	100%	全　球	6 416	100%

资料来源:作者根据全球贸易观察数据库(GTF)整理。

与进口不同,我国的高新技术产品出口目的地,主要集中在美国和中国香港地区。如表 3 所示,近三年来,出口到美国的高新技术产品约占出口总额的 20%。2018 年美国对自中国进口的 2 500 亿美元清单产品加征关税,受此影响,2019 年我国对美的高新技术产品出口额有所下降,但主要出口贸易伙伴国和地区并未受到征税措施的影响。

表 3　中国与其他国家(地区)的高新技术产品出口排名

中国出口									
	2017 年			2018 年			2019 年		
排名	来源国/地区	金额(亿美元)	占比	来源国/地区	金额(亿美元)	占比	来源国/地区	金额(亿美元)	占比
1	中国香港	1 604	24%	中国香港	1 803	24%	中国香港	1 682	23%
2	美　国	1 355	20%	美　国	1 520	20%	美　国	1 303	18%
3	韩　国	395	6%	韩　国	412	5%	韩　国	406	5%
4	日　本	367	5%	日　本	379	5%	日　本	371	5%
5	荷　兰	336	5%	荷　兰	364	5%	荷　兰	360	5%
6	印　度	251	4%	印　度	266	4%	越　南	277	4%

（续表）

中国出口									
	2017年			2018年			2019年		
排名	来源国/地区	金额（亿美元）	占比	来源国/地区	金额（亿美元）	占比	来源国/地区	金额（亿美元）	占比
7	德　国	209	3%	德　国	220	3%	中国台湾	270	4%
8	中国台湾	194	3%	中国台湾	217	3%	印　度	239	3%
9	越　南	179	3%	越　南	211	3%	德　国	216	3%
10	新加坡	154	2%	新加坡	165	2%	新加坡	176	2%
	全　球	6 789	100%	全　球	7 585	100%	全　球	7 421	100%

资料来源：作者根据全球贸易观察数据库(GTF)整理。

总体来看，相较于2018年，2019年我国的高新技术产品进出口额均有所下降，但出口额仍然高于进口额，我国的高新技术产品进出口处于贸易顺差。在高新技术产品的进口上，中国的贸易伙伴主要集中在亚洲国家，而在高新技术产品的出口上，西方国家作为中国的贸易伙伴表现的相对活跃。日本和韩国在中国高新技术产品的进口来源地和出口目的地方面均处于领先地位，这表明国与国之间的地理距离，会对国家间的贸易水平产生一定的影响。

（二）中国高新技术产品的进出口结构

借鉴科技部对高技术领域的分类，本文将高新技术产品分为9类：计算机与通信技术、生命科学技术、电子技术、计算机集成制造技术、航空航天技术、光电技术、生物技术、材料技术和其他技术。如图1所示，在我国高新技术产品的出口结构中，计算机与通信技术产品占据绝对主导地位，相较于2018年，2019年出口额有所下降，但仍达到4 811.8亿美元，占高新技术产品出口总额的60.9%。其次是电子技术产品，近十年来，其出口份额稳定，未受到美对华加征关税影响，2019年其出口占比为26.7%。其他类别的高新技术产品出口则维持在较低的水平。

从图2可以看出，在我国高新技术产品进口结构中，电子技术产品占据首位，2019年，电子技术产品进口占比约为60%。其次是计算机与通信技术，占比17.8%。而光电技术产品、航空航天技术产品、计算机集成制造技术产品、生命科学技术产品的进口占比相差不大，约在5%—10%之间。由此可见，我国高新技术产品的进口和出口侧重的技术领域不同，但高新技术产品的进口结构和出口结构都比较单一，不够均衡。

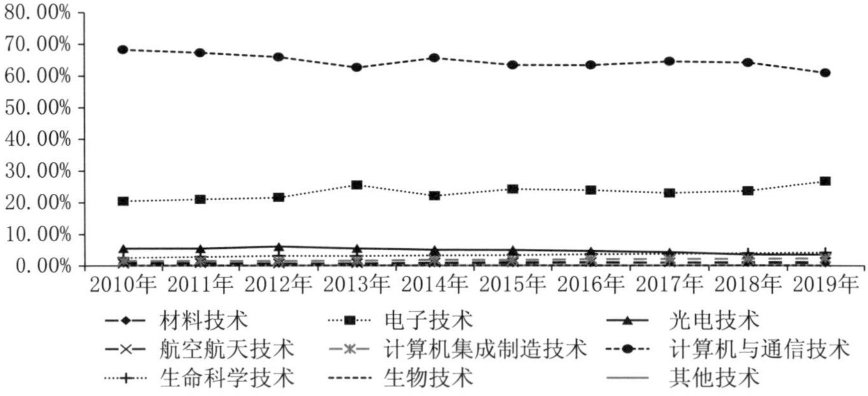

图 1　2010—2019 年中国各类高新技术产品出口占比

资料来源：作者根据全球贸易观察数据库（GTF）计算获得。

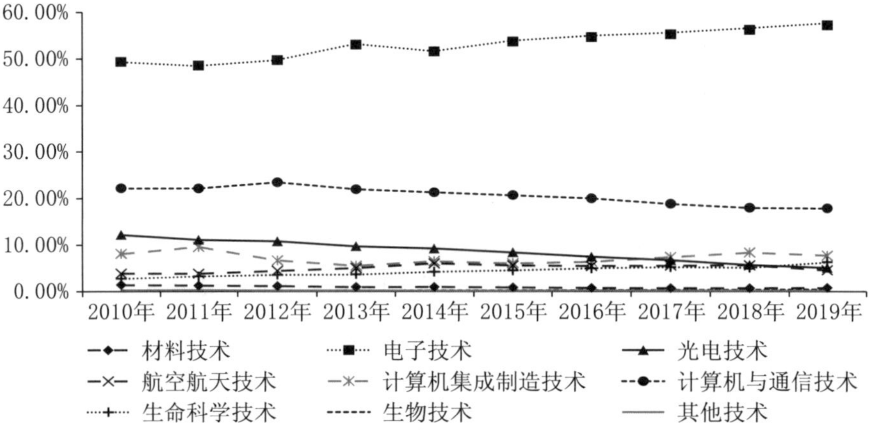

图 2　2010—2019 年中国各类高新技术产品进口占比

资料来源：作者根据全球贸易观察数据库（GTF）计算获得。

（三）实证结果分析

在对面板数据进行分析时，我们选用 F 检验来检测模型适用混合模型还是固定效应模型，采用 Hausman 检验检测模型适用固定效应模型还是随机效应模型。检验结果显示，采用个体固定效应模型更有效率。

因此，本文中我们对进口模型（2）和出口模型（3）分别做时间固定效应模型分析。回归结果如表 4 所示，其中中国进口，是指中国作为报告国从其他 20 个伙伴国的高新技术产品进口额，中国出口是指中国作为报告国向其他 20 个伙伴国的高新技术产品出口额。对进口模型和出口模型我们分别做了基本回归分析和扩展回归分析。基本回归方程是基于贸易引力模型仅考虑两国之间的地理距离、中国的 GDP 和相应的伙伴国和地区 GDP 对高新技术产品进出口贸易的影响。扩展回归方程是在基本回归方程的基础上引入代表国家(地区)开放度的变量 *FDI*，代表创新力的变量 *PCT*，以及代表伙伴国经济发达程度的虚拟变量 *Develop*。

表 4 技术创新对中国高新技术产品进出口贸易影响的实证结果

	中国进口		中国出口	
变 量	基本回归方程(1)	扩展回归方程(2)	基本回归方程(3)	扩展回归方程(4)
$\ln Dis$	−0.04(**) (−2.22)	−0.09(**) (−2.81)	−0.05(*) (−2.03)	−0.04(*) (−1.34)
$\ln GDP_c$	0.71(***) (6.1)	0.46(***) (3.61)	0.68(***) (8.76)	0.32(***) (4.53)
$\ln GDP_j$	0.01(*) (2.04)	0.70(*) (2.35)	0.01(*) (2.57)	0.01(*) (2.45)
PCT_c		0.68(**) (3.09)		1.09(***) (8.79)
PCT_j		0.11 (1.6)		0.06(*) (1.71)
$\ln FDI_c$		0.29 (2.57)		0.22(***) (3.47)
$\ln FDI_j$		1.09 (0.71)		0.21 (0.24)
$Develop_j$	0.22 (1.53)	0.07 (1.42)	0.01(*) (3.09)	0.58(*) (4.31)
样本数 *N*	200	200	200	200
调整后的 R^2	0.42	0.49	0.76	0.79

注：括号内为回归系数对应的 *t* 值，其中“*”“**”“***”分别表示显著性水平是 10%，5%，1%。

对于进口模型的基本回归方程(1)，标准引力模型国与国之间的地理距离变量 *Dis*、报告国和伙伴国的经济规模 GDP_c、GDP_j 的回归系数符号均与预期相符，并且是显著的，说明贸易引力模型可以较好地反映中国高新技术产品进口贸易流量的决定因素。对于扩展回归方程(2)，我们发现，与国家开放度相关的变量 *FDI* 的回归系数与高新技术产品的进口并不显著相关，说明报告国和伙伴国的外商直接投入对中国从国外进口高新技术产品并没有起到多大促进作用。关于另外一个引入变量 *PCT*,从回归结果我们可以看到,只有与中国发明创造绩效相关的系数是显著正相关的,这表明,随着中国创新能力的增强,高新技术产品从国外流向中国的贸易流量也在加剧。关于中国获得高新技术产品的来源地,我们可以观察到,伙伴国的经济发达程度与高新产品进口贸易之间并不显著相关。

对于出口模型的基本回归方程(3),由回归结果我们可以看到,变量 *Dis* 的回归系数为负,GDP 的回归系数为正,且均显著相关,表明中国向其他国家的高新技术产品贸易出口,存在着国家间距离的负面影响和两国 GDP 的正向影响。与进口模型不同,从扩展回归方程(4)的回归结果,我们发现,报告国的 *FDI* 与高新技术产品出口显著正相关,说明中国的外商直接投入对中国向其他国家出口高新技术产品具有促进作用。对于另外一个引入变量 *PCT*,其回归系数与高新技术产品出口显著正相关,说明中国和伙伴国的创新力对中国高新技术产品的出口均具有正向影响,创新力越强的国家对中国的高新技术产品越感兴趣。从中国高新技术产品出口的目的地所属区域上看,伙伴国的经济发达程度与高新产品出口贸易之间存在显著相关性。

上述分析表明,高新技术产品的进出口贸易不仅受地理距离和经济规模因素的影响,还受国家创新力和对外开放度的影响。这些因素特别是对高新技术产品的出口影响较大。

五、结论与启示

本文以此轮中美贸易摩擦为背景,分析了中国高新技术产品的主要贸易伙伴国和地区,进出口产品结构,并构建了贸易引力模型,考察影响中国高新技术产品进出口贸易的主要因素。本文的研究发现:(1)就主要贸易伙伴国和地区而言,在高新技术产品的进口来源上,中国的选择余地较大,除了美国外,日本、韩国等均是主要进口贸易伙伴国和地区,为此美国若坚持奉行其单边出口限制政策,对其自身高新技术行业的发展将是非常不利的,而且会进一步加大中美之间的贸易逆差。从高新技术产品的出口目的地上来看,我国高新技术产品的出口目的地主要是美国和欧盟,2018 年的美对华加征关税清单涉及多项高科技产业,会对我国高新技术产品出口产生负面影响。(2)我国的高新技术产品进出口结构比较单一,集中于计算机与通信技术产品和电子技术产品领域,易受到外国政府的出口管制限制以及加征关税措施的影响，尤其是在这两类产品的核心领域，很容易被卡脖子。(3)国家创新力和外商直接投资都对高新技术产品的出口具有积极作用。而鼓励高新技术产品的出口，有助于改变我国外贸总体上大而不强的现状，提升我国在全球价值链中的地位。

本文的研究结论对美国贸易制裁下如何推动中国的高新技术产品出口有着较为重要的启示：

第一，深化科技体制改革，健全国家创新体系建设。一国创新能力的提升，不仅需要企业加大对研发的投入力度，也需要从国家层面上寻求资源的最优配置以及推动技术创新的制度与政策(Freeman，1987)。当前我国国家创新体系还存在质量效率不高，发展不平衡等问题，除了经济发展的阶段性原因外，很大程度上是由于制约创新的体制障碍仍未消除。因此，在美国对我国高新技术产品贸易制裁的背景下，完善激励企业创新的制度环境、加快科研机构法人制度改革、积极发挥高校在国家创新体系中的作用，成为新时期国家创新体系建设中十分重要的任务。

第二，优化外商投资环境、引导外资更多投向高新技术产业。尽管中国国内经济发展取得了显著成就，但由于要素禀赋的限制，中国仍不具备生产高端技术产品的优势，高科技制造业及其出口依然与外商投资活动高度相关。外资企业还是中国大多数高科技产品出口的来源(Mary Lovely，2018)。因此，面对现有处境，我国应大力优化外商投资环境，降低外资流入国内后面临的系统性风险；转变经济发展方式，保持经济持续增长，确保外商可以分享中国市场上的潜在经济利益。降低外资研发中心享受国内各项优惠政策的门槛，尽可能多的鼓励外商来华投资设立研发中心，引导外资更多投向高新技术产业。

参考文献：

[1] 杜莉、谢皓：《美国对华高技术产品出口限制的理论与实证研究》，《国际贸易问题》，2010 年第 10 期。

[2] Elise S. Brezis，Paul R. Krugman，“Daniel Tsiddon. Leapfrogging in International Competition：A Theory of Cycles in National Technological Leadership”，*American Economic Review*，1993，83(5).

[3] 张杰：《中美科技创新战略竞争的博弈策略与共生逻辑》，《亚太经济》2019 年第 4 期。

[4] 李峥：《美国推动中美科技“脱钩”的深层动因及长期趋势》，《现代国际关系》2020 年第 1 期。

[5] 刁大明、王丽：《中美关系中的“脱钩”：概念、影响与前景》，《太平洋学报》2020 年第 7 期。

［6］刘如:《中美高技术脱钩的全球影响及应对措施》,《科技中国》2020 年第 11 期。

［7］聂世坤、周海云:《美中科技“脱钩”对中国高新技术产品出口的影响》,《价格月刊》2021 年第 4 期。

［8］姜鸿、朱静、刘玥:《美国推动中美科技脱钩的经济效应》,《常州大学学报》2021 年第 22 期第 2 刊。

［9］王宇楠:《技术创新对中国高技术产品出口影响的实证研究》,《经济研究导刊》2013 年第 23 期。

［10］Leman Erdal, İsmet Göçer, “The Effects of Foreign Direct Investment on R & D and Innovations: Panel Data Analysis for Developing Asian Countries”, *Procedia*, 2015, 195.

［11］陈黎:《高新技术产业发展监测预警及影响因素研究》,《统计与管理》2020 年第 8 期。

［12］王术华、田治威:《中国林化产品出口贸易影响因素与发展潜力——基于贸易引力模型的分析》,《国际经贸探索》2014 年第 6 期。

［13］吴丹:《东亚双边进口贸易流量与潜力:基于贸易引力模型的实证研究》,《国际贸易问题》2008 年第 5 期。

［14］Giuditta De Prato, Daniel Nepelski, “International technology transfer between China and the rest of the world”, *Jrc Technical Reports*, 2013.

［15］潘安、魏龙:《制度距离对中国稀土出口贸易的影响——基于 18 个国家和地区贸易数据的引力模型分析》,《国际贸易问题》2013 年第 4 期。

［16］中华人民共和国科技部:2016 年我国高技术产品贸易状况分析,http://www.most.gov.cn/kjtj/201804/p020180402662167189051.pdf。

［17］Freeman C., “Technology Policy and Economic Policy: Lessons from Japan”, London: *Pinter*, 1987.

［18］Mary Lovely、黄子璇:《中国高科技制造业的外商直接投资》,《新金融评论》2018 年第 3 期。

欧盟产业战略重点调整清单对我国出口的影响

阮　雯*

内容摘要：新冠肺炎疫情的冲击促使欧盟内部和出口市场的需求骤然大幅下降，同时这场危机也给予欧盟供应链以重大冲击。虽然欧盟的供应链从开放和融入全球价值链的世界市场中获得了一定的弹性，但这些全球价值链的中断可能会对欧盟某些重要的产业乃至盟内经济造成严重的影响。因此欧盟日前更新了其产业战略，希望加强单一市场弹性，并在对原材料、电池、活性药物成分、氢、半导体、云及边缘计算等六个战略领域提出减少对外国供应商的依赖。面对欧盟此次的供应链审查计划，本文通过对报告中的137种“高度进口依赖产品”进行分类和分析后发现，原材料中的镁、稀土永磁体和活性药物成分将会是重点受影响的产品。我国应主动就欧盟提出的中欧贸易间最敏感的产品进行分析并制定出相应的政策以备不时之需。

关键词：欧盟更新产业战略；供应链；中欧贸易

Abstract: The impact of the COVID-19 has led to a sharp drop in demand within the EU and in the export market. At the same time, the crisis has also given a major impact to the EU's supply chain. Although the EU's supply chain has gained a certain degree of flexibility from opening up and integrating into the global value chain of the world market, the disruption of these global value chains may have a serious impact on some important EU industries and even the economy within the EU. Therefore, the European Union recently updated its industrial strategy, hoping to strengthen the flexibility of the single market, and propose to reduce its dependence on foreign suppliers in six strategic areas including raw materials, batteries, active pharmaceutical ingre-

---

* 阮雯，英国曼彻斯特大学，金融经济硕士研究生。

dients, hydrogen, semiconductors, cloud and edge computing. In the face of the EU's supply chain review plan, this article classified and analyzed the 137 "highly import-dependent products" in the report, and found that magnesium in the raw materials, rare earth permanent magnets and Active Pharmaceutical Ingredients(API) will be mainly affected. China should take the initiative to analyze the most sensitive products in Sino-European trade proposed by the EU and formulate corresponding policies to prepare for emergencies.

Key words: EU Updating the 2020 New Industrial Strategy; supply chain; Sino-EU trade

一、引　　言

近五百年来西方国家一直占据世界经济的主导地位，这虽与其地理位置和自然资源息息相关，更与其技术进步、制度创新有关。近现代世界经济体系是由西方国家主导的，在这一体系中美国和西方国家将发展中国家作为廉价原料产地和商品倾销市场，而生产和研发集中在美国和西方发达国家，由此形成所谓"中心与周边"的互动关系。

时下对于欧洲经济、产业优势的丧失，欧洲人充满忧虑。布鲁盖尔智库分析称，欧盟在全球价值链中的参与度持续下降，竞争力逐渐丧失。经济全球化推动了世界经济中心从西方向东方的转移，中国与新兴经济体国家成为全球经济体系中的制造业与加工基地，经济得以快速发展，甚至在电子行业等实现超越。欧盟及其成员国在新兴的互联网领域也被美国拉开差距。欧盟逐渐意识到在国际竞争中落于后手。

如今，全区经济处于再平衡阶段，加之新冠肺炎疫情的冲击，大国竞争加剧，其重点转向了产业政策竞争。面对中美之间的战略竞争，欧盟也在寻找自身定位，谋求战略自主，试图以"主权欧洲"的方式来回应国际秩序演变中的挑战。因此，在此基础上，对欧盟产业战略重点调整的供应链清单进行分析研究将对我国产品出口的政策调整具有现实意义和应用价值。

二、欧盟产业战略升级历程

欧洲共同体作为欧盟的前身，并没有系统性的对其产业发展制定政策和所谓的产业战略，只是单纯的针对煤钢、纺织、造船以及原子能等部门实施了直接干预性的纵向产业政策[①]。一直到1992年，伴随着《马斯特里赫特条约》的正式通过，欧盟才将产业政策列入专门的政策领域。至今为止，欧盟产业战略可大致分为三个发展阶段。

1990年到2000年是欧盟产业政策处于奠定理念的初始阶段。至1990年10月欧盟委员会发布了第一份以产业政策为名的政策通报，至此确立了欧盟产业政策的三大基本原则：开放性、横向行、辅助性。这三大基本原则凸显了欧盟产业政策的核心，即保障内部竞争秩序。

2000年到2009年是欧盟产业政策处于逐渐完善其体系的阶段。此时，欧盟正经受着来自内外的双重考验。于外，美国、日本等国在信息、生物等高新技术产业上的发展远超欧盟；于内，欧盟制造业劳动生产率长期处于明显下滑态势。鉴于内外考验的压力，2000年3月欧盟及其各成员国因产业竞争力下降而产生焦虑，因此启动了为期十年的“里斯本战略”，而有关于产业政策的讨论也愈发倾向于在2010年之前将欧盟建成“世界上最具有竞争力和活力的知识经济体”。

2010年到2017年是欧盟产业政策开启绿色化和数字化转型的阶段。鉴于“里斯本战略”最终无果而终[②]，加之全球金融与经济危机爆发尤其是欧洲主权债务危机冲击，欧盟委员会正式与2010年3月公布了“欧洲2020战略”[③]。届时，欧盟对其产业政策进行了重新定向，即不再局限于应对当前危机，而是要引入中长期改革。该战略涵盖两个与产业政策紧密相关的“旗舰计划”，分别是“欧盟数字化议程”旨在建设基于宽带和高速网络的单一数字化市场，以及“全球化时代的产业政策”，旨在为现代产业政策勾画新的框架，帮助工业尤其是中小企业适应低碳经济，抓住全球化和绿色经济的机遇。

在全球产业竞争尤其是高科技竞争加剧背景之下，欧盟各成员国如德国、法国和意大利等相继出台新的产业政策，并意图合作致力于在欧盟层面更新产业政策。继2019年11月，新一届欧盟委员会成立后，顺应各国呼吁，开始修改并推出新版的欧盟产业战略。现如今，在新冠肺炎疫情蔓延的背景之下，2020年10月初，欧洲理事会特别峰会召开，会议特别强调将于来年3月重新审视单一市场、产业政策和数字转型议题。欧盟委员会于2021年5月接连发布的《更新

① 李晓萍：《欧盟产业政策的发展与启示》，《学习与探索》2017年第10期。

② 姚铃：《从“里斯本战略”到“欧洲2020战略”》，《国际贸易》2010年第4期。

③ European Commission, “Europe 2020, A Strategy for Smart, Sustainable and Inclusive Growth”, *European Commission No. COM(2010)*, 2020.

2020年工业战略》和《应对外国补贴市场扭曲问题政策工具》两份政策规划，充分体现出欧盟意识到自身在半导体、医药、关键原材料等产业领域的依赖程度颇高，且试图准备以"进口替代"和"降低依赖"在贸易和投资方面力推"审查"和"报备"，并以解释权在自身的"补贴和竞争"规则影响外国企业在欧盟的贸易与投资并建立单一市场。

综上所述，"欧盟新产业战略"可被视为一份欧盟层面的"国家安全战略"，其试图捍卫"经济安全"、提升"经济主权"和"产业主权"，通过渲染"主权"、"自主"等概念，凝聚和团结现如今处于内忧外患之中的欧盟。

三、欧盟新产业战略升级细节

（一）新产业战略升级动机

在过去的几十年中，生产流程和供应链在各个国家和大洲之间的联系日益紧密。尽管从成本，增长和多元化的角度来看，全球价值链是高效的，但它们也可能带来外部需求和供应冲击的脆弱性。新冠疫情的冲击促使欧盟再次重新审核其产业战略依存关系的重要性，旨在加强其抵御能力。

欧盟公司对国际贸易的依赖是增强欧盟经济韧性的力量，这是通过提高效率和生产率来维护欧盟的财富和竞争力以及维持对欧盟产出的需求的基础。在这方面，私营公司有能力、动机和信息使供需来源充分多样化，以应对正常的贸易流不连续性问题。但是，并非所有这些企业都能够适应超出正常业务运营所要求范围之外的意外需求和供应冲击。

一方面，疫情对需求端造成较大影响，欧盟内部和出口市场的需求骤然大幅下降。与此同时，其他领域的需求量出现了巨大的峰值。最值得注意的是，这场危机导致全球对医疗用品和设备的需求激增，进而导致相应的产业部门出现短缺，例如在个人防护设备和呼吸机方面。其中一个正面需求冲击的例子是2021年上半年全球对半导体的需求激增，这导致依赖于这些半导体供应的行业复苏放缓的风险（例如汽车行业）。

另一方面，这场危机也给予欧盟供应链以重大冲击，尤其是在卫生部门。例如，对于一些重点医疗物资，国外多个国家出台了限制或禁止出口的措施。这加剧了全球对这些产品的需求爆炸式增长，造成了严重产能不足的情况；此外，由于全球价值链中许多活跃的企业被迫减产或停产，导致产能下降，欧盟单一市场也出现了中断。一些会员国特别是在大流行的早期阶段出台了出口禁令。不仅如此，边境限制、检疫要求和其他限制人员、货物、服务自由流动的措施也阻碍了单一市场内供应链的运作。鉴于结果，类似于市场失灵，解决战略依赖性的政策行动在一定程度上是合理可行的。

欧盟在此次的产业战略更新中明确提到："疫情让欧盟认识到技术和工业方面的战略依赖情况"，要求与不同国际伙伴合作，实现国际供应链多样化，同时"在必要时进行储备和自主行动"。换言之，在新冠肺炎疫情的大背景下，欧盟若想高效率展开经济复苏，应主要关注自身的供应链安全，为应对冲击进行准备，而不是借供应链调整试图破坏其他经济体的全球化发展。因此，欧盟此举与其支持多边主义的立场并行不悖。正如此次更新后欧盟委员会副主席东布罗夫斯基斯所言："在危机时期，有弹性的全球供应链必不可少，因为它们有助于吸收冲击，加速复苏。"

（二）绘制欧盟依存关系图方法细节

欧盟日前更新了其产业战略，希望加强单一市场弹性，并在对原材料、电池、活性药物成分、氢、半导体、云及边缘计算等六个战略领域减少对外国供应商的依赖。基于欧委会 2021 年 5 月 5 日的工作报告，欧盟试图绘制其对国际贸易的依赖关系图。此次的测算涵盖了约 5 000 种产品，依据国际协调制度（HS6）并采用六位税目①将产品进行分类。尽管该测算方法因部分数据缺失仍存在些许不足，但它提供了对欧盟产业战略重点调整的供应链清单的初步说明。在这种情况下，欧盟可能对依赖程度高的产品采取保护措施，包括加大力度建立其单一市场，以应对疫情下极不稳定的供应链调整。

欧委会明确表示，绘制依赖程度图时将采取自下而上的方法，目的是识别具有欧盟盟外依赖关系的产品。以博诺尔（Bonneau 和 Nakaa, 2020）②所采用的方法为基础，基于欧盟自身生产的潜在替代性能力来进行改进和拓展。鉴于依赖程度不能用单一指标来表征，自下而上的方法结合了三个互补的经济指标，即称为核心依赖性指标（CDI），详见表 1。由于缺乏完整的数据，尤其是出于保密原因，通过自下而上的方法来识别该生态系统③中的盟外依赖产品将面临许多

① 所有国家/地区都以相同的方式对产品进行分类。虽然 HS-6 税目分类已经高度分解，适合分析整个生态系统之间的依赖性，但对于某些特定产品，有必要进行更高分解级别的分析以补充此评估。

② Bonneau and Nakaa, "Vulnérabilité des approvisionnements français et européens", *Europen Trade*, 2020.

③ 生态系统的概念捕捉到了在单一市场中分布在各国之间的部门和公司之间复杂的相互联系和相互依存关系。该概念考虑了业务模型的特殊性，易受攻击的参与者（中小型企业和微型企业）的存在以及相互依存关系。

挑战。

自下而上的方法遵循循序渐进的规律：第一步，该分析基于三个经济指标，确定了欧盟对第三国的依赖程度更高的贸易产品。然后，将识别出的依存关系缩小到最敏感的生态系统。基于这三个指标的整体分布，进行依赖程度分析。更准确地说，根据每个指标对所有 5 000 种产品进行排名。这三个指标的等级组合在一个综合指标中，该综合指标衡量每种产品的总体对外依存度大小。如果该产品进口多样化水平和欧盟供应的潜在替代性较低，则自下而上的方法会将其归类为高度依赖外国的产品。在此基础上，进一步的定性评估最敏感的产业领域中的依赖关系，并探索其可能具有的战略性质。

表 1　核心依赖性指标

	目　　的	公　　式	量化指标
CDI_1（集中度）	量化相对于世界其他地区的欧盟进口集中度，以捕捉由于额外欧盟来源多样化程度低而导致欧盟面临破坏的风险	$CDI_1=\sum_{i=1}^{n}(s_i^2)$	大于 0.4（欧盟的进口价值主要来自 2—3 个盟外国家）则被塞选为第二阶段产品
CDI_2（盟外进口重要性）	衡量了欧盟盟外进口在欧盟总进口中的重要性（即欧盟盟外进口和欧盟盟内进口），从而确定了欧盟主要依赖国外来源的产品	$CDI_2=\frac{extra\ EU\ import\ value}{total\ EU\ import\ value}$	大于 0.5 则被塞选为第三阶段产品
CDI_3（替代性）	确定在贸易中断的情况下欧盟的生产是否能够满足欧盟额外的进口需求	$CDI_3=\frac{extra\ EU\ import\ value^{EU}}{total\ export\ value^{EU}}$	大于 1 则最终被定义为最依赖性产品

（三）结果分析

利用自下而上的方法最终确定了 137 种高度依赖外国的产品，这些产品约占欧盟商品进口总值的 6%。而在筛选出的 137 种产品中，又有将近 34 个产品被列入“极其脆弱”列表，因为它们的多样化潜力（$CDI_1 \gg 0.4$）较低。为了评估依赖产品的国内生产替代进口的可能性，将出口平均价格与进口平均价格进行比较。理论上价格差异的绝对值越大，即使有内部产能，用盟内商品替代盟外商品的难度也越大。而这 34 个产品的价格差异至少为 30%，即可能具有较低的替代潜力。

就依赖对象而言，被认定为高度依赖的 137 种产品的欧盟进口值的三个主要来源国是:中国、越南和巴西。其中,中国作为其中约 54%的商品的三大供应商之一,欧盟确定的 137 种产品约 52%高度依赖于其出口。就加工阶段而言,大约 16%的最依赖外国的产品是原材料,大约 57%是中间产品,大约 27%是最终产品。

通过筛选后的 137 种产品进行分类和分析,可以确定的第一类依赖程度高的产品是能源密集型生态系统中分类的原材料和加工过的原料和化学品,例如,铍、钴、锑、锂、铝、钨酸盐、铬、镍、钼、锰、铁合金、钢等。考虑到欧盟工业脱碳的背景,进口能源产品,例如石油和化石燃料也被列入了依赖程度高的产品内。第二类产品属于健康生态系统,细分为活性药物成分(API)①、其他药物和与 COVID-19 相关的抗疫产品,例如防护服。值得一提的是,活性药物成分最为依赖于盟外进口,且欧盟盟内几乎没有可替代生产其原料成分的潜力,加之欧盟生产的产品与进口的产品差异较大,因此此类产品在很大程度上极其依赖盟外的进口。第三,基于欧盟产业战略侧重点正在向绿色和数字过渡,在可再生能源、数字和电子生态系统中也发现了许多重要产品。其中包括永磁体、蓄电池、电动机、无线电广播接收器、笔记本电脑和智能手机。大部分绿色及数字产品的生产都依赖于各种关键的原材料,例如锂、钴、镍、铜、铬、钼,而这些原材料大部分属于高依赖度产品范畴,如此恶性循环迫使欧盟对其产业战略进行新的一轮调整以应对疫情下不稳定的供应链。

四、欧盟新产业战略升级对中欧贸易往来的影响

(一) 试析欧盟产业战略升级对中欧贸易的影响路径

随着全球化的逐渐深入与科学技术的不断创新,中国与欧盟之间的科技和产业差距正在逐步缩小。加之欧盟面对新冠肺炎疫情和全球经济格局复杂变化的形势,保护主义情绪和自我防御心态持续上升,将“竞争”和“安全”作为国际经济政策主基调。欧盟产业政策的保守性还将持续的加深,中欧竞争合作关系中的竞争性将继续凸显。

从 2017 年到 2019 年,欧盟一直是中国的第一大贸易伙伴。在新冠肺炎疫情肆虐的大背景下,中欧经贸关系并没有受到太大的影响,仍然经受住考验并不

① 指抗生素、维生素、激素、杂环化合物等。

断深化发展。2020 年中欧贸易逆势增长 4.4%①,中国在历史上首次成为欧盟第一大贸易伙伴,欧盟对华出口也在疫情冲击背景下保持增长。这一举措,在欧盟对美、英等主要贸易伙伴出口急剧萎缩背景下成为其经济中为数不多的"正能量"。

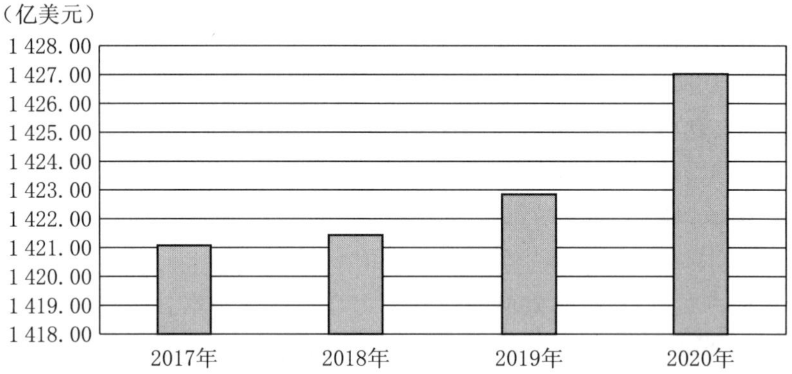

图 1 中国出口欧盟贸易总额(亿美元)

2021 年的 1 月至 2 月,中欧双边贸易额增长率达到 10.7%,其中欧盟对华出口增幅达 13.6%②。这一点证明了中国市场的蓬勃动力和中欧的相互需求仍具有强大的吸引力,不应也不会被经济合作中掺杂的地缘政治所阻碍。紧接着,2021 年 3 月中欧地理标志协定正式生效,双方的特色产品将在对方市场得到更好的保护,双边经贸关系得到更充足的制度支持和保障。

欧盟在 2017 之后产业战略的转型有望深化欧盟和中国在绿色化和数字化转型上的合作与对接③。早在 2020 年 9 月 14 日习近平主席与欧盟轮值主席国德国和欧盟领导人共同举行的视频会晤中就提到中欧将建立环境与气候和数字领域的高层对话,共同合作打造中欧绿色合作伙伴、数字合作伙伴关系。这就预示着绿色和数字有望成为未来中欧合作中的"新抓手"。另外,欧盟视中国为落实《巴黎气候协定》上不可或缺的伙伴。而且,欧盟经济的疫后复苏及其产业的绿色化和数字化转型也有赖于与中国的经贸产业合作,加之中国对外开放的力度不断加大,给欧盟提供了更多的市场机遇。

而欧盟此次的工业战略更新意味着自身保护心态的大幅增强,这导致盟外国家与其开展经贸合作将可能面临更多阻碍和壁垒,这无疑会对我国带来一定

①② 数据来源于欧盟统计局,参见 https://ec.europa.eu/eurostat/web/main/data/metadata/covid-19-support-for-statisticians。

③ 郑春荣、吴永德:《欧盟产业政策调整及其对中欧合作的影响》,《当代世界与社会主义》2021 年第 1 期。

的影响。同时,欧盟单一市场以及其支持开放贸易的形象将遭到更多国际上的质疑。在欧委会发布的《更新2020年工业战略》中,明确指出欧盟在医药、中间产品、关键矿产等产品自中国进口比例较高,并将其视为具有"风险"的不稳定供应链。但中欧贸易的不断深化和发展,已经使得诸多产品构成紧密的产业链关系,这就意味着在此类行业中双方企业早已形成密不可分的命运共同体。就医疗领域而言,自2020年欧洲疫情大规模暴发以来,中国一直向欧洲源源不断地提供优质、价格合理并尽可能充足的医疗物资,为欧洲国家的抗疫工作提供持续可靠的物资保障。而欧盟自身在报告中提及的"多元化"和"产业自主"更是与市场和企业的理性选择背道而驰。若欧盟强行以自身发展机遇为代价去追寻所谓的"地缘政治目标",进而针对自中国进口比例较高的产品进行供应链调整的话,势必会对中国此类产品的出口造成影响。

欧盟确定了137种"高度进口依赖产品"后,在报告的"解决战略依赖的可能政策措施"一章中提到其单方面可能会采取的两方面政策措施。一方面,政策措施可以通过加强和多样化对外贸易来加强欧盟在全球价值链中的地位。欧盟贸易政策审查下的行动将促进公平竞争环境,并使国际贸易和投资以确保更多样化的供需来源,以缓冲未来的冲击并提高竞争力。另一方面,欧盟可以在必要时通过有针对性的工具和对关键战略领域的投资,加强自身在战略领域的能力,利用功能齐全的单一市场和竞争政策的优势,促进开放和充满活力的市场氛围,同时促进创新。不仅如此,欧盟在报告中明确表示将"在可能的情况下依赖不同的贸易伙伴实现供需多元化,并在必要时进行储备和自主行动"①。

因此,针对欧盟提出的137种"高度进口依赖"产品反观我国对欧盟27国(不包括英国)的对应出口量,并按照原材料(金属、稀土)、化学成分、活性药物成分(APIs)、抗疫产品、数字电子五个主要领域对相应的6位税号的欧盟"高度进口依赖"产品进行分类分析将有助于我国相应产品出口在应对欧盟潜在产业战略调整下的政策更新和制定。

(二) 定量分析欧盟产业战略更新可能对中国相应产品出口的影响并提出相应的对策建议

鉴于在欧盟《更新2020年工业战略》的报告中没有将最后确定的137种"高

① European Commission, "Updating the 2020 New Industrial Strategy: Building a stronger Single Market for Europe's recovery", *COMMISSION STAFF WORKING DOCUMENT*, *SWD(2021) 352 final*, 2021.

度进口依赖”产品进行披露，我们无法准确无误的将 137 种对应产品的中国对欧盟(27 国，不包括英国)的出口量一一列出进行分析。但在报告中明确提到了这最后确定的 137 种产品中有 99 种产品属于原材料，其次有 17 种产品属于可再生能源、绿色交通和数字电子产品，最后有 14 种产品属于活性药物成分(APIs)和抗疫产品，其余的 7 种产品则没有列举。因此，本章节将按照这三大类列举产品进行定量分析。

1. 关键原材料原材料

自 2020 年起，欧盟盟内确定了需盟外进口的 30 种关键原材料，且此类原材料的进口供应均高度集中。从 2012 年到 2016 年，中国提供了欧盟 98%的稀土元素，土耳其提供了欧盟 98%的硼酸盐供应，南非则提供了近 71%的铂金需求。其中，就中欧之间的关键原材料贸易量而言，可以列出欧盟主要从中国进口的前九位关键原材料：轻稀土(99%)①、重稀土(98%)②、镁(93%)、钨(69%)、铋(49%)、天然石磨(47%)、钛(45%)、钒(39%)、重晶石(38%)。

反观这些关键原材料在中国对欧盟出口中的贸易量，受疫情影响，除铋(从 2019 年 0.82 千万美元到 2020 年 1.96 千万美元)和天然石磨(从 2019 年的 2.89 千万美元到 2020 年的 3.10 千万美元)外，其余关键原材料的出口量均在 2020

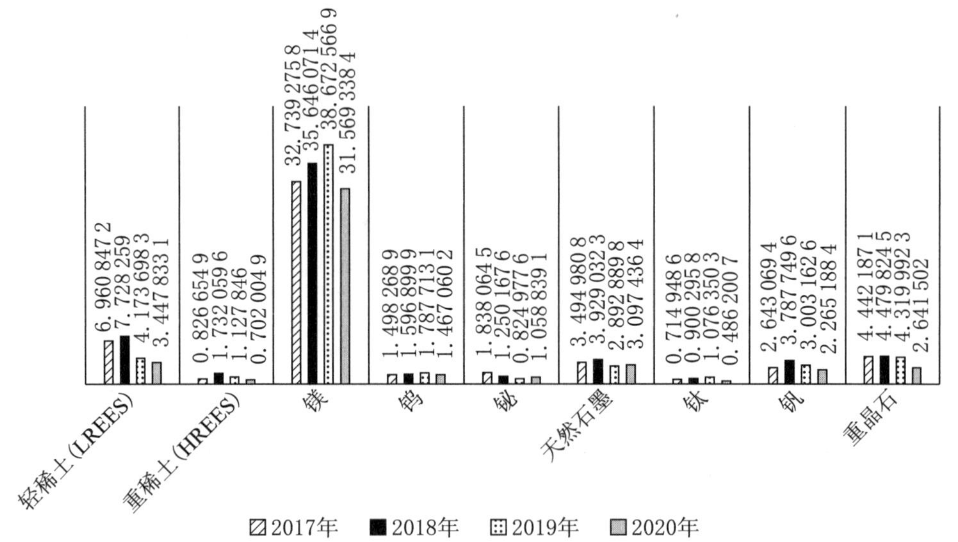

图 2　中国出口欧盟关键原材料贸易额(千万美元)

① 轻稀土(又称铈组)：镧、铈、镨、钕、钷、钐、铕等。

② 重稀土(又称钇组)：钺、镝、钬、铒等。

年呈现下降趋势，其中金属镁的出口量下降最为明显，从2019年的38.67千万美元下降到2020年的31.57千万美元。值得一提的是，虽然欧盟的轻稀土(LREEs)和重稀土(HREEs)接近全部从中国进口，但中国出口至欧盟的这两种关键原材料的贸易额并不高，甚至远低于金属镁的出口量。因此，在欧盟有可能对以下前九位关键原材料进行进口缩减的前提下，金属镁的出口应最受影响，需单独进行分析。

中国是世界上镁资源最为丰富的国家，镁资源矿石类型全，分布广，储量产量均居世界第一。按照贸易区和经济体来划分，欧盟是最大的镁出口市场，出口量18.5万吨，占了总出口量的40.6%，其次就是北美地区(8.45万吨)，日韩地区(5.4万吨)，再有就是中东地区(4.64万吨)。但通过近3年来中国出口量目的地的数据对比，我们不难看出全球日韩市场总量增加相对较快，且主要购买镁锭，其市场上镁合金深加工用户在增加，从韩日镁协的报告也可以看出来，这两个市场对镁的兴趣在提高。因此，若欧盟削减了对镁的进口，加之新冠疫情的影响，中国的镁出口市场仍可以保持一个稳定的环境。一方面，对原镁和镁加工企业来说，最现实的策略是协调适度限产、减产，要强化自律意识和团队意识，保持价格稳定，保证现金流。另一方面，主产地企业和行业组织应该联合建议政府和相关机构分级采取国家收储和商业收储措施，推动将镁产业纳入国家重点支持保护和运行监控行业，确保供应链稳定运行。

2. 可再生能源、绿色交通和数字电子产品

在17种有关于可再生能源、绿色交通和数字电子产品中，与电池相关的技术和产品是实现欧盟绿色和数字化转型的关键，也是此次产业战略更新单独详细审查的方向。截至2018年，欧盟的锂离子(Li-ion)电池产能仅占全球的3%左右，而中国的产能却高达66%。①面临自身产能不足而需求不断的欧盟意识到，对进口电芯或电池的依赖可能使欧盟行业更难以获得量身定制的电芯并确保其供应安全。不仅如此，欧盟提出一些电池制造的相关原材料和加工材料的供应也被确定为“进口高度依赖”产品，而预计某些零部件的供应也将存在中度风险。基于以上考虑，欧盟委员会的电池战略行动计划将欧洲锂离子电池价值链的发展确立为优先级别事件。

在用于电池制造的原材料中，钴、天然石墨、锂、萤石和磷都在2020年的关键原材料清单中。还有研究着眼于硅金属、钛和铌(也是关键原材料)，以提高未来锂离子电池类型的能量密度、耐用性和安全性。原始设备制造商、电池

① European Commission, “Renewable Energy Progress Report”, *COM(2020) 953*, 2020.

制造商和供应商可能会在全球范围内相互竞争，以确保其电池供应链的安全并获得五种基本电池原材料（锂、钴、镍、石墨和锰）。此外，其他材料（特别是用于高能量密度永磁体的稀土）的价值链是生产具有最高功率密度的电动机的关键。

反观这些电池制造原材料在中国对欧盟出口中的贸易额，不难看出用于高能量密度永磁体的稀土是中国向欧盟出口的最多的产品，截至 2020 年底，我国向欧盟出口稀土永磁体共计 6.36 千万美元，远高于其他电池制造原材料。

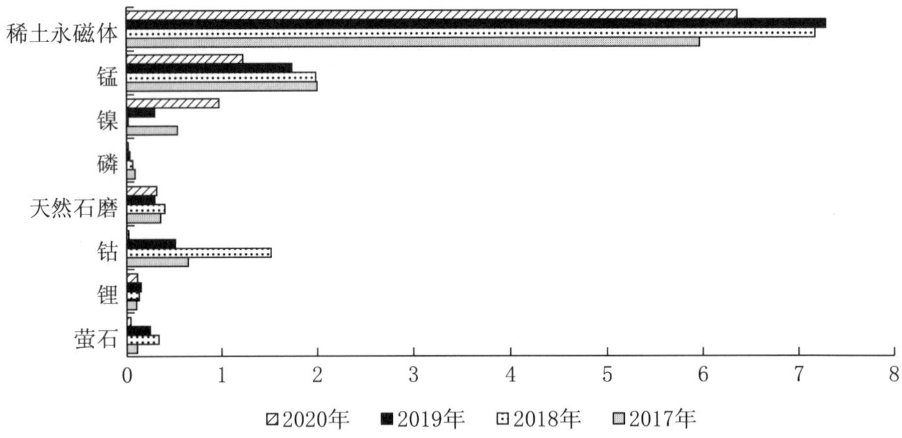

图 3 中国出口欧盟电池生产相关原材料贸易额（千万美元）

就主要贸易伙伴国的出口情况而言，我国大量的稀土永磁产品出口销往了欧洲、美国和东亚地区，其中绝大多数为科技水平较高的发达国家，排名第一位的是德国（6 687 吨，占总出口比为 18.96%）。随着全球清洁能源的发展，新能源汽车在全球的需求量将会大量增加，各主要汽车生产国德国、美国、日本、韩国等仍将是稀土永磁材料消费的主力大国。

一方面，我国具有发展稀土永磁材料得天独厚的稀土资源优势，依靠成本低、定价低的优势占据了世界上绝大部分的市场份额。不过这也导致了一定程度上的产能过剩，形成了买方市场。买方存在对比压价的情况，国内企业之间也存在竞价的情况，最终导致成交价格偏低，甚至可能低于成本价，导致企业利益受损。另一方面，由于日立金属在美国申请了钕铁硼专利，因此中国企业只有拥有其专利授权，才能将产品出口到美国市场。不仅如此，美国总统特朗普于 2019 年签署的“2019 财政年度 John S.McCain 国防授权法案（NDAA）”明确禁止美国国防部向中国、俄罗斯、朝鲜和伊朗等非盟国购买稀土永磁材料。2019

年12月，欧盟委员会授权国家对首个电池IPCEI①提供国家援助，该项目涉及遍布7个成员国的17家公司以及价值链上的一系列创新项目。IPCEI的决定授权提供高达32亿欧元的国家援助，预计这将进一步吸引50亿欧元的私营部门投资②。最近，欧盟委员会刚刚批准了对第二个IPCEI的国家援助。该IPCEI涉及42名直接参与者，在12个成员国开展活动。委员会的决定授权提供高达29亿欧元的国家援助，预计还有90亿欧元用于私营部门投资。目的就是建立自给自足的锂离子电池供应市场，维持新能源电池、绿色和数字电子产品的发展。面对各方面的压力，若欧盟此时强行削减对中国的稀土永磁体进口量，无疑是雪上加霜。

稀土永磁材料是具有巨大战略价值的功能材料，面对来自各方的压力，首先，我国的稀土永磁企业之间应建立相应的商业联盟，提高科技创新水平，借助我国稀土原材料和产业优势，提升产品质量和科技含量，提高产品附加值，努力占领市场主动权，扩大我国稀土永磁产业与技术在国际上的影响力。其次，我国稀土永磁企业之间应形成合力，提升科研水平和知识产权建设，增强海外专利布局的投入，努力在知识产权领域扭转局势，占据主动权。

3. 活性药物成分(APIs)和抗疫产品

欧洲新工业战略（2020年3月）明确强调"获得医疗产品和药品对欧洲在当今世界的安全和强化自主性至关重要"。而医药供应链的结构非常复杂，其中药物由活性药物成分（API）③和赋形剂④组成。现如今，医药供应链已成为全球一体化程度最高的供应链之一。根据化学制药仿制药协会报告（2015年）⑤，欧盟占全球API生产价值的24%，但亚太地区（印度和中国）却占有66%。中国和印度是全球通用API的主要生产国。近年来，中国利用其固有的成本优势，导致部分原料药及其先进中间体的生产能力从印度转移到了中国。欧盟API进口量的平均集中度约为0.4，而中国提供了欧盟外进口总量的45%左右。

---

① European Commission, "Important projects of common interest in Europe(IPCEI)", *Discussion Pape*, 2019.

② European Commission News release, "About IPCEI", refer to https://ec.europa.eu/commission/presscorner/detail/en/ip_19_6705, 2019.

③ 活性药物成分是一种物质或物质混合物，旨在用于制造药物（医疗产品）并旨在发挥药理学、免疫学或代谢作用，以恢复、纠正或改变生理功能或使医学诊断。

④ 赋形剂是来自许多来源（动物、植物或矿物）的多种材料，不仅限于药物。赋形剂可以充当填充剂或控制释放速度。它们是使用传统的化学或生物合成工艺制造的。

⑤ 化学制药仿制药协会:《化学制药仿制药协会(CPA)报告:2015年世界API市场的竞争》2015年。

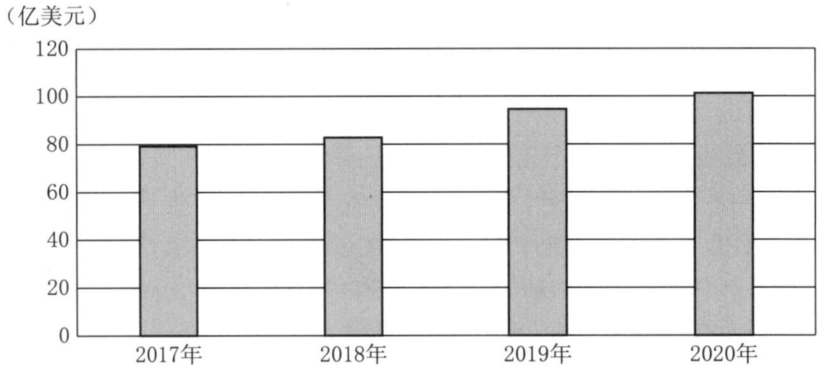

图 4 中国向欧盟出口活性药物成分(API)贸易额(亿美元)

欧盟是全球第二大药品市场,目前欧盟已是 27 个成员国、将近 5 亿人口的经济共同体,制药工业非常发达,再加上以俄罗斯和乌克兰为代表的东欧市场,欧洲医药市场容量不断扩大,一直以来都是我国药品出口的第二大市场。就活性药物成分而言,中国向欧盟出口贸易额在 2020 年末逐渐攀升至 101.27 亿美元。加之新冠疫情后印度工厂开工率严重下降,而出于安全的考虑,多国相继禁止从印度进口药品,印度的原料药在供给、需求端都遭受打击,产能严重收缩。因此,2020 年起中国几家产能大、资质全的头部原料药企业已承接了部分印度原料药的市场份额。由此看来,若欧盟坚持削减对中国活性药物成分(API)的进口量,似乎也不会对我国的医药产品的出口市场和供应链造成巨大的损害。

但事实并不特别的乐观,因为两国面向的市场并不相同,印度药企的海外营收占比更高,且大部分来自欧美地区。从印度药企在欧美获得的许可证书数量也可见一斑:欧盟市场活性药物成分(API)认证进口注册数量中,印度占了近50%,中国仅占约 25%,与印度有较大的差距。因此,若欧盟把握自身活性药物成分产能优势,加快建立单一市场稳定药物供应链的话,中国的活性药物成分出口市场将受到一定的影响。首先,中国的大宗活性药物成分和印度的特色活性药物成分之间其实并不存在替代的问题。疫情导致的订单转移,只是消化了中国早已过剩的大宗活性药物成分产能。其次,中国想要弯道超车的关键在于特色活性药物成分,但出海必备的审批资质、下游药企与活性药物成分供应商间的强黏性及贸易摩擦等现实难题,令超越之路并非坦途。

但疫情的蔓延却给予了中国更大的舞台,在出口推动叠加内需刚性的环境下,我国活性药物成分产业产能具备长期增常潜能。近年来的各种保护政策,例如“2019 年的 4+7 带量采购政策”和“环保政策”①的持续收紧均有望提升大宗和特色活性药物成分市场集中度，过剩产能也将逐步出清。中国作为全球药物活性成分的主要供应商，尤其是印度和西欧的药物活性成分和仿制药产业高度依赖中国的中间体供给，国内环保整治等政策也将快速向全球传导，带来全球化的药物活性成分“供给侧改革”。

五、结　　论

欧洲对于经济发展乏力、技术创新与应用滞后的反思由来已久，且欧盟逐渐意识到在国际竞争中落于后手。欧盟此次的供应链审查，一方面是为保障自身供应链弹性服务，例如通过“欧洲共同利益重要项目”集聚资源，以备在新冠肺炎疫情后迅速恢复盟内经济。但此次的审查之举并不排除为打击特定供应商提供借口，成为堂而皇之的地缘性政治主张。另一方面，欧盟盟内主张在战略领域建立全新的工业联盟并为其制定战略或立法，这一“抱团取暖”的心态愈发显露无遗。加之欧盟与美国供应链审查领域的重合，以及对于其标准的关注更是为未来两大经济体进行某种排斥中国的合作建立了舞台。

欧盟作为一支影响国际格局变动的战略力量，也是中国重要的贸易伙伴。随着全球化的深入发展与技术的不断创新，中国与欧盟的科技与产业差距逐渐缩小，欧盟产业政策的保守性还将进一步加强。因此，中欧竞合关系中竞争性一面会继续凸显，且全球产业链调整，无论是正面还是负面，也会对我国带来一定的影响。在中美贸易摩擦的大背景下，中欧经贸合作的战略价值显得更为重要，有利于在保持国内经济稳定的环境下打造“国内国外双循环”局面。欧盟自觉性的审查之举虽在一定程度上可预见性的排除经济风险，但一味地保护政策和单一市场并不能令欧盟长远的发展高枕无忧。我们应该在相信欧盟无意闭关自守的同时，主动与欧盟在未来的数字经济、绿色经济等领域中探寻广阔的合作空间。

参考文献：

[1] European Commission, “Europe 2020, A Strategy for Smart, Sustainable and Inclusive Growth”, *European Commission Staff Paper No. COM(2010)*, 2020.

① 指 2020 年工业和信息化部、生态环境部、国家卫生健康委员会、国家药品监督管理局等四部门联合发布《推动原料药产业绿色发展的指导意见》。

[2] Bonneau and Nakaa, "Vulnérabilité des approvisionnements français et européens", *Europen Trade*, 2020.

[3] European Commission, "Important projects of common interest in Europe(IPCEI)", *Discussion Paper*, 2019.

[4] European Commission, "About IPCEI", *News release*, 2019.

[5] European Commission, "Renewable Energy Progress Report", *COM (2020) 953*, 2020.

[6] European Commission, "Updating the 2020 New Industrial Strategy: Building a stronger Single Market for Europe's recovery", *COMMISSION STAFF WORKING DOCUMENT*, SWD(2021) 352 final, 2021.

[7] 李晓萍:《欧盟产业政策的发展与启示》,《学习与探索》2017 年第 10 期。

[8] 姚铃:《从"里斯本战略"到"欧洲 2020 战略"》,《国际贸易》2010 年第 4 期。

[9] 郑春荣、吴永德:《欧盟产业政策调整及其对中欧合作的影响》,《当代世界与社会主义》2021 年第 1 期。

[10] 化学制药仿制药协会:《化学制药仿制药协会(CPA)报告:2015 年世界 API 市场的竞争》2015 年版。

中美贸易摩擦加征关税影响分析

林乔影　霍晓璐*

内容摘要：本文通过分析中国和美国对中美贸易摩擦加征关税措施后的贸易流量情况，评估中美加征关税措施的影响。研究发现，中美双边进口加征关税产品规模均出现显著下滑，并带动了中美整体进口贸易的下滑，但中美一阶段协议后，中国自美进口显著恢复，美国对中国产品依赖的下滑更为显著。研究还表明，中美降低相互间供应链依赖的趋势仍在持续，两国供应链重心都有向欧洲和东盟等亚洲国家倾斜的趋势。同时，后疫情时代各国供应链安全措施的出台可能与加征关税叠加，引发全球产业生产布局调整。

关键词：加征关税；301 调查；供应链

Abstract: This article analyzes the trade flows after China and the United States imposed tariffs on China-US trade frictions, and evaluates the impact of the tariffs. The study found that the scale of China-U.S. bilateral imports of products with additional tariffs has declined significantly, and this has led to a decline in the overall China-U.S. import trade. However, after the China-U.S. phase one agreement, China's imports from the U.S. have significantly recovered and the U.S.'s dependence on Chinese products has declined. The study also shows that the trend of reducing mutual supply chain dependence between China and the United States continues, and the supply chains of the two countries have the same tendency to tilt towards Europe and ASEAN and other Asian countries. At the same time, the introduction of security measures in the supply chain of various countries in the post-epidemic era may be superimposed with the levy of tariffs, triggering the adjustment of global industrial production layout.

Key words: Imposition of tariffs; Section 301 investigation; Supply chain

* 林乔影，上海 WTO 事务咨询中心统计分析部咨询师；霍晓璐，上海 WTO 事务咨询中心产业分析部咨询师。

2018年伊始，美国对中国发起的301调查，最终以对原产于中国的商品加征进口关税为措施，涉及自中国进口贸易额的三分之二，中国也同步实施加征关税措施，对部分原产于美国的商品加征进口关税。

其中，美国分别于2018年7月、8月、9月和2019年9月分批对自中国进口的500亿、2 000亿和3 000亿美元(第一批)清单产品加征7.5%—30%的关税，合计涉及自中进口额3 364.8亿美元(以2017年计)，覆盖美国自中国进口总额的66.6%。同期，中国分别对自美国进口的500亿、600亿和750亿美元(第一批)清单产品加征2.5%～30%的关税，合计涉及自美进口额907.5亿美元(以2017年计)，占中国自美国进口总额的60.6%。

中美互为重要贸易伙伴，2017年中国是美国第一大进口来源，美国是中国第六大进口来源和第一大贸易顺差来源。截至2021年7月，两国互相加征关税已有三年，给两国贸易带来了较大的影响。本文以2017年至2021年5月为观测期，评估美国和中国加征关税对双边贸易结构和两国重要供应链的影响。

表1　中美加征关税措施时间表

实施时间	美方		中方	
	针对产品	加征关税	针对产品	加征关税
清单1产品2018年7月6日实施；清单2产品2018年8月23日实施	500亿清单	25%，自2019年10月1日提升至30%	500亿清单	25%，自2019年10月1日提升至30%； 其中，对原产于美国的汽车及零部件暂停加征关税
2018年9月24日	2 000亿清单	10%，自2019年5月10日提升至25%，自2019年10月1日提升至30%	600亿清单	附件1为10%，2019年6月1日提升至25%； 附件2为10%，2019年6月1日提升至20%； 附件3为5%，2019年6月1日提升至10%； 附件4为5% 其中，对原产于美国的汽车及零部件暂停加征关税
清单第一批2019年9月1日实施	3 000亿清单	15%，自2020年2月14日起降低至7.5%	750亿清单	附件1第一部分和第二部分为10%，自2020年2月14日起降低至5%； 附件1第三部分和第四部分为5%，自2020年2月14日起降低至2.5%

资料来源：根据USTR公告和财政部关税司公告整理。

一、中国加征关税措施的影响分析

(一) 加征关税后,中国自美国进口规模显著下滑,疫情后,自美进口恢复速度仍低于全球水平

自500亿美元清单加征关税后,2018年下半年起中国自美国进口即出现显著下滑。2019年中国自美国进口加征关税产品金额为684.6亿美元,较2017年同期下降24.6%,美国在中国自全球进口加征关税商品中的份额也从2017年的7.6%降至2019年的4.9%。与此同时,加征关税也带动了中美整体贸易的下滑,2019年中国自美国进口总额较2017年下降18.3%。此外,尽管美国仍是中国第一大贸易顺差来源,其在中国贸易顺差中的占比大幅下滑,2019年为68.8%,较上年下跌15.9个百分点。

2020年,中美一阶段协议正式实施,中国也开展对美加征关税商品市场化采购排除工作,尽管受疫情影响,中国自美国进口加征关税产品出现明显恢复,2020年进口加征关税产品831.2亿美元,较2019年增长146.7亿美元,其中,中美一阶段产品增长了149.8亿。尽管中自美整体进口已恢复至2017年的九成,但受中国向全球出口大幅提升影响,美国在中国贸易顺差中的占比继续下滑至59.0%。

月度进口数据显示,我国分批对自美进口产品实施加征关税措施后,自美国进口加征关税产品均较2017年同期出现较为显著的下滑,且降幅大于自美整体进口,带动了自美整体进口贸易的下滑。而在2020年中美一阶段协议签署,且中国启动对美加征关税商品市场化采购排除程序后,中国自美国进口加征关税产品开始显著回升,且回升速度大多快于整体进口水平,拉动了总进口的回升。2021年1—5月,中自美进口加征关税产品较2017年同期增长26.6%,占自全球进口份额也回升至7.3%,几乎恢复至2017年水平,但受疫情后我国经济迅速复苏影响,2021年1—5月我国自全球进口较2017年同期大幅提升,自美进口增长仍远低于自全球进口43.8%的增长率。

(二) 中国加征关税产品的供应链重心仍以亚洲为主,东盟中心地位越发凸显,自欧洲进口亦有所加强

2017年以来,中国进口加征关税产品区域结构相对稳定,亚洲、欧洲和北美

表 2　中国自美国和全球进口加征关税产品情况

		自美进口					自全球进口				
		2017 年	2018 年	2019 年	2020 年	2021 年1月至5月	2017 年	2018 年	2019 年	2020 年	2021 年1月至5月
所有产品	金额（亿美元）	1 497	1 536	1 223	1 350	736	17 900	21 090	20 686	20 603	10 324
	与2017 年同期比较	—	2.6%	−18.3%	−9.8%	22.7%	—	17.8%	15.6%	15.1%	50.4%
	占自全球进口份额	8.4%	7.3%	5.9%	6.6%	7.1%	—	—	—	—	—
加征关税产品	金额（亿美元）	908	911	685	831	485	11 915	14 391	13 945	13 268	6 651
	与2017 年同期比较	—	0.4%	−24.6%	−8.4%	26.6%	—	20.8%	17.0%	11.4%	43.8%
	占自全球进口份额	7.6%	6.3%	4.9%	6.3%	7.3%	—	—	—	—	—

数据来源：根据中国财政部关税司公告整理，IHS Markit GTA 数据库。

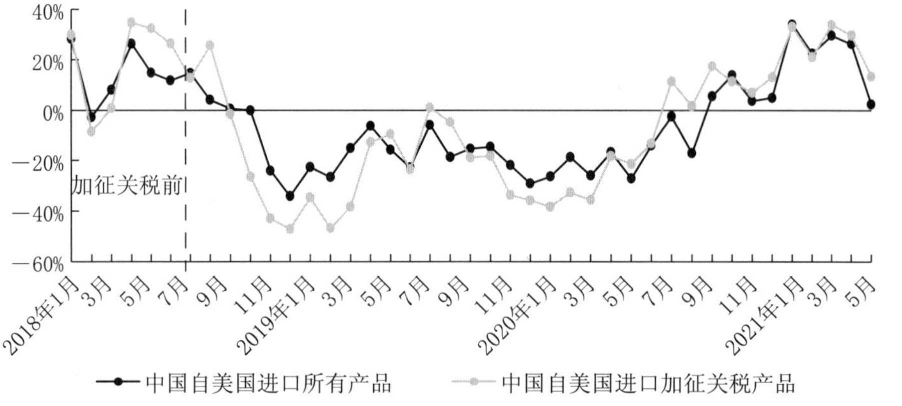

图 1　中国自美国进口规模与 2017 年同期变化

数据来源：根据中国财政部关税司公告整理，IHS Markit GTA 数据库。

三大区域①是中国进口加征关税产品的主要来源，2017 年合计占自全球进口份

① 本文中，亚洲区域包括中国、日本、韩国、印度和东盟；欧洲区域包括欧盟 27 国和英国；北美区域包括美国、墨西哥和加拿大。

额的 54.4%。其中,亚洲地区是中国进口加征关税产品的中心,2017 年占自全球进口份额的 32.0%,其次分别是欧洲和北美。

亚洲地区中,东盟和日韩的进口份额较高,加征关税后,中国自东盟加征关税产品进口快速增长,占自全球进口该产品份额也从 2017 年的 13.2%不断提升至 2021 年 1—5 月的 16.0%,而自日韩两国的进口份额呈逐步下滑趋势,从 2017 年的 17.6%降至 2021 年 1—5 月的 14.5%,东盟的中心地位更加凸显。

从欧洲来看,中国自欧洲绝大部分国家进口加征关税产品规模均呈增长态势,尤其是法国和意大利,且欧洲的进口份额稳中有增,2021 年 1—5 月中国自欧洲地区进口加征关税产品份额为 13.0%,较 2017 年同期提升了 0.3 个百分点。而在北美地区,美国是中国的主要进口来源,也是中国自全球进口加征关税产品的第五大进口来源,其 2017 年的份额为 7.6%,实施加征关税后,美国连续在 2019 和 2020 年进口额低于 2017 年水平,但 2020 年起逐步恢复,其在进口中的份额也在大幅下滑后于 2021 年 1—5 月恢复至 7.3%。此外,中国自墨西哥的进口在加征关税后持续增长。

整体来看,中国进口加征关税产品的供应链重心仍以亚洲地区为主,而其中东盟的重要地位越来越凸显,此外,中国也加重了自欧洲的进口,而自美国的进口也在大幅萎缩后在一阶段协议的作用下逐步恢复。

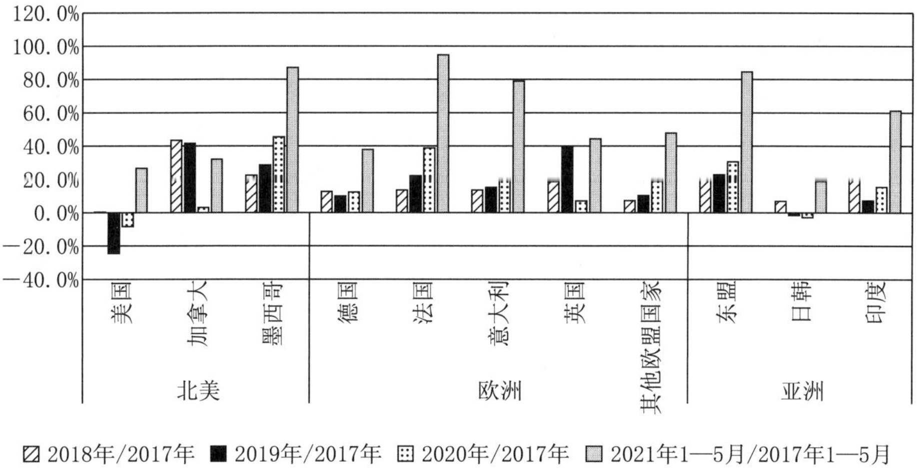

图 2　中国加征关税产品进口额与 2017 年同期比较

数据来源:根据中国财政部关税司公告整理,IHS Markit GTA 数据库。

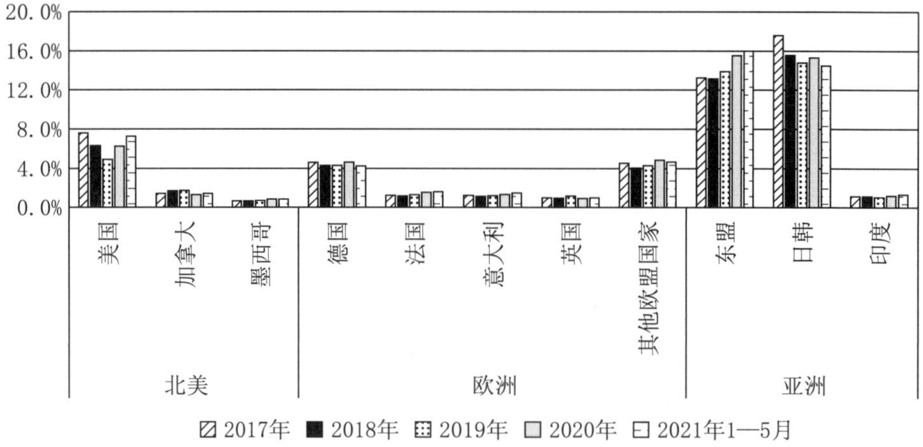

图3 中国自各国进口加征关税产品进口额占自全球进口份额

数据来源：根据中国财政部关税司公告整理，IHS Markit GTA 数据库。

(三) 中自美进口加征关税产品表现逐步复苏但显著低于全球平均水平，全球创新型和劳动密集型产品等全球价值链产业受影响显著

2019 年和 2020 年，中国自美国进口加征关税产品所涉及的全球创新型、劳动密集型、区域加工型和资源密集型四类产品①均较 2017 年未加征关税前出现下滑，尽管 2021 年 1—5 月进口额均较 2017 年同期水平有所提升，但除资源密集型产品外，均远低于中国自全球进口的增长水平，相对延续了此前的下滑趋势，且占自全球进口份额显著降低。

其中，全球创新型产品(包括化工产品、计算机和电子产品等)和劳动密集型产品(包括纺织品和服装、家具和其他制造业)是典型的全球价值链产业，全球创新型产品也是中国自美进口主要加征关税产品，在加征关税措施实施后受到了较大影响。

以全球创新型产品中的化工产品及计算机和电子产品为例，两者均为中国自美进口主要加征关税产品，2017 年分别进口 129.9 亿美元和 125.3 亿美元，分别占自美加征关税产品进口的 14.3%和 13.8%。加征关税后，上述两类产品自美进口下滑，在同期中国自全球进口增长的情况下，2019 年分别较 2017 年下降 16.1%和 3.9%。2021 年 1—5 月，化工产品及计算机和电子产品自美国进口分别较 2017 年同期增长 14.5%和 13.9%，但远低于自全球进口的增

① 根据麦肯锡全球研究所报告《转型中的全球化：贸易和价值链的未来》中对于产业的划分原则为基础。

表 3 中国加征关税产品进口与 2017 年同期比较

	美自中进口加征关税产品份额(%)					美自中进口与 2017 年同期比较(%)			美自全球进口与 2017 年同期比较(%)			美自中进口份额与 2017 年同期比较(%)		
	2017 年	2018 年	2019 年	2020 年	2021 年 1 月至 5 月	2019 年	2020 年	2021 年 1 月至 5 月	2019 年	2020 年	2021 年 1 月至 5 月	2019 年	2020 年	2021 年 1 月至 5 月
劳动密集型商品	**4.0**	**4.1**	**4.3**	**3.2**	**3.6**	**−18.7**	**−26.6**	**4.8**	**8.0**	**1.4**	**39.7**	**−1.5**	**−1.6**	**−1.5**
纺织品和服装	1.1	1.2	1.4	1.0	1.1	−1.7	−17.7	−26.1	8.4	5.0	37.3	−0.3	−0.7	−1.6
家具和其他制造业	2.9	2.9	2.8	2.2	2.6	−25.3	−30.0	17.5	7.4	−2.4	42.2	−2.7	−2.5	−1.6
区域加工	**17.3**	**16.3**	**18.7**	**17.3**	**16.3**	**−18.7**	**−8.6**	**2.8**	**15.2**	**26.8**	**56.5**	**−3.7**	**−3.5**	**−4.3**
玻璃、水泥、陶瓷	1.4	1.6	2.2	1.6	1.3	15.6	2.5	16.8	6.5	39.9	112.2	0.9	−2.9	−4.9
金属制品	1.8	1.9	2.4	1.6	1.8	3.3	−17.2	−9.1	0.5	−7.8	13.4	0.3	−1.1	−2.3
食品和饮料	6.0	5.4	6.4	8.1	5.4	−19.6	23.6	58.3	36.8	59.8	91.9	−4.1	−2.3	−1.7
橡胶和塑料	1.7	1.8	2.0	1.6	1.6	−8.0	−10.0	11.0	0.3	3.3	33.2	−0.9	−1.4	−1.8
造纸和印刷	6.4	5.7	5.6	4.3	6.3	−34.6	−38.6	−46.4	−5.4	−8.6	5.5	−5.8	−6.2	−9.5
全球创新	**42.7**	**45.4**	**51.5**	**42.5**	**40.5**	**−9.0**	**−8.8**	**0.2**	**2.8**	**3.5**	**28.8**	**−0.8**	**−0.8**	**−1.6**
电动机械	4.2	4.5	5.4	5.0	4.0	−2.7	8.6	8.1	2.5	6.4	33.1	−0.3	0.1	−1.2
化工产品	14.3	14.7	15.9	14.6	14.5	−16.1	−6.6	6.3	6.6	3.6	28.4	−1.8	−0.8	−1.5

（续表）

	美自中进口加征关税产品份额（%）					美自中进口与2017年同期比较（%）			美自全球进口与2017年同期比较（%）			美自中进口份额与2017年同期比较（%）		
	2017年	2018年	2019年	2020年	2021年1月至5月	2019年	2020年	2021年1月至5月	2019年	2020年	2021年1月至5月	2019年	2020年	2021年1月至5月
机械和设备	9.9	10.6	12.1	8.7	9.2	−7.4	−18.8	−9.5	−1.3	−4.0	26.5	−0.4	−1.0	−2.1
计算机和电子产品	13.8	15.0	17.6	13.9	12.3	−3.9	−7.7	0.7	2.5	6.9	28.7	−0.4	−0.8	−1.3
汽车	0.1	0.1	0.2	0.1	0.1	−3.7	−45.4	−60.5	1.2	10.2	41.8	−0.6	−5.8	−10.2
运输设备	0.4	0.4	0.3	0.2	0.5	−42.6	−53.0	−58.1	14.8	23.9	54.1	−5.6	−7.0	−12.3
资源密集型商品	**36.0**	**34.2**	**25.6**	**37.0**	**39.5**	**−46.4**	**−5.8**	**65.6**	**37.5**	**18.5**	**59.1**	**−4.6**	**−1.5**	**0.4**
基础金属	4.5	7.6	4.0	3.0	3.9	−31.8	−38.9	−8.8	56.2	45.9	120.2	−3.0	−3.0	−3.0
矿业	2.0	1.6	0.8	1.4	1.5	−69.1	−34.3	46.3	33.9	30.4	88.0	−2.8	−1.8	−0.7
能源	8.0	11.5	6.0	12.0	6.3	−43.0	37.3	197.9	43.1	8.6	37.7	−1.9	0.8	2.9
农产品	21.6	13.5	14.7	20.7	27.7	−48.6	−12.3	46.9	1.4	12.9	50.7	−13.5	−6.1	−0.9
总计	**100**	**100**	**100**	**100**	**100**	**−24.6**	**−8.4**	**26.6**	**17.0**	**11.4**	**43.8**	**−2.7**	**−1.4**	**−1.0**

数据来源：根据 IHS Markit 数据进行统计。

长。此外，中国自美国进口纺织品和服装、汽车以及运输设备三大类产品在加征关税后持续下滑，汽车和运输设备 2021 年 1—5 月进口较 2017 年同期显著下跌一半以上。

资源密集型产品亦是中国自美国进口主要加征关税产品，2017 年进口额为 327.0 亿美元，涉及 36.0%的份额。加征关税措施实施初期，资源密集型产品进口额大幅下滑，2019 年较 2017 年下降 46.4%。但由于中美一阶段协议的实施，2020 年农产品和能源产品进口快速增长，资源密集型产品进口基本恢复至 2017 年水平，且 2021 年 1—5 月较 2017 年同期大涨 65.6%，超过了自全球进口 59.1% 的增长。

(四) 中美一阶段协议后自美进口农产品大幅回升，美国在中国农产品进口中的地位进一步提升

农产品是中国自美进口的主要产品，2017 年占自美总进口的 13.2%，进口产品主要包括大豆、棉花、高粱和玉米等。在加征关税产品中，农产品的进口规模同样最大，2017 年进口额为 196.1 亿美元，占该年中自美进口加征关税产品的 21.6%。受加征关税措施影响，自美进口农产品规模持续下滑，2019 年较 2017 年大幅下降 48.6%，2020 年签订中美一阶段协议后，农产品进口大幅回升，2020 年进口额为 172.0 亿美元，其中一阶段产品进口较 2019 年增长 71.2 亿美元，占一阶段产品进口增长总额的近一半。此外，2021 年前 5 个月中自美农产品进口额已达 156.1 亿美元，较 2017 年同期增长 46.9%，美国在中国农产品进口中的地位进一步提升。

大豆是中国自美进口的主要农产品，2017 年占自美进口加征关税农产品的 71.2%。同期，美国是中国大豆产品除巴西外的第二大进口来源，占全球份额的 35.1%。受加征关税影响，中国自美进口大豆大幅下滑，2019 年份额降至 18.9%，与此同时，自巴西进口份额大幅增长超过 10 个百分点。在中美一阶段协议中，中美两国就中国增加自美农产品进口达成一致，2020 年自美大豆产品进口大幅回升，份额恢复至 26.9%。2021 年 1—5 月，自美进口大豆规模较 2017 年同期增长 30.1%，份额亦增长 3.3 个百分点。

此外，自美进口玉米产品也有相同的趋势。2017 年中国自美进口玉米产品 1.6 亿美元，占自全球进口份额的 26.6%，2018—2019 年份额下滑至 10%以下，而自乌克兰进口大幅提升。2020 年自美进口玉米份额升至 38.6%，超过 2017 年 11.9 个百分点。

表 4　中国加征关税产品贸易统计—大豆(HS 1201)

	较 2017 年进口额比较				占自全球进口份额				
	2018 年	2019 年	2020 年	2021 年 1 月至 5 月	2017 年	2018 年	2019 年	2020 年	2021 年 1 月至 5 月
全　球	**−4.2%**	**−10.9%**	**−0.5%**	**22.1%**	**100.0%**	**100.0%**	**100.0%**	**100.0%**	**100.0%**
巴　西	37.4%	9.9%	18.8%	17.5%	52.8%	75.7%	65.1%	63.0%	43.0%
美　国	−49.4%	−52.1%	−23.8%	30.1%	35.1%	18.5%	18.9%	26.9%	54.3%
阿根廷	−76.9%	33.3%	7.8%	−46.7%	6.8%	1.6%	10.1%	7.3%	0.2%

数据来源：根据 IHS Markit 数据进行统计。

表 5　中国加征关税产品贸易统计—玉米(HS 100590)

	较 2017 年进口额比较				占自全球进口份额				
	2018 年	2019 年	2020 年	2021 年 1 月至 5 月	2017 年	2018 年	2019 年	2020 年	2021 年 1 月至 5 月
全　球	**30.3%**	**76.1%**	**314.5%**	**3 782.3%**	**100.0%**	**100.0%**	**100.0%**	**100.0%**	**100.0%**
乌克兰	73.2%	142.5%	269.0%	2 002.7%	61.6%	81.8%	84.8%	54.8%	44.2%
美　国	−57.0%	−53.4%	499.7%	16 549.7%	26.6%	8.8%	7.1%	38.6%	55.2%
保加利亚	−78.5%	501.2%	38 854.0%	−100.0%	0.0%	0.0%	0.1%	2.4%	0.0%
老　挝	−10.0%	−10.5%	−5.2%	−2.3%	7.5%	5.2%	3.8%	1.7%	0.1%
缅　甸	8.9%	30.4%	59.6%	12.0%	4.1%	3.4%	3.0%	1.6%	0.1%

数据来源：根据 IHS Markit 数据进行统计。

二、美国加征关税措施的影响分析

(一) 加征关税后，美国自中国进口产品规模显著下降，对中国产品的依赖持续下滑

美国自中国进口加征关税商品涉及的金额为 2019 年 2 762 亿美元和 2020 年 2 495 亿美元，分别较 2017 年中美贸易摩擦前下降 17.9%和 25.9%，且中国在美国自全球进口加征关税产品的份额亦从 2017 年的 17.6%逐步降至 2020 年的 13.7%。从 2021 年 1—5 月来看，自中进口占全球进口中的份额降至 12.3%，较 2017 年同期下降 4.6 个百分点，延续了此前的下滑态势。

受加征关税产品进口出现显著下降的影响，2019 年和 2020 年美国自中国进口总额持续下降，分别较 2017 年下降 10.8%和 13.9%。尽管 2021 年 1—5 月较 2017 年同期增长 1.2%，但远低于自全球进口 16.9%的增长。此外，美国自中国进口总额占自全球进口总额的份额也持续下滑，自 2017 年的 21.6%降至 2019 年的 18.1%，尽管 2020 年有所回升，2021 年 1—5 月继续下滑至 17.3%。

301 加征关税及反制措施也会对美国的整体贸易结构产生影响。尽管中国是美国第四大出口目的地的情况保持不变，受加征关税影响，中国从 2017 年的第一大进口来源降至 2020 年的第二位，被欧盟超越。此外，尽管中国仍是美国第一大贸易逆差来源，在美国贸易逆差中的占比也在 2018—2020 年间持续下降。月度进口数据显示，美国分批对自中国进口产品实施加征关税措施后，自中国进口加征关税产品金额均较 2017 年同期出现较为显著的下滑。而在 2020 年，中美一阶段协议正式实施，3 000 亿美元清单（第一批）产品的加征税率减半，以及对疫情相关产品进口增加的影响下，美国自中国进口加征关税产品金额开始显著回升，但仍低于 2017 年加征关税前水平。

表 6　美国自中国和全球进口加征关税产品情况

		自中进口					自全球进口				
		2017 年	2018 年	2019 年	2020 年	2021 年 1 月至 5 月	2017 年	2018 年	2019 年	2020 年	2021 年 1 月至 5 月
所有产品	金额（亿美元）	5 052	5 385	4 508	4 347	1 897	23 396	25 361	24 937	23 360	10 936
	与 2017 年同期比较	—	6.6%	−10.8%	−13.9%	1.2%	—	8.4%	6.6%	−0.2%	16.9%
	占自全球进口份额	21.6%	21.2%	18.1%	18.6%	17.3%	—	—	—	—	—
加征关税产品	金额（亿美元）	3 365	3 631	2 762	2 495	1 059	19 078	20 621	19 854	18 175	8 637
	与 2017 年同期比较	—	7.9%	−17.9%	−25.9%	−18.6%	—	8.1%	4.1%	−4.7%	12.1%
	占自全球进口份额	17.6%	17.6%	13.9%	13.7%	12.3%	—	—	—	—	—

数据来源：美国贸易代表办公室，IHS Markit 数据库。

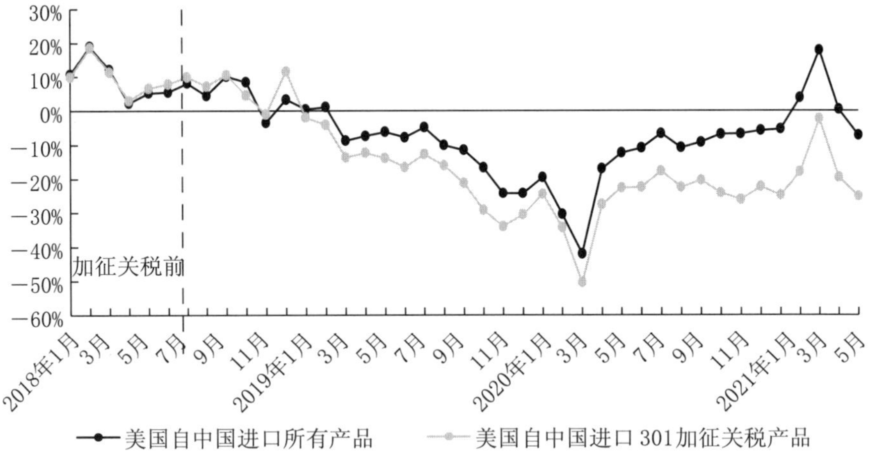

图 4 美国自中国进口规模与 2017 年同期变化

数据来源:美国贸易代表办公室,IHS Markit 数据库。

(二) 美国加征关税产品的供应链重心开始向除中国以外的其他地区转移,并出现对墨西哥、英国和除中国以外的亚洲地区供应链依赖度提升的趋势

与 2017 年同期的变化显示,在美国自北美、欧洲和亚洲地区进口加征关税产品中,自中国的进口金额在 2019 年、2020 年和 2021 年 1—5 月均低于 2017 年水平,降幅均超过 15%,而其余国家均仅在 2020 年受新冠肺炎疫情影响贸易额较 2017 年有所下滑,2021 年迅速恢复,中国的市场正在被逐步挤占。其中,美国自东盟的进口增长迅猛,而墨西哥、英国、印度和日韩尽管 2020 年受新冠影响,但整体进口增长表现突出,显示出美国正逐步将加征关税产品的供应链重心转移至这些国家。

从美国自三大区域各国进口加征关税产品占自全球进口份额来看,唯有中国的份额自 2018 年起显著下滑,由 2018 年的 17.6%降至 2020 年的 13.7%,且 2021 年 1—5 月延续了这一趋势,进一步降至 12.3%。而东盟的份额快速提升,由 2018 年的 7.7%增至 2020 年的 10.9%,2021 年 1—5 月继续升至 11.2%。此外,自墨西哥的进口份额亦在稳步提升,而欧洲地区整体的贸易份额在 2019 年亦有显著提升。

上述变化显示出,在美国进口加征关税产品中,中国的市场正被逐步挤占,美国正逐渐将该类产品的供应链重心分散至其他贸易伙伴和地区,包括墨西哥、英国等欧洲国家以及东盟等除中国以外的亚洲国家。

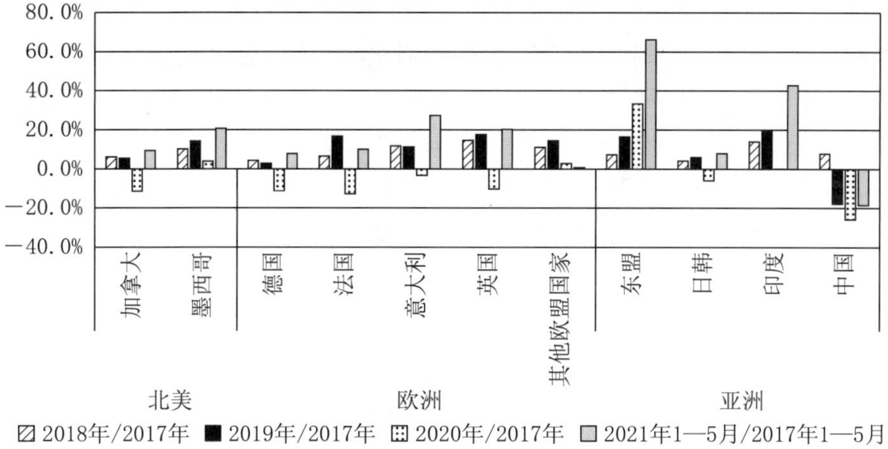

图 5 美国加征关税产品进口额与 2017 年同期比较

数据来源:根据 IHS Markit 数据进行统计。

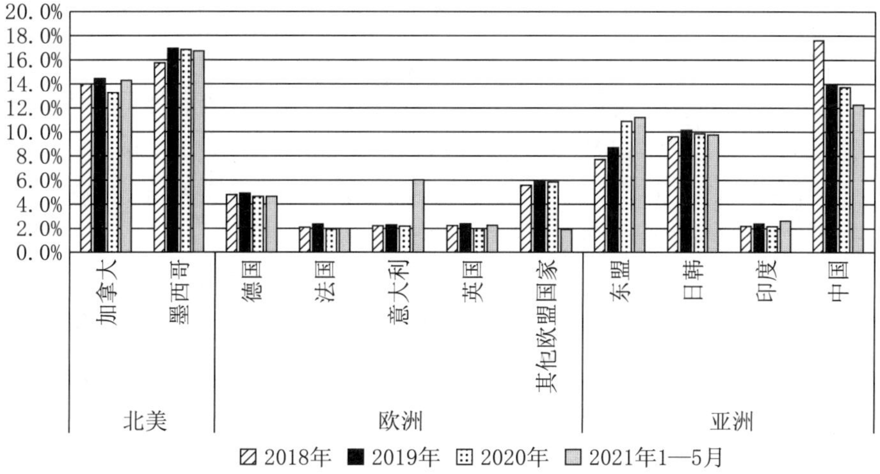

图 6 美国自各国进口加征关税产品进口额占自全球进口份额

数据来源:根据 IHS Markit 数据进行统计。

(三) 美自中进口加征关税产品表现显著低于全球平均水平,全球创新型产品和劳动密集型产品受影响最为显著,或对中国高新技术产业和传统优势产业产生影响

2019 年和 2020 年,美国自中国进口加征关税产品所涉及的全球创新型、劳

动密集型、区域加工型和资源密集型四类产品金额均较 2017 年未加征关税前出现大幅下滑，显著差于同期美国自全球进口同类产品的变化水平。2021 年 1—5 月，尽管自中国进口区域加工型产品进口额较 2017 年同期降幅缩小，但四大类产品进口仍大大低于全球水平，延续了此前的趋势。

其中，全球创新型产品（包括电动机械、化工产品和汽车等）和劳动密集型产品（包括纺织服装、家具和其他制造业等）是美国自中国主要进口的加征关税产品，合计占加征关税产品进口额的 82.5%（以 2017 年计）。这两类产品所属行业是典型的全球价值链产业，包括中国具有竞争优势的产品和正在大力发展的高新技术产品。

全球创新型产品占美国自中国进口加征关税产品的一半以上，2017 年进口额达 1 927.1 亿美元。301 关税实施后，该类产品进口大幅下滑，2019 年和 2020 年均较 2017 年同期下降 20%以上，2021 年 1—5 月延续了这一趋势，较 2017 年同期下降了 21.1%，远低于全球同期 9.4%的增长。其中，计算机和电子产品受加征关税影响最为显著，与 2017 年同期自中进口降幅均在 30%，市场份额减少 10 个百分点以上，此外，电动机械产品的市场份额减少也在 5 个百分点以上。

劳动密集型产品是我国的传统优势产品，2019 年起美自中进口就持续大幅下滑，2019 年、2020 年和 2021 年 1—5 月分别较 2017 年同期下跌 12.3%、16.8% 和 20.8%，2021 年 1—5 月在美国进口中所占市场份额更是大幅减少10.9 个百分点。其中，进口纺织服装产品以及家具和其他制造业产品均出现较大下滑。

此外，区域加工型产品中的玻璃、水泥、陶瓷产品以及造纸和印刷产品尽管进口额不大，但均出现了 5 个百分点以上的市场份额下滑。

（四）加征关税产品主要涉及的计算机和电子产品、纺织品和服装以及电动机械三类产品均表现出与整体加征关税产品一致的美国供应链转移的特征，其中计算机和电子产品的转移最为显著

计算机和电子产品、纺织品和服装以及电动机械三类产品是美自中进口加征关税产品中主要涉及的产品，合计占加征关税产品进口额的 52.3%（以 2017 年计）。上述三大类行业产品美国自中国进口额及占自全球进口份额均出现大幅下滑。与此同时，美国自其他部分贸易伙伴的进口额和份额出现上升，显示出其国内供应链开始向这区域和国家转移的趋势。其中，在计算机和电子产品方面，美国的进口向东盟、日韩和墨西哥转移；在电动机械方面，美国自进口东盟进口的集中度逐步增加；而在纺织品和服装方面，美国自欧洲、东盟和印度的进口显著提升。

表 7 美国加征关税产品进口与 2017 年同期比较

	中自美进口加征关税产品份额(%)					美自中进口 与 2017 年同期比较(%)			美自全球进口 与 2017 年同期比较(%)			美自中进口份额 与 2017 年同期比较(%)		
	2017 年	2018 年	2019 年	2020 年	2021 年 1 月至 5 月	2019 年	2020 年	2021 年 1 月至 5 月	2019 年	2020 年	2021 年 1 月至 5 月	2019 年	2020 年	2021 年 1 月至 5 月
劳动密集型商品	**25.2**	**24.5**	**26.9**	**28.3**	**24.6**	**−12.3**	**−16.8**	**−20.8**	**4.8**	**5.5**	**20.4**	**−5.4**	**−7.0**	**−10.9**
纺织品和服装	15.0	14.1	16.3	18.4	12.5	−10.9	−9.3	−29.4	4.0	−3.2	3.9	−5.3	−2.3	−11.3
家具和其他制造业	10.2	10.3	10.6	9.9	12.1	−14.5	−27.7	−9.3	5.6	15.4	38.0	−5.5	−10.7	−9.7
区域加工	**15.3**	**15.9**	**16.6**	**16.7**	**18.7**	**−10.7**	**−18.8**	**−0.2**	**9.3**	**9.7**	**30.3**	**−3.7**	**−5.2**	**−4.6**
玻璃、水泥、陶瓷	1.8	1.9	1.8	1.5	1.7	−18.9	−38.7	−22.0	4.0	−4.8	15.4	−6.3	−10.2	−9.0
金属制品	4.8	5.1	5.6	5.8	6.3	−3.6	−10.4	5.1	8.6	3.4	24.7	−3.9	−4.6	−5.3
食品和饮料	1.5	1.5	1.3	1.5	1.3	−27.5	−27.1	−29.7	11.0	14.7	31.6	−1.8	−1.9	−2.4
橡胶和塑料	4.5	4.9	5.5	6.4	7.8	1.4	6.1	41.2	11.5	12.8	46.2	−2.4	−1.6	−0.9
造纸和印刷	2.7	2.5	2.4	1.6	1.5	−28.4	−56.5	−51.3	5.0	7.6	16.8	−8.9	−16.7	−15.1
全球创新	**57.3**	**57.8**	**54.9**	**53.6**	**55.3**	**−21.4**	**−30.6**	**−21.1**	**4.6**	**−5.9**	**9.4**	**−4.6**	**−4.8**	**−4.9**
电动机械	10.6	10.9	11.0	10.6	11.6	−14.5	−25.2	−10.5	6.9	0.1	19.7	−5.6	−7.1	−6.7
化工产品	3.0	3.2	2.3	3.5	3.6	−21.5	−13.8	−5.9	4.3	−2.0	16.1	−2.8	−1.3	−2.0
机械和设备	12.2	12.7	14.0	15.1	16.9	−5.7	−8.0	6.1	8.4	1.1	21.9	−2.8	−1.9	−2.8

（续表）

	中自美进口加征关税产品份额(%)					美自中进口 与2017年同期比较(%)			美自全球进口 与2017年同期比较(%)			美自中进口份额 与2017年同期比较(%)		
	2017年	2018年	2019年	2020年	2021年 1月至5月	2019年	2020年	2021年 1月至5月	2019年	2020年	2021年 1月至5月	2019年	2020年	2021年 1月至5月
计算机和电子产品	26.7	25.6	21.3	18.9	16.6	−34.5	−47.6	−46.8	−2.8	−4.8	9.9	−10.5	−14.4	−15.9
汽车	3.9	4.3	4.5	4.3	5.4	−5.0	−19.2	8.9	4.6	−14.6	−2.6	−0.4	−0.2	0.5
运输设备	0.9	1.0	1.2	1.3	1.2	4.1	1.9	1.4	21.9	−8.6	−5.4	−0.8	0.6	0.4
资源密集型商品	**2.0**	**1.8**	**1.6**	**1.3**	**1.4**	**−34.3**	**−51.8**	**−43.7**	**0.5**	**−17.5**	**4.1**	**−0.7**	**−0.8**	**−0.8**
基础金属	1.3	1.0	1.0	0.8	0.8	−37.1	−55.3	−49.7	−6.5	13.9	30.4	−1.5	−2.8	−2.9
矿业	0.0	0.0	0.0	0.0	0.0	−24.0	−38.4	−21.4	−3.1	−18.8	−5.6	−0.5	−0.5	−0.3
能源	0.2	0.2	0.1	0.0	0.1	−55.1	−85.5	−71.1	3.3	−37.1	−9.7	−0.2	−0.3	−0.2
农产品	0.5	0.5	0.5	0.5	0.5	−19.3	−29.8	−20.6	2.6	2.2	12.8	−0.7	−1.0	−0.9
总计	**—**	**—**	**—**	**—**	**—**	**−17.9**	**−25.9**	**−18.6**	**4.1**	**−4.7**	**12.1**	**−3.7**	**−3.9**	**−4.6**

数据来源：根据 IHS Markit 数据进行统计。

表 8 美国加征关税分区域及主要国家(地区)贸易统计—计算机和电子产品

	较 2017 年进口额变化			占自全球进口份额			较 2017 年份额变化		
	2019 年	2020 年	2021 年 1 月至 5 月	2019 年	2020 年	2021 年 1 月至 5 月	2019 年	2020 年	2021 年 1 月至 5 月
全球	**−2.8%**	**−4.8%**	**9.9%**	**100.0%**	**100.0%**	**100.0%**	—	—	—
北美	**9.3%**	**3.3%**	**16.0%**	**24.9%**	**24.0%**	**23.1%**	**2.8**	**1.9**	**1.2**
加拿大	6.2%	−9.7%	−2.1%	2.5%	2.2%	2.1%	0.2	−0.1	−0.3
墨西哥	9.7%	4.8%	18.2%	22.3%	21.8%	21.0%	2.5	2.0	1.5
欧洲	**6.7%**	**−2.7%**	**8.1%**	**12.4%**	**11.5%**	**11.8%**	**1.1**	**0.2**	**−0.2**
德国	14.4%	−0.1%	11.5%	4.2%	3.8%	3.7%	0.6	0.2	0.1
法国	4.5%	−23.7%	−10.4%	1.0%	0.7%	0.7%	0.1	−0.2	−0.2
意大利	4.5%	−3.3%	19.2%	0.9%	0.9%	1.0%	0.1	0.0	0.1
英国	9.3%	−4.0%	−4.3%	1.6%	1.4%	1.3%	0.2	0.0	−0.2
其他欧盟国家	0.6%	0.0%	10.5%	4.7%	4.8%	5.1%	0.2	0.2	0.0
亚洲	**−14.7%**	**−16.3%**	**−2.0%**	**51.9%**	**52.0%**	**52.1%**	**−7.2**	**−7.1**	**−6.4**
东盟	9.7%	28.0%	59.1%	21.0%	25.0%	27.3%	2.4	6.4	8.4
日韩	6.2%	4.1%	22.0%	9.0%	9.0%	9.4%	0.8	0.8	0.9
印度	39.0%	45.8%	100.1%	0.4%	0.4%	0.5%	0.1	0.1	0.2
中国	−34.5%	−47.6%	−46.8%	21.7%	17.7%	14.9%	−10.5	−14.4	−15.9

数据来源:根据 IHS Markit 数据进行统计。

表 9　美国加征关税分区域及主要国家(地区)贸易统计—电动机械产品

	较 2017 年进口额变化			占自全球进口份额			较 2017 年份额变化		
	2019 年	2020 年	2021 年 1 月至 5 月	2019 年	2020 年	2021 年 1 月至 5 月	2019 年	2020 年	2021 年 1 月至 5 月
全球	**6.9%**	**0.1%**	**19.7%**	**100.0%**	**100.0%**	**100.0%**	**—**	**—**	**—**
北美	**11.8%**	**2.7%**	**18.5%**	**32.0%**	**31.4%**	**31.1%**	**1.4**	**0.8**	**−0.3**
加拿大	6.8%	−5.1%	5.0%	3.6%	3.4%	3.3%	0.0	−0.2	−0.5
墨西哥	12.4%	3.7%	20.3%	28.4%	28.0%	27.9%	1.4	1.0	0.1
欧洲	**18.1%**	**7.9%**	**21.4%**	**14.2%**	**13.8%**	**13.0%**	**1.3**	**1.0**	**0.2**
德国	9.4%	3.2%	24.5%	4.5%	4.5%	4.4%	0.1	0.1	0.2
法国	1.1%	−21.2%	−12.9%	1.3%	1.1%	1.0%	−0.1	−0.3	−0.4
意大利	14.1%	19.1%	35.4%	0.9%	1.0%	1.1%	0.1	0.2	0.1
英国	27.2%	12.4%	19.2%	1.5%	1.4%	1.2%	0.2	0.2	0.0
其他欧盟国家	29.0%	17.1%	25.9%	5.9%	5.7%	5.4%	1.0	0.8	0.3
亚洲	**−0.5%**	**−5.6%**	**17.0%**	**45.5%**	**46.1%**	**47.0%**	**−3.4**	**−2.8**	**−1.1**
东盟	27.2%	43.3%	87.7%	9.5%	11.4%	12.5%	1.5	3.4	4.5
日韩	10.6%	2.3%	24.1%	12.5%	12.4%	13.0%	0.4	0.3	0.5
印度	40.8%	67.9%	120.8%	1.1%	1.4%	1.5%	0.3	0.6	0.7
中国	−14.5%	−25.2%	−10.5%	22.4%	20.9%	20.0%	−5.6	−7.1	−6.7

数据来源:根据 IHS Markit 数据进行统计。

表 10　美国加征关税分区域及主要国家(地区)贸易统计—纺织品和服装产品

	较 2017 年进口额变化			占自全球进口份额			较 2017 年份额变化		
	2019 年	2020 年	2021 年 1 月至 5 月	2019 年	2020 年	2021 年 1 月至 5 月	2019 年	2020 年	2021 年 1 月至 5 月
全球	**4.0%**	**−3.2%**	**3.9%**	**100.0%**	**100.0%**	**100.0%**	**—**	**—**	**—**
北美	**−2.4%**	**−16.6%**	**−4.4%**	**5.5%**	**5.0%**	**5.4%**	**−0.4**	**−0.8**	**−0.5**
加拿大	−1.7%	−19.7%	−18.1%	1.2%	1.1%	1.0%	−0.1	−0.2	−0.3
墨西哥	−2.6%	−15.7%	−0.5%	4.2%	3.9%	4.4%	−0.3	−0.6	−0.2
欧洲	**15.6%**	**−3.6%**	**31.1%**	**7.5%**	**6.7%**	**8.3%**	**0.7**	**0.0**	**1.7**
德国	21.4%	5.7%	54.7%	0.6%	0.6%	0.7%	0.1	0.0	0.2
法国	21.0%	12.6%	51.7%	0.9%	0.9%	1.2%	0.1	0.1	0.4
意大利	16.3%	−6.6%	32.1%	3.7%	3.2%	4.1%	0.4	−0.1	0.9
英国	13.2%	−7.8%	−1.0%	0.3%	0.3%	0.3%	0.0	0.0	0.0
其他欧盟国家	10.4%	−7.2%	18.6%	1.9%	1.7%	2.0%	0.1	−0.1	0.2
亚洲	**1.3%**	**−1.9%**	**−2.2%**	**64.9%**	**67.4%**	**62.1%**	**−1.7**	**0.9**	**−3.8**
东盟	19.2%	11.9%	32.0%	25.3%	25.5%	28.5%	3.2	3.5	6.1
日韩	8.3%	3.0%	15.4%	1.2%	1.2%	1.3%	0.0	0.1	0.1
印度	9.0%	−8.2%	22.2%	6.6%	6.0%	8.3%	0.3	−0.3	1.2
中国	−10.9%	−9.3%	−29.4%	31.8%	34.8%	23.9%	−5.3	−2.3	−11.3

数据来源:根据 IHS Markit 数据进行统计。

三、总　　结

(一) 加征关税后,中美两国双边进口规模均明显下滑,且美国对中国进口产品依赖度的减少更为显著

加征关税后,中美双边进口加征关税产品规模均出现萎缩,且带动了中美整体进口贸易的下滑,中国从美国第一大进口来源降至第二,被欧盟超越,两国间相互依赖下降。2020 年中美一阶段协议实施后,尽管中国自美进口出现显著恢复,但仍显著低于自全球进口的增长水平。此外,美国仍是中国第一大贸易顺差来源,但其在中国贸易顺差中的占比持续下滑。

从中美相互间进口月度数据与 2017 年同期的比较来看,在几次加征关税后,中美两国间进口都出现连续下降,其中中国自美进口降幅基本高于美方,受影响更为显著。中美一阶段协议实施后,中国的恢复更为迅速,而美方整体进口恢复好于加征关税产品,且进口加征关税产品规模仍低于 2017 年同期。此外,2021 年 1—5 月,中国自美进口加征关税产品占自全球进口的份额已恢复至近 2017 年水平,而美方自中国进口份额延续了此前的下滑趋势。因此,中国对自美国进口产品的依赖相对高于美国,美国对中国产品依赖度的减少更为显著。

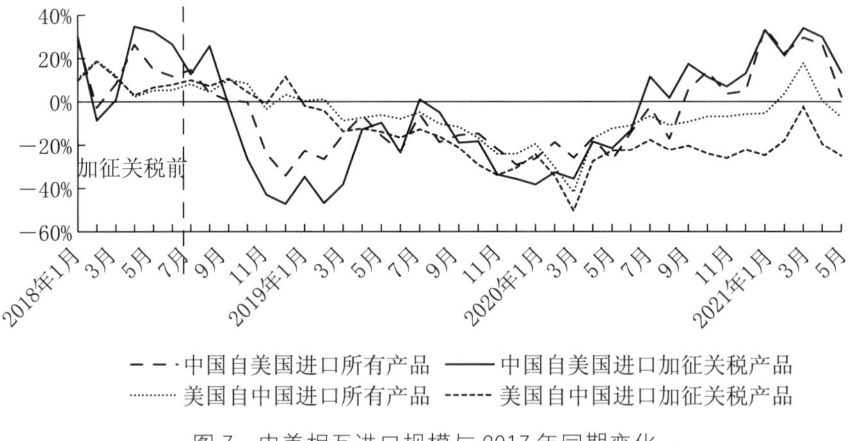

图 7　中美相互进口规模与 2017 年同期变化

数据来源:根据 USTR 公告和财政部关税司公告整理,IHS Markit GTA 数据库。

(二) 中美两国的供应链重心都有向东盟等亚洲国家和欧洲倾斜的趋势

中美互为主要贸易伙伴,中美实施加征关税措施,在提高产品进入对方市场的准入门槛的同时,对其相关供应链调整也有显著的影响。从供应链变化情况来看,中美两国供应链重心都有向欧洲和除中国以外亚洲倾斜的趋势,其中东盟的地位越发凸显,2020 年中美双方自东盟进口加征关税产品的份额分别较 2017 年增长了 2.3 和 3.1 个百分点,2021 年 1—5 月延续了份额增长的趋势。而从主要贸易产品的角度来看,中美两国进口计算机和电子产品等的供应链均表现出向东盟等贸易伙伴集中的趋势,此外,美国在中国农产品进口中的地位在一阶段协议签订后越发提升。

从 2021 年 1—5 月的贸易数据来看,受加征关税影响,中美降低相互间供应链依赖的趋势依旧存在,并未受到疫情影响,且供应链仍向东盟等国转移。在后疫情时代,各国对供应链安全更为重视,欧盟调整了其 2020 年产业战略,美国也于 2021 年 6 月 8 日发布了供应链百日审查报告[①],都对供应链安全提出了新要求。随着各类供应链安全措施的出台,其可能与中美加征关税措施形成叠加影响,引发跨国公司全球产业生产布局调整,值得持续关注。

① 参见 https://www.whitehouse.gov/briefing-room/statements-releases/2021/06/08/fact-sheet-biden-harris-administration-announces-supply-chain-disruptions-task-force-to-address-short-term-supply-chain-discontinuities/。

图书在版编目(CIP)数据

全球贸易投资发展新趋势/王新奎主编.—上海：
上海人民出版社，2021
（贸易投资评论；第12辑）
ISBN 978-7-208-17449-8

Ⅰ.①全…　Ⅱ.①王…　Ⅲ.①国际贸易-投资-研究
报告-中国　Ⅳ.①F752

中国版本图书馆CIP数据核字(2021)第227940号

责任编辑　王　吟
封面设计　陈　楠

贸易投资评论（第十二辑）
全球贸易投资发展新趋势
王新奎　主编

出　　版　上海人民出版社
（201101　上海市闵行区号景路159弄C座）
发　　行　上海人民出版社发行中心
印　　刷　上海景条印刷有限公司
开　　本　720×1000　1/16
印　　张　14
插　　页　2
字　　数　241,000
版　　次　2021年12月第1版
印　　次　2021年12月第1次印刷
ISBN 978-7-208-17449-8/F·2720
定　　价　58.00元